LOUISE

ou la vie
de Louise de Vilmorin

JEAN BOTHOREL

LOUISE

ou la vie
de Louise de Vilmorin

Le Grand Livre du Mois

À Jessie, Alexandra, Helena.

REMERCIEMENTS

Sans l'accueil et la coopération de plusieurs personnes, je n'aurais pu entreprendre ce travail.

Ma gratitude va tout d'abord à Jessie Wood, Alexandra Leigh-Hunt et Helena Leigh-Hunt, les trois filles de Louise, qui m'ont, très amicalement, parlé de leur mère et donné accès à la volumineuse correspondance déposée à la Bibliothèque littéraire Jacques-Doucet. Elle va aussi à Andrée de Vilmorin et à ses deux fils, Philippe André et Joseph, qui ont, chaleureusement, mis à ma disposition la correspondance entre André de Vilmorin et sa sœur Louise. Un ensemble impressionnant de lettres qui courent sur une cinquantaine d'années.

Je remercie Vincent Giroud de la Yale University Library sans qui je n'aurais pas découvert la correspondance entre Louise et Duff Cooper ; Gogo de Karolyi, grâce à qui j'ai pu connaître plusieurs années essentielles de la vie de Louise — celles qu'elle passa en Hongrie entre 1938 et 1944 ; Mme René Clair et Mme Pierre Seghers qui m'ont permis de lire les lettres de leur mari à Louise, tandis qu'Édouard Dermit me donnait la même permission pour celles de Jean Cocteau ; François Chapon, conservateur en chef, qui m'a facilité l'accès au fonds Doucet.

Je dois aussi toute ma reconnaissance à Nathalie de Baudry d'Asson qui m'a donné l'idée de cette biographie et à tous ceux qui ont évoqué, pour moi, le souvenir de Louise : André Beaurepaire, Curtis Cate, Jean Chalon, Edmonde Charles-Roux, « Bicot » Colcombet, Madeleine Joire, Jean-François Josselin, Jean-François Lefebvre-Pontalis, Bernard Minoret, François Nourissier, François Valéry, Gérald van der Kemp, Sophie de Vilmorin, Sosthène de Vilmorin, Élisabeth Zehrfuss — enfin Madeleine Castaing et Jean-Louis de Faucigny-Lucinge aujourd'hui disparus.

« La renommée est aux privilégiés.
Les autres plaisirs sont à la portée de tout le monde. »

La naissance donne à certains ce qu'elle refuse à d'autres mais cette évidence n'a jamais comblé ni notre curiosité, ni nos regrets et toute vie garde sa part de mystère que nous interrogeons inlassablement.

Qui était Louise de Vilmorin ? Une séductrice inspirée et frivole, incapable d'un attachement durable ? Une grande dame, comme on dit « Grand Siècle » ? Une impératrice de la solitude au cœur tourmenté ? Une femme de feu, amoureuse de son corps et de tous les plaisirs ?

« Tout ce qui mûrit fait si peur. » Cet aveu pourrait servir d'épigraphe à l'existence de Louise, Loulou ou Loulette* pour ses amis. C'est celui de Grace, l'héroïne de son premier roman, *Sainte Unefois,* qui parut en 1934, plein des échos de Verlaine, d'Apollinaire et de Breton.

« Tout ce qui mûrit fait si peur »... À l'abri de cette nostalgie d'une enfance éternelle et créatrice, Louise a brûlé sa vie. Elle s'est construit un monde de légendes, peuplé de personnages tragiques autant qu'évanescents. Un monde où

* « Radio Loulette », disait Jean Cocteau.

toujours l'inattendu surgit, où l'émotion préside à une invention qui va de la gratuité à la gravité. Soupirs et sourires, humour prêtant son masque à la mélancolie.

Un monde qui ne fut jamais bien rangé. « C'est en moi l'ordre et la bohème, la générosité et la rapine, les conventions et le naturel, le respect et l'abus. » Les sentiments ne furent, chez elle, que des visiteurs de passage. Elle s'en affligeait elle-même. Mais qu'y pouvait-elle, puisque « tout ce qui mûrit fait si peur » ? La musique, la poésie, les belles saisons, les châteaux, les voyages, les palaces, les yeux de quelques-uns et les paroles d'amour de quelques autres l'enchantaient, puis, soudain, la brisaient. Elle devenait vague et morose, elle faisait des projets d'avenir ; elle disparaissait. Excusez-moi, je ne suis pas d'ici. Elle revenait, étincelante, mondaine, cabotine, fantasque. Elle courait comme une folle, chargée de mille paquets et porte-bonheur, d'un coin à l'autre de l'Europe pour revoir un visage, poser la tête sur une épaule, s'abandonner et se blesser encore. Et sitôt arrivée, repartir et retourner à ceux qu'elle venait de quitter. A-t-elle eu le tort, envers beaucoup d'hommes, d'être une source d'illusions multiples ?

En plongeant dans cette source ils ont vu que leurs illusions étaient des anguilles, qu'elles riaient et avaient son visage. Ils se sont enfuis assez tristement. Louise en a conçu quelque remords mais elle n'a jamais eu la conviction d'être indispensable au bonheur de quiconque. Les lions charmés se sont jetés sur elle, essayant de la dévorer, et pour se défendre, elle tenait à la main un petit fouet dont le manche s'ornait d'un miroir. A-t-elle jamais cessé de s'y regarder ? De s'y regarder sans s'aimer ?

Chez Louise les jours et les jeux n'avaient pas de règles. Elle se permettait tout. Elle s'est éprise de la vie comme on s'éprend d'un parfum subtil et mystérieux. La peur que ce parfum ne s'évanouisse l'entraînait, et jamais elle ne se ménagea. Après l'article ciselé, la page écrite, le poème composé, après une fête dans sa maison de Verrières, un gala au Ritz, un cocktail au Plaza, arrivait l'heure où Louise, si gâtée, si occupée, si entourée, refermait une porte sur sa solitude. Elle méditait, triait ses invitations, se brossait les cheveux, s'attardait à sa toilette du soir, caressait sa collection de flacons bleutés, se dévisageait dans un miroir et murmurait : « Alors, c'est tout ? » La journée s'achevait et demain il lui faudrait recommencer, tenir sa place sans faiblesse sous le regard des autres.

Rien n'annonçait cette existence tourmentée, superbe, un brin sulfureuse. Louise est née dans un univers de raffinement, d'érudition et de patience. Celui des fleurs et des plantes. La propriété familiale de Verrières-le-Buisson, alors un village au sud de Paris, en est le symbole. Si elle lançait, volontiers : « car enfin il faut le dire, nous sommes des marchands de graines ! » elle n'a besoin de personne pour être quelqu'un. Elle a la certitude que des dizaines de générations derrière elle la poussent vers son destin, que sa bouche est la leur, que ses aveux ne sont pas seulement les siens. Une longue suite d'ancêtres l'ont choisie pour parler : les sages se délivrent par elle de leur folie, les timides de leur audace gémissante, les guerriers de leur tendresse, les poètes de leur misère, les saints de leur désir de volupté. Elle est convaincue d'avoir gardé assez d'innocence pour juger avec sérénité. « Je suis venue du bout du monde, de la pointe des siècles, j'ai franchi mon enfance et d'autres enfances, ma vie et d'autres vies. Des efforts continus ont gardé ouvert pour moi ce passage de l'invisible à la réalité, du liquide au solide, de l'inspiration à la forme, par où je suis passée pour apparaître et vivre et pousser mes enfants et les petits-enfants de mes enfants hors de l'ombre. »

Sa vanité se satisfait du nom qu'elle a reçu à sa naissance et il lui importe peu que sa famille ait été ou non anoblie. La noblesse, ne lui suffit-il pas de la personnifier ? Et puis, elle sait qu'il y eut à l'aube de la Renaissance bien des « nobles vivant marchandement » et des « bourgeois vivant noblement ». D'ailleurs, autant qu'à l'aristocratie, elle revendique d'appartenir à la grande bourgeoisie. « Je n'aime pas les chats, un signe qui ne trompe pas. Le chat est l'élu des aristocrates et des concierges... »

Pourtant, au plus loin que l'on puisse remonter, le premier ancêtre identifié de Louise serait Guy Levesque, écuyer, seigneur de Fay-le-Sec, gentilhomme de la maison de François de Bourbon, duc de Vendôme. Noble donc et militaire. Les Levesque s'établirent à Éclance, une bourgade des environs de Bar-sur-Aube. L'un d'entre eux, Martin, épousa vers 1514 Claude du Mesnil et devint coseigneur du Petit-Mesnil et de Chaumesnil.

Il faudra attendre le début du XVIIe siècle pour qu'apparaisse, aux côtés de Levesque, le nom de Vilmorin, plus exactement Villemorien. À cette époque François Levesque, arrière-petit-fils de Martin, va bonifier ses titres nobiliaires et y ajouter le fief de Villemorien.

Désormais, les descendants s'appelleront, avec des variations d'orthographes, de plus en plus Levesque de Villemorien, l'Évesque de Villemorien, Lévecque de Villmorien, enfin Lévêque de Vilmorin, patronyme de Louise, tandis que peu à peu l'appellation « Lévêque » disparaîtra des actes ou documents non officiels.

Les hasards de la vie militaire amèneront l'un d'entre eux, Charles, lieutenant d'une compagnie entretenue sous la charge de Monsieur de Chambley, puis vaillant capitaine au régiment de Tournay, sur les confins de la Lorraine, dans la prévôté de Souilly, où il se mariera en 1625 à Jeanne de Corpel, la fille du prévôt de Woye, Wey, Wé, ou Wy. On trouve en effet toutes ces formes et bien d'autres dans cette région du Verdunois et du Barrois. Dans le pays on prononce « oui », aussi l'orthographe Wy, bien qu'elle déroute la sagacité des amateurs de toponymie, semble-t-elle la plus recevable. Au début du XVIIe siècle, le fief de Wy appartenait à Jean de Corpel, capitaine, prévôt et receveur de Souilly, de 1592 à 1624, fief bien modeste, puisqu'une déclaration de 1631 précise qu'au ban de Wy, limité par celui de Dugny et les finages de Lempire, Thierville et Belleray, la justice entière — haute, moyenne, basse et foncière — appartient à Son Altesse le Duc de Lorraine et de Bar, et que les simples seigneurs, alors les héritiers de Jean de Corpel, sont seulement titulaires de droits, rentes et revenus féodaux.

L'un des enfants issus de l'union entre Charles de Vilmorin et Jeanne de Corpel épousa, le 24 mars 1659, Magdeleine de Saillet de Nixéville, et reçut en dot de sa mère, alors veuve, la moitié de la terre et seigneurie de Wy et de Landrecourt « consistant en terres, prés, bois, ruisseaux, droits seigneuriaux, vignes et hawier, avec la maison, ses aisances et ses dépendances », selon les termes du contrat.

Fatigués, sans doute, de servir dans l'armée du roi et de guerroyer sur tous les fronts d'Europe, contraints aussi, par la modestie de leurs revenus nobiliaires de travailler, les Vilmorin, au déclin du règne de Louis XIV, commencent à rompre avec la tradition militaire. Jacques est parmi les premiers à quitter l'uniforme de cavalier. Par arrêt du 20 février 1717, il obtient que sa part du fief de Wy ait le statut de roture et il devient laboureur — les agriculteurs sont alors ainsi désignés — à Landrecourt. Les autres portions de la terre de Wy subirent en droits ou en faits le même sort et la vénérable maison seigneuriale, désormais simple cense, vivra encore un siècle pour disparaître entre 1820 et 1833. Quant aux Lévêque de Vilmorin, ils s'établirent à Landrecourt où leur demeure porte encore, en souvenir de leur patronyme, le nom de « L'Évêché ».

C'est là, dans ce village de la Meuse, que naquit le 28 septembre 1746, Philippe Victoire de Vilmorin, fondateur de la dynastie. Dixième et dernier enfant de Jacques, Philippe Victoire n'a pas treize ans à la mort de son père. Son parrain, Messire Philippe Dessoffy, comte de Cserneck, et sa marraine Victoire Claussin, fille d'un conseil et assesseur au baillage royal d'Étain, le prennent sous leur protection et l'installent à Paris où il s'inscrit à l'école de médecine. Passionné dès son plus jeune âge de botanique et d'horticulture, il va bientôt inaugurer en France le commerce scientifique des graines potagères, agricoles et forestières. Il croise en effet Pierre Andrieux, maître grainier-fleuriste du roi Louis XV, et son destin s'en trouvera changé

Quand le jeune Philippe Victoire découvre la capitale, Pierre Andrieux vient d'agrandir sa boutique quai de la Mégisserie, au cœur de Paris. Là où se tiennent depuis le Moyen Âge le marché aux Oiseaux et aux Graines, et en retrait du quai, à l'orée des jardins du Louvre, le marché aux Herbes, la future halle centrale. Les maraîchers de Saint-Denis, de Vaugirard, du Marais vendaient leurs produits au marché aux Herbes et passaient ensuite chez Andrieux s'approvisionner en graines.

Sous l'enseigne de sa maison *Au coq de la bonne foy*, plus tard, *Au Roy des oiseaux et de la renommée*, Pierre Andrieux n'est pas simple marchand. Homme de science, il enseigne à la faculté, et dès 1765 il publie avec la collaboration de Duchesne, professeur d'histoire naturelle au Muséum, les premiers catalogues de graines et de plantes. Il avait réuni, quai de la Mégisserie et dans le vaste jardin d'essai qu'il s'était aménagé Grand-Rue de Reuilly, quantité d'espèces végétales indigènes et exotiques.

Les Andrieux appartiennent à la bourgeoisie industrieuse qui fera et soutiendra la Révolution. Ouvert aux arts et aux lettres, fréquentant le milieu des lumières, Pierre Andrieux s'entoure de peintres, de romanciers, d'essayistes, les reçoit dans son salon ouvrant sur le quai, ou dans sa propriété de Châtillon. Antoine Parmentier, le héraut de la pomme de terre, l'explorateur André Michaux, le botaniste Antoine Laurent de Jussieu, le peintre Celoni sont ses intimes.

Entre une visite au Muséum d'histoire naturelle et une communication à la Sorbonne, Pierre Andrieux rencontre l'étudiant Philippe Victoire de Vilmorin. D'emblée ils se lient d'amitié, guidés par leur passion commune pour les plantes. Bientôt ils ne se quittent plus. Pierre invite son jeune élève quai de la Mégisserie, l'associe de plus en plus à ses recherches et, naturellement, lui propose la main de sa fille Adélaïde, de belle allure bien que de petite taille. On s'épouse le 14 juillet 1774. Parmentier est l'un des témoins.

Adélaïde, très enjouée, affectionne les toilettes, les bijoux et les objets. Sa robe de noces, taillée dans une étoffe magnifique, évoquant des guirlandes de roses — on ne se mariait pas en blanc —, connut un tel succès qu'une maison de couture, « Les Montagnes Russes », en demanda la copie. Ses boucles d'oreilles serties de diamants eurent un autre destin : elle les perdit le soir du 14 juillet 1789, dans le tumulte de la rue. Adélaïde et Philippe Victoire sortaient de chez Parmentier, alors apothicaire en chef à l'hôtel des Invalides, où ils venaient de fêter leur quinzième anniversaire de mariage.

Philippe Victoire est de nature plus grave. Un modèle de bourgeois éclairé, curieux de technique et d'idées nouvelles, voyageur infatigable, en relation suivie avec ses confrères de Londres, Vienne ou Gênes. Tous ceux qui lui succéderont à la tête de l'entreprise, pendant six générations, prolongeront cet idéal de progrès et de tolérance, associé à un sens aigu du bien commun et de l'honneur. Sur ces sujets, on ne badine pas chez les Vilmorin. Philippe André, deuxième à gouverner la « maison », qui plantera à Verrières, entre 1815 et 1820, des cèdres du Liban, des pins de Calabre, des chênes d'Amérique, n'écrivait-il pas à son fils, aspirant à l'école navale : « Continue et conserve toute ta vie la conduite et les allures d'un gentilhomme et ce qui vaut encore mieux, les sentiments...

Cher enfant et ami, il faut que nous fassions ensemble alliance d'honneur et que tu greffes le tien sur le mien » ?

Henry, son successeur, s'occupera d'œuvres humanitaires avec le comte Albert de Mun et publiera une étude sur l'arrêt du travail dominical dans les fabriques de sucre. Quant à Philippe, le père de Louise, réputé de « gauche », il s'intéressera à l'émancipation des syndicats comme au sort des salariés. Dans les carnets qu'il a laissés, il multiplie les réflexions sur ces problèmes, s'attachant surtout à imaginer une pédagogie sociale. « Les ouvriers veulent une amélioration, écrit-il en 1890. Cette amélioration, leur misère est trop grande, pour que tous les cœurs humains ne se sentent prêts à la leur accorder... Quand on songe que des hommes ou des femmes travaillent douze ou quatorze heures pour deux francs cinquante et souvent moins, on comprend que leur cri doive être entendu. Mais ils lisent de mauvais journaux... Ces affamés deviennent des révolutionnaires parce qu'ils ne voient pas le moyen de se tirer pacifiquement d'embarras. Notre devoir est de les écouter pour les raisonner... »

Un siècle plus tôt, durant les années de disette et de misère qui précèdent la Révolution française, Philippe Victoire de Vilmorin est dans ce même état d'esprit, menant avec ardeur la bataille contre la faim. Après la terrible grêle qui dévasta les environs de Paris, n'est-ce pas lui qui distribue gratuitement aux sinistrés des graines alimentaires ? Lui encore qui défend sans relâche, aux côtés de Parmentier, les vertus de la pomme de terre ? Dans les provinces où on la cultive, elle sert à nourrir les animaux domestiques et les paysans ne peuvent admettre qu'elle soit, pour eux, bonne et nutritive. On la compare pour la fadeur et la grossièreté au gland ; on l'accuse de donner la fièvre, la lèpre, les écrouelles. Imperturbable, Parmentier continue de publier mémoire sur mémoire, les soumettant toujours à l'approbation de son ami Vilmorin. Aux Invalides, il consacre tout un jardin à la culture de sa chère plante. Louis XVI, un jour, passa par là et voulut savoir à quel miraculeux légume on donnait tant de soin. « C'est, répondit le gouverneur des Invalides, la folie d'un de vos subordonnés qui s'imagine avoir découvert la solution à nos disettes. » Le roi s'intéressa à la « folie » de l'apothicaire et lui concéda, pour ses essais, cinquante-quatre arpents stériles de la plaine des Sablons à Neuilly.

La suite de l'histoire est connue. Philippe Victoire de Vilmorin et Adélaïde en seront les témoins. Le 24 août 1786, veille de la Saint-Louis, le roi paraît à la Cour avec une fleur de pomme de terre à sa boutonnière ; la reine en met à son corsage tout un bouquet et embrasse Parmentier. Adélaïde essuie une larme.

Le soir on mangea des tubercules à la table royale. Ce fut assez pour en imposer la mode chez les grands comme chez les pauvres. Bientôt chacun parlera de « cet excellent petit pain qui pousse dans la terre »...

À l'époque désastreuse de 1794 où les horreurs de la famine se joignent à la Terreur, n'est-ce pas une fois encore le couple Parmentier-Vilmorin qui anime le comité de bienfaisance de Paris ? Philippe Victoire occupe toutes ses journées à protéger et à répartir les maigres subsistances exposées à l'assaut des bandes de pilleurs. De la Révolution jusqu'à sa mort en 1804 il sera de tous les combats pour le perfectionnement de l'agriculture. Il participe à la rédaction du Code de police rural, fonde *L'Almanach du bon jardinier*, rédige de nombreuses notes dans des brochures qui font autorité et, quand le blocus continental prive la France de sucre de canne, il s'efforce d'améliorer les rendements de la betterave. Ingénieux, téméraire, il crée, il agit, il conseille, réussissant à se tenir au-dessus des fanatismes de son temps. Le message que lance Parmentier le 24 frimaire, an II de la République, illustre cette foi dans le progrès qui éclairait certains hommes de science. « Vous trouverez ci-joint, citoyens, un avis sur la culture et les usages de la pomme de terre ; la publicité me paraît urgente. Les autres plantes potagères qu'il est si important de propager sur le sol de la patrie, pour doubler les ressources de mars, exigeront aussi des instructions particulières que nous nous empresserons, Vilmorin et moi, de rédiger si la Commission de subsistance le juge à propos. Mais il n'y a pas un instant à perdre. »

Au milieu du tumulte révolutionnaire comme à l'heure où triomphe Bonaparte, Philippe Victoire ne se départira jamais de ce plaisir d'apprendre et d'enseigner. Ses enfants et ses petits-enfants, élevés dans des collèges religieux, les garçons à Pontlevoy, les filles au couvent des ursulines de Versailles, termineront leur éducation en Angleterre auprès de professeurs réputés, et ils appartiendront à cette société cosmopolite européenne qui hantera, tout au long du XIXe siècle, les bals ou les « thés coiffés* » de Berlin, Saint-Pétersbourg, Francfort, Madrid, Venise, Prague... Une société peuplée de figures extravagantes, ennuyeuses, stupides ou superbes, qui sera encore celle de Louise et qui mourra peu ou prou avec elle.

Jouissant d'une solide fortune, soucieux de leur rang, les Vilmorin se partagent entre Verrières, l'hôtel de la rue Madame à Paris, la propriété de Reuilly, le château des Barres dans le Loiret et le domaine de Villiers-sur-Orge. Ils y tiennent salon.

À Verrières, surtout, un symbole pour les botanistes depuis que Parmentier y a transporté sa fameuse collection de pommes de terre. Le château, ancien relais de chasse du temps de Louis XIV, entouré d'un parc dessiné par Le Nôtre, entra dans la famille en 1815. Mademoiselle de La Vallières l'habita. Louise en fera son royaume. Pendant des années, bien avant qu'elle ne règne, ses ancêtres verront défiler, devant des spécimens de plantes les plus rares du

* Ainsi appelait-on dans l'aristocratie d'Europe centrale les réceptions mondaines qui commençaient vers dix-sept heures.

monde, ministres, têtes couronnées, savants, écrivains, artistes. De Chateaubriand à Anatole France, de Lamartine à Théophile Gautier, d'Auguste Comte à Guizot, de Talleyrand à Jules Grévy.

À Villiers-sur-Orge, où Delphine Gay, future Madame de Girardin, a aussi sa maison, viennent plutôt Dumas père, colosse au teint de mulâtre, Carpeaux, la figure tourmentée, le geste nerveux, ou Sainte-Beuve, vieux, cassé, le visage d'une laideur expressive.

Où ce prestige prend-il racine ? « Quiconque propage une plante ou un arbre utile est un des bienfaiteurs de son pays », disait Bernardin de Saint-Pierre. Cette réputation enviable, qui concilie la science et le charme de la nature, s'attache d'emblée au nom des Vilmorin. Les bibliothèques de princes et châtelains regorgeaient de *Théories des jardins,* de *Tableaux dendrologiques,* de *Composition des paysages,* de *Traités des prairies,* d'*Aperçus généraux de forêts dédiés à la postérité,* d'*Art floral,* autant de bonnes lectures qui portent la date des dernières années du XVIIIe siècle jusqu'au début de la troisième République et qui, très souvent, sont signés d'un Vilmorin.

Notre vie champêtre ne faillit-elle pas, dans cette France rurale triomphante, avoir son Virgile : Charles Calemard de Lafayette ? Un étrange personnage que ce Calemard qui publia, à dix ans, une traduction de « L'enfer » de Dante avant de composer sur sa terre de Senilhac le *Poème des champs,* quelques milliers de vers où il célèbre, parmi d'autres, la gloire des Vilmorin. L'Académie de l'agriculture, qu'elle soit révolutionnaire, royale, impériale ou républicaine, ne manquera jamais elle aussi de les honorer en les accueillant sous son toit. Neuf Vilmorin figurent en lettres d'or sur les murs de la salle des Séances.

L'un d'entre eux, Louis, biologiste et chimiste de réputation mondiale, révolutionna, à partir de son laboratoire de Verrières, la culture de la betterave à sucre. Il fut le premier à énoncer, en 1856, le principe de la sélection généalogique, principe toujours rigoureusement appliqué, et il fit à cette occasion une importante communication à l'Académie des sciences. L'étude de l'hérédité chez les végétaux allait être, comme il le disait lui-même, l'étude de toute sa vie. Le savant danois Johannsen, à qui l'on doit la définition des notions fondamentales de la génétique, reconnaissait en 1911 : « J'avoue volontiers, et avec un sentiment de gratitude profonde, que c'est la lecture des notices de Louis de Vilmorin qui m'a servi de base pour mes premières recherches génétiques. »

C'est néanmoins Henry, le grand-père de Louise, qui fut sans doute, dans les milieux agronomes et agricoles, le plus célèbre des Vilmorin. Il épousa Louise Darblay, la fille d'un riche propriétaire terrien de l'Orléanais. Après sept ans de recherches, Henry va découvrir et lancer la série des blés hybrides à grand rendement. Nu ou vêtu, tendre ou dur, poulard ou épeautre, rien du blé ne lui est étranger. Il parlait plusieurs langues et dans ses nombreux voyages en Grande-Bretagne, en Italie, aux États-Unis, en Russie, en Égypte, il ne représentait pas seulement sa maison mais son pays. À l'exposition universelle de Chicago son arrivée fut attendue comme un événement. Il symbolisait « l'esprit Vilmorin », à la fois très sérieux comme le sont les gens de science, passionnés par leurs découvertes, par leur commerce, et pleins de fantaisie comme le sont les gentlemen ouverts à l'humour, aux fêtes galantes, aux mots d'esprit. Henry mimait les Fables de La Fontaine, récitait *L'Odyssée*, jouait des personnages de Molière, puis s'en allait, avec le même entrain, donner une conférence sur l'hérédité chez les végétaux ou la physiologie du chrysanthème. Maire de Verrières, les Védrariens, étrange vocable par lequel on désigne les habitants du lieu, ont laissé de lui un portrait flatteur. « D'une bienveillance extrême, ayant un cœur d'or, une âme charitable, empressé à venir en aide à ceux qui rencontrent des obstacles dans leur existence, il était très aimé... On se plaisait à l'entendre, parce que sa parole toujours instructive était pleine de douceur, de franchise et de clarté. »

Sa mort subite, en août 1899, dans les champs d'essai de Verrières, installa son fils aîné, le père de Louise, à la tête de la maison.

***

Philippe de Vilmorin a vingt-sept ans, de l'audace, de l'aisance dans l'esprit comme dans les manières. Il plaît beaucoup aux femmes sans trop le savoir. Il aime les livres, les voyages, la chasse, le bateau. Il pratique l'équitation, le tennis, le golf et le patin à glace. Son éducation puritaine reçue de l'abbé Armand Tisnés, précepteur des enfants Vilmorin de 1877 à 1918, loin de nuire à son charme, lui donne la touche discrète qu'il faut pour se rendre irrésistible. Il a lu à quinze ans *Physiologie de l'amour moderne*, un livre à succès de Paul Bourget. « C'est trop réaliste, note-t-il dans ses carnets. À côté de pensées très sérieuses et de réflexions très morales sur la corruption des mœurs de notre époque, on rencontre les tableaux où ces mêmes mœurs sont peintes sous des couleurs crues et sans complaisance. Pour mon compte, j'ai été profondément dégoûté. » Depuis, il a grandi et il affiche volontiers de l'assurance acquise au St. Mary's College à Canterbury, puis chez les Bons Pères à Évreux, enfin à la faculté des sciences de Paris.

Apôtre du modernisme, Philippe de Vilmorin est fasciné par les inventions — le cinématographe, les moteurs à essence, les aéroplanes, le télégraphe — qui se multiplient à la charnière des deux siècles. Il sera parmi les tout premiers Français qui, en 1897, achèteront une automobile.

Quand meurt son père, il vient de rencontrer Mélanie de Dortan. Brune aux yeux sombres, la belle, très belle Mélanie, appartient à ce genre de femme qui ne laisse aucun homme indifférent. Quelques mois plus tard elle épouse Philippe.

Elle ne manque ni de tempérament ni d'humour. Le monde ne lui en impose pas. Elle s'y retrouve. Elle s'habille chez Worth, le grand couturier de l'époque. Elle sait comment on évolue sous les lambris dorés, elle sait tourner l'épigramme, distribuer des compliments ou des rosseries, tirer son épingle de tous les jeux sans perdre la face, l'idéal de tous les cœurs. Mélanie mérite son succès. Louise héritera de ses dons.

Aussitôt mariés Philippe et Mélanie s'installent à Paris. Verrières restera le rendez-vous des week-ends et des vacances. Mais pas au château. Mélanie ne supporte pas sa belle-mère et, pour marquer ses distances, elle impose à son mari d'acheter, sur la colline qui domine la propriété familiale, la gentilhommière des Godets, une bâtisse assez simple à l'ombre d'un robuste marronnier. Il n'y eut jamais d'électricité aux Godets mais un éclairage au gaz que voulut préserver Philippe de Vilmorin, comme on garde une pièce de collection, gage d'un passé révolu.

C'est là que naîtra Louise, le 4 avril 1902. Là, dans les odeurs de ferme et de campagne qu'elle apprendra à marcher, à parler, à rêver. Un brin sauvage, elle aimait s'attarder, se perdre dans le parc des Godets, témoigneront sa grand-mère Vilmorin, « mémé », et sa tante d'Arjuzon. Louise, qui va symboliser la délicatesse, l'élégance urbaine, la distinction, qui ignore dans ses romans la nature et les paysages, qui les évoque rarement dans ses poèmes, fut une enfant de la terre. Il semble qu'elle ait un jour, sans le savoir, sans le vouloir, peut-être le jour de la mort de son père, tiré un rideau sur les décors et les ambiances qui imprégnèrent ses premières pensées, ses premiers pas, sauf à les évoquer avec une nostalgie triste. Comme dans ses carnets où elle se débonde. Possédée par le désir inné des conquêtes, Louise ne sera jamais une disciple de la nature et du naturel, elle ne jouera jamais le jeu des « grandes filles toutes simples », elle n'aura jamais l'audace d'affronter les regards sans s'être donné beaucoup de mal pour paraître plus belle qu'elle ne l'était à ses propres yeux. Elle n'était à son aise que si elle se sentait mieux que nature, et on peut dire qu'elle a passé sa vie à essayer de se faire oublier pour se faire admirer.

Magnifique, ce parc des Godets. Une roseraie, un potager, des arbres fruitiers, une serre, un jardin d'agrément planté d'essences rares aux feuillages rouge, bleu et jaune, un square touffu au désordre étudié, et, au milieu, un immense chenil où son père vérifie l'application des lois de l'hérédité, surtout des lois de Mendel, et essaie, en vain, de croiser des chiens avec des loups ou des renards.

À chaque pas, elle découvre une nouvelle aventure, un nouveau monde dans lequel elle peut musarder. Elle connaît si bien ce parc qu'elle a décidé de ce que serait chaque centimètre carré. Il n'y a guère de feuille ou de fleur qu'elle n'ait touchées des mains. Comprend-elle que quelque chose de mystérieux se passe là, qui lui échappe ? Le parc naît, respire, vit, indépendant. Des plantes font connaissance entre elles, établissent des relations de bon voisinage, associent les couleurs et leurs parfums, frissonnent au passage des poissons qui les côtoient dans les bassins. Ce territoire magique de sa petite enfance lui parle de fidélité, de paix, d'harmonie et de tranquillité. La vie, dira-t-elle, n'est pas ce que l'on vit, elle est ce que l'on rêve. Louise rêva beaucoup dans les allées des Godets, libre, inconstante, distraite, sous le regard attendri de « mémé de Verrières ». Est-ce le vrai bonheur qu'elle ne saura plus retrouver ? Elle l'écrira dans « La maison des enfants », une méditation qu'elle a adressée à ses filles :

Enfants, c'est mon passé
Passé que vous bercez
Au jardin de Verrières

Car je riais aussi
Sous l'arbre que voici
Et que planta mon père.
Les jours sont abîmés.
Aurais-je trop aimé
Le pas qui déconcerte ?
Je suis seule à présent
Mes lointains enfants
Devant la porte ouverte.

À Paris, dans l'appartement du quai d'Orsay, puis dans l'hôtel particulier de la rue Boissière, la vie, organisée autour des leçons de l'abbé Tisnés et des mondanités enfantines, n'a pas le même parfum de liberté. Tous les matins, après avoir servi la messe, les enfants se réunissent autour de la table hollandaise, vaste plateau de chêne et d'ardoise amalgamés. La septième génération des Vilmorin est née sans un répit, entre 1901 et 1907 : Marie-Pierre, l'aînée, appelée Mapie, Louise, Henry, Olivier, Roger et André. Une tribu, un clan, avec ses secrets, ses mots de passe, ses jeux, ses totems et ses tabous.

Au bout de la table hollandaise trône l'abbé. D'une érudition, d'une bonté légendaires, il n'a nul besoin d'élever la voix tant il emporte le respect et l'affection. Maniant le grec et le latin, intarissable sur les guerres d'Alexandre et le Code Napoléon, il enseigne son programme au gré de ses fantaisies, soucieux simplement de donner à ses élèves des bases solides de lecture, d'écriture et de mathématiques, pour qu'ils puissent, vers dix ans, affronter en toute quiétude l'ambiance des collèges.

Louise ne suivra pas ce cursus classique. De santé fragile, elle n'aura pas d'autre professeur que l'abbé. Il ne l'emmènera pas très loin, et lui donnera une instruction allégée, construite autour de la lecture, la narration française, l'histoire et la géographie. N'y figurait aucune science exacte, pas plus l'arithmétique que l'orthographe.

Cet enseignement la mettait à part, la singularisait ; elle était à la fois en avance et en retard sur les autres enfants de son âge, ce qui augmentait encore son penchant naturel à se retirer dans un univers onirique.

L'abbé était son meilleur allié. Il méprisait les parchemins. « Vous m'avez souvent affirmé, lui écrira-t-elle en avril 1918, qu'il y a la même proportion de sots dans une classe de bacheliers que parmi les promeneurs de la Muette. À quoi me servirait-il d'être bachelière ? » L'abbé lui a promis une voie plus originale et l'incite à écrire des contes, des saynètes, des portraits, en s'appuyant sur la « nichée » des jeunes gens qui l'entourent. Un autre abbé, plus connu, l'abbé Mugnier, sera la deuxième personne à lui prodiguer les mêmes encouragements, bien avant Saint-Exupéry et Malraux.

Louise est une élève très douée. Quand elle connaîtra la célébrité, échotiers et critiques littéraires raconteront qu'elle apprit à lire vers douze ans. Loin de démentir cette légende, elle l'entretiendra.

Fallait-il qu'elle réinventât son enfance ou qu'elle voulût la gommer pour être bien avec elle-même ? Elle sut lire très tôt et c'est elle, avec la bénédiction de l'abbé, qui apprendra à lire et à écrire à son jeune frère André. Elle lit pour nourrir ses rêveries. « Je jouissais alors de mes lectures et je ne crois pas, depuis, avoir trouvé le même plaisir à lire, écrira-t-elle à Jean Hugo. J'ai déniché sur un vieux cahier la liste de mes livres préférés. Ça t'amusera. *Les Animaux farceurs* de Benjamin Rabier, *Pour les enfants sages,* dessiné par Kate Greenaway, qui racontait les aventures de quatre adolescentes perdues en mer, *Acclimatation ville,* de celui-là je ne me souviens plus, *Le tour de France par deux enfants, La Fée des grèves, Le conscrit de 1913,* et *Le Journal de la jeunesse.* Mais j'aimais par-dessus tout la collection des " Grands Livres d'Histoire " illustrée de Montorgueil et Job. » Devant ces images et ces textes regorgeant d'émotions, en compagnie de François Ier, Henri IV, Louis XIII, Napoléon, son imagination galopait. Elle délivrait à ceux qui voulaient l'entendre ses sentiments, ses joies, ses tristesses. Elle était déjà souveraine, aimant raconter, traduire, enseigner.

Son père ne la tient-il pas pour la « grande » ? Quand il fit, en 1912, le tour du monde, c'est à Louise qu'il écrit. De nombreuses et tendres lettres, plusieurs en anglais, remplies de noms enchanteurs. Sa boîte à herboriser en bandoulière, la loupe à la main, il a parcouru les continents à la recherche des raretés végétales qui feront la gloire de l'herbier des Vilmorin. « Ma Loute, vite un petit mot pour te dire que Port-Saïd est un sale trou... » « Ma petite Loute, nous voici à la frontière du Siam après trois jours de voyage à dos d'éléphant à travers montagnes et forêts... » « *My dear Louty, I received your letter with the greatest pleasure ; it was written in truly good English and with just enough mistakes to remind me that your are a scholar in that delight full language... We arrived yesterday morning in Ceylan and as soon as possible came up to Kandy where it is relatively cool and pleasant. We must come back to Columbo tomorrow morning to take our steamer to Rangoon**... » « Ma Loute, nous serons dans quelques jours à Fidji. C'est toi que je charge encore aujourd'hui d'embrasser ta sœur, tes frères et l'abbé de la part de ton papa... » Mélanie n'ajoutait qu'un mot : « Baisers. »

Quand éclate la Grande Guerre, n'est-ce pas à Louise encore que l'abbé, bon patriote, proposera de correspondre avec une dizaine de soldats du front ? Des « filleuls » d'âge, de grade, d'éducation et de tempérament très variés. Louise

* « Ma chère Louty. Je reçois ta lettre avec le plus grand plaisir. Elle est vraiment écrite en bon anglais avec juste assez de fautes pour me rappeler que tu es élève dans cette délicieuse langue... Nous sommes arrivés à Ceylan mercredi matin et dès que possible nous partirons à Kandy où c'est assez reposant et agréable. Nous serons de retour à Colombo demain matin pour prendre notre bateau pour Rangoon... »

leur écrira sans relâche. Au colonel Dinzard, au major Hawes, au capitaine Rouvier, au lieutenant Germain, à l'adjudant Bellaigue, au maréchal des logis Robin, au brigadier Bourotte, au simple soldat Vasseur... « Comment as-tu fait, petite Loute, lui écrit l'abbé, un jour de l'été 1915, pour te reconnaître dans cette amusante variété ? Avec une autre petite fille, ce serait peut-être la confusion des langues ; avec toi, Loute maligne, c'est la symphonie parfaite. Chacun trouve adorable tout ce que tu lui écris et tous jugent, dans leur for intérieur, que tu es la sœur d'élection de leur âme, alors qu'ils sont si différents les uns des autres, et le plus piquant de tout, c'est que leurs serments sont sincères. Tes lettres, il est vrai, sont si belles et si drôles. »

On est loin de la petite fille qui ânonne péniblement son alphabet à l'âge de la communion solennelle comme Louise le laissa croire.

Rue Boissière, les enfants ont leur étage, le deuxième, confié à l'autorité d'une gouvernante, Nounou Guilton, qui distribue avec équité câlins et taloches, d'une nurse anglaise, dont le nom s'est perdu, et d'une répétitrice allemande, Anna Hess, généreuse et masculine, qui s'en ira, sanglotante, au mois de septembre 1914. C'est la guerre.

Jamais Louise ne vit sa mère à l'étage des enfants. Ou Mélanie voyage, ou elle est tout à ses mondanités et se plie à la règle d'être chez elle à jour fixe, ou au-dehors pour ses rendez-vous obligés. Dès la douceur du printemps elle se doit de paraître au château de Bagatelle. Ce bijou d'architecture, construit pour fêter Marie-Antoinette, continue son aristocratique destinée. Les élégantes y conversent en dégustant leur thé sur la terrasse d'où l'on découvre la ligne bleue des coteaux de Suresnes. On respire un parfum de noblesse, de coquetterie discrète, de sociabilité. Le soir, les Vilmorin dînent au faubourg Saint-Germain, à Auteuil, à Chantilly, à Versailles... Bien qu'elle soit à Paris, il arrive ainsi que Mélanie ne rencontre aucun de ses six enfants pendant plusieurs semaines. Louise et ses frères s'amusent à compter les jours sans madame mère. Olivier établit un record resté célèbre : soixante-quatorze jours sans la voir.

En soi, les mœurs de la rue Boissière sont on ne peut plus banales. Pas moins chez les Vilmorin que dans les familles qu'ils fréquentent, les parents ne s'occupent de leur progéniture. En dépit de cette banalité, certains enfants, dans ce monde-là comme ailleurs, souffrent en silence, s'étiolent ou, pour se sauver, reportent leur trop-plein d'affection sur des objets auxquels ils insufflent la vie.

Chez Louise, sensible et romanesque, les objets seront les compagnons de sa solitude, ses partenaires privilégiés, jamais indifférents à soulager sa mélancolie. Très vite elle aura le goût des objets anciens car ce n'est qu'aux objets anciens que peut s'attacher l'ombre d'un souvenir. Ils peupleront son œuvre romanesque et poétique. Ils seront un point d'appui dans ses heures de désarroi, un livre d'images pendant ses nuits d'insomnie. Ce monde des objets, auquel elle saura donner des accents comiques, graves, tendres, féeriques, fraternels, est le monde où elle se cache. Un monde qu'elle dispose dans sa chambre, non pas au hasard, mais avec un souci maniaque de la symétrie. Elle ne supporte pas le désordre, une autre façon de contenir ses angoisses. Quand elle part en vacances elle n'oublie jamais de regrouper, sur sa commode, sa collection d'objets afin qu'ils puissent se parler, se soutenir et tromper leur ennui. Qu'ils aient une âme ne fait aucun doute :

Objets sous l'astre déposés
Témoins des intimes martyrs,
Marbre rêveur, rêveuse lyre
Seuls gros lots des martyrisés
Vous pesez tout le poids de l'âme
Qui hors du mystère vous força
Vous êtes l'âme d'un forçat
Aux mains quelconques d'une Dame.

Parmi ses objets, une poupée, Lili, pèsera sur la destinée de Louise. Une poupée qu'elle adora plus que tout. Admirable, bien sûr, de beauté, de patience et de compréhension, Lili, confidente de ses malheurs réels ou imaginaires, la consolait, la plaignait, lui rendait l'existence supportable. Blonde aux cheveux ondulés, toujours vêtue, avec raffinement, de batiste, elle avait plusieurs robes soigneusement rangées dans un coffre en peau de crocodile. C'était une enfant modèle qui écoutait, avec attention, sa mère adoptive lui enseigner l'élégance, la poésie, l'histoire...

Un jour comme un autre, qui n'annonce aucun mauvais présage, la poupée disparaît. Mélanie l'a offerte à une fille pauvre venue lui rendre visite.

Louise avait neuf ans. Avec Lili elle savourait cette relation où l'on est si près des contes de fées. Et la voilà brisée, sans raison, sans explication. Ce fut bien plus que son premier grand chagrin. Ce fut un de ces souvenirs amers que l'on cache et qui deviennent des repères, des traces, quand au plein de sa vie on cherche à en deviner les ressorts intimes.

Que se passait-il entre Louise et sa mère pour que celle-ci ait pu agir avec cette légèreté, cette méchanceté ou cette indifférence ? Étaient-elles habitées l'une et l'autre par une aversion réciproque ? Entre la mère et la fille, il n'y eut que des rendez-vous manqués.

Très tôt Louise charma son auditoire. Sa voix, chargée d'émotion, était la voix de ces enfants qui ont le don de croire aux histoires qu'ils inventent et surtout celui d'y faire croire ceux qui les écoutent. Chaque fois qu'on l'autorisait à passer un moment avec les grandes personnes les compliments pleuvaient. « Dîner chez les Vilmorin, rapporte l'abbé Mugnier dans son journal. Ce qui fut tout à fait délicieux, c'est mon tête-à-tête avec Loulou de Vilmorin. Elle me parla du livre de Bédier, *Tristan et Iseult,* qu'elle lit, relit... Iseult est un “ rêve ”, elle aurait voulu être Iseult. Sa figure blanche, expressive, sa voix prenante, son élocution pleine de grâce, ses jolis gestes, tant de naturel vibrant me tenait là, près d'elle sous le charme. Elle ne s'entend pas avec sa mère dont le caractère laisse à désirer. »

Mélanie, obsédée par le désir de plaire, un désir au demeurant comblé, était-elle agacée par les talents que l'on trouvait à sa fille ? Louise, de son côté, troublée par le marivaudage et la beauté de sa mère, était-elle jalouse ?

Intelligente, cultivée, Mélanie partageait bien des traits qui feront la grâce, l'originalité et la force de sa fille. Elle avait réussi, imitant les salons du XIXe siècle, à s'attacher quelques célébrités qui devenaient, comme on disait alors, les « lions » de ses déjeuners ou dîners. Tous les hiérarques de la troisième République, Clemenceau, Loubet, Painlevé, Aristide Briand, Herriot, Poincaré, sont passés chez elle où ils retrouvaient Sacha Guitry, Léon Bérard, Claudel, Valéry, Jouvenel, Rostand, Jaloux, Paul Morand, Alexis Saint-Léger, bientôt Saint-John Perse... Mélanie en fut d'ailleurs récompensée : ce sera la première femme, avant Anna de Noailles et Colette, à recevoir la cravate de commandeur de la Légion d'honneur. Ce jour-là, un de ses plus illustres amoureux, Alphonse XIII, le roi d'Espagne, lui fit tenir ce malicieux billet : « J'ai bien envie, Madame — mais ne le répétez pas — de crier : Vive la République ! »

La « Belle Jardinière », comme disaient ses intimes, cultivait l'art des bons mots. Quelques-uns lui ont survécu. Un jour elle confessa : « Je n'ai jamais trompé mon mari. » Pour ajouter aussitôt, l'œil malicieux : « Les rois, ça ne compte pas... » Elle lança à Paul Painlevé : « Pour ne chagriner personne, vous êtes, mon cher, de toutes les opinions, hormis la vôtre. » Regardant Madame Wellington Koo bavarder avec le baron Maurice de Rothschild elle laissa tomber : « Tiens, voici la Chinoise et le Magot. » On se pressait, dans les salons, pour l'entendre raconter, toujours avec esprit, mêlant suspense et descriptions colorées, ses exploits de voyages. Mélanie, enfin, ne dédaignait pas la plume. Elle pensa même éditer un petit volume de poèmes en prose — pour la plupart dédiés à Paul Valéry — intitulé : *Au service des fleurs.* « Dans ces pages, disait-elle, j'ai mis le reflet de ma vie et de mes voyages. »

Tout ce qui aurait pu rapprocher la mère de la fille les éloigna et la Grande Guerre allait creuser un peu plus le fossé qui les séparait.

Le déclenchement du conflit franco-allemand n'avait pas bousculé les habitudes de la rue Boissière. Philippe de Vilmorin, réformé en 1891 pour des raisons de santé, n'avait jamais été soldat. En 1914, ses six enfants le mettaient à l'abri d'une mobilisation. La vie était comme avant. « Moi j'étais enfant et je riais, voilà tout, entre les prières obligatoires. J'aimais la liberté. La tension du monde était ailleurs et nous libérait de toute surveillance. Toutes les grandes personnes se vantaient de quelque chose. Je me rappelle qu'en les entendant parler de martyrs, je pensais à mes souliers trop petits... Les dames soupiraient : “ quelle épreuve, tous ces morts... ” Je pensais à mes amours, car je me croyais aimée par les armées entières. » L'abbé lui relatait les joies et les peines, les succès et les revers des poilus. La vie aurait pu aller ainsi, paisible, loin des tranchées. Mais voilà qu'au printemps de 1915, Philippe de Vilmorin décide de s'engager comme interprète auprès des armées anglaises qui se battent en France. Son patriotisme lui sera fatal. Malade, acceptant des missions qui l'obligent à multiplier les va-et-vient entre Paris et Londres, il s'épuise sans discernement et meurt le 29 juin 1917.

Pour Louise, c'est la déchirure. « Voyez-vous, écrit-elle à un de ses filleuls de guerre, vous ne savez peut-être pas ce que c'est d'être très très gâté... et moi je l'étais infiniment par mon père... alors quand soudain, en dix minutes, un être cher disparaît et s'endort, calme, pour toujours, on est pétrifié... C'est à peine si on a la force de penser... et puis les jours passent... passent... et le chagrin devient de plus en plus affreux... Je suis jeune. J'étais heureuse, alors je me suis demandé pourquoi est-ce que l'on m'avait enlevé mon père, mon père qui était jeune, quarante ans ! Alors qu'il y avait sur la terre tant de vieux gâteux inutiles... Ce sont des raisonnements d'enfant, mais je le sais... Il n'y a rien au monde qui rende triste comme de se sentir seule... Je vous dis cela, mais je ne devrais pas car je ne fais pas mon devoir de marraine, aussi parlons d'autre chose. »

Elle a quinze ans. Elle aimait profondément son père qui avait une préférence pour elle. Chez les Vilmorin on le savait, quand bien même les conventions sociales les empêchaient, l'un comme l'autre, de manifester cet amour qui les liait. « Je garde au chaud, pour moi, pour moi toute seule, confiera-t-elle à son frère Roger, les séjours sur son bateau. Tu sais que j'y avais ma cabine, comme tu sais les jours heureux que j'y ai passés. Ce n'était pas pour moi un simple changement, c'était, auprès de lui, une autre vie où les valeurs étaient différentes. »

Le *Cariad* était un superbe voilier de quarante mètres conduit par dix hommes d'équipage. Chaque année, Philippe de Vilmorin participait aux régates de la Côte d'Azur et de la Riviera italienne. De ses relations avec son père Louise retenait ces instants qu'elle était la seule à partager.

Il ne se passera plus une année sans qu'elle adresse à son frère André, le 29 juin, un mot de prière en souvenir de ce jour qui lui fut si funeste. Une pensée qui, disait-elle, permettait à son père « de marcher à grands pas vers un endroit qu'il aimait, respirer l'air du soir, cueillir une fleur, la mettre à sa boutonnière, se regarder dans la glace et goûter une heure de son époque ». Comme dans la scène de *L'Oiseau bleu* de Maurice Maeterlinck, où deux enfants font revivre léurs grands-parents chaque fois qu'ils en parlent avec tendresse.

Dix-huit mois plus tard, le 11 novembre 1918, dans une

France en liesse, l'abbé Tisnés, tragique coïncidence, est emporté par la grippe espagnole. Après le père, le confident affectueux disparaît. C'est la fin d'un temps que Louise, sa sœur Mapie et ses frères prenaient plaisir à vivre. Le temps de l'enfance. Brusquement tout bascule. On quitte la rue Boissière pour un bel hôtel du début du XVIIIe siècle, à l'angle de la rue de la Chaise et de la rue de Grenelle. Les domestiques sont toujours aussi nombreux, le train de maison n'a pas changé. C'est l'existence qui n'est plus la même. Sans le père, sans l'abbé.

Dans la fleur de ses quarante ans, Mélanie rayonne. Ses formes rondes, sa peau souple et lisse, l'éclat de son visage semblent indifférents à l'écoulement de la vie. Elle est la figure emblématique de cette race noble, cruelle, désintéressée, « malheureusement spirituelle et parisienne », disait Proust, dans laquelle se dessine la courbe descendante de toute une société. L'hôtel de la rue de la Chaise, avec son enchevêtrement d'escaliers dérobés et de corridors obscurs, de demi-étages et d'entresols, avec ses salons encombrés de vases de Sèvres, de bibelots japonais, de porcelaines *alt Wien*, semble avoir été construit pour l'accueillir et entretenir autour d'elle le soupçon du libertinage, le parfum de la décadence.

Mélanie entend maintenir son veuvage à l'air vif de la liberté et elle ne perdra pas son temps. Elle prit plusieurs cœurs dont un de sang royal, celui du duc Ferdinand de Montpensier. Amoureux transi, il voulut l'épouser. Elle refusa. Dépité, le duc ne tarda pas à se marier, lui réclamant les modestes cadeaux qu'il lui avait offerts. Il s'agissait, prétexta-t-il, « de bijoux de la maison de France ». Sans une heure de retard, Mélanie fit reporter les objets avec ce mot : « Je regrette que Monseigneur ne m'ait pas offert de souvenir sans valeur que j'eusse pu conserver en mémoire de notre amitié. »

Louise se mit à haïr l'indépendance de sa mère. Elle ira vers ses quatre frères qui deviendront un refuge à sa nature capricieuse. « Au fond de moi, confessera-t-elle, je garde mon âme dolente, mon cœur soumis, ce besoin de me plaindre un peu toujours. La vie ne m'appartient pas : c'est vous que j'aime, qui me possédez, et cela est bien doux de vous appartenir. Mon cœur est plein d'amour et j'aime à être aimée. Pour être heureuse, il me faut des frères à embrasser. »

Singulière alchimie que les relations entre Louise et ses frères. Surtout entre Louise et André. De cinq ans son cadet, André sera le frère tendrement aimé. L'avocat, le gardien, la mémoire de cette sœur qui crée sans rien retenir, qui donne sans rien compter. Le confident dont elle sollicitera sans relâche les conseils comme la fortune, et qui répondra généreusement à ses besoins d'argent.

Anaïs Nin qui rencontra Louise dans les années trente, fut intriguée par la force de cet attachement qu'elle essaya de transcrire dans deux courts récits[1]. Quand, après la guerre, elle revint à Paris, elle fit tout son possible pour revoir Louise qu'elle admirait et dont elle connaissait bien l'œuvre. Mais ce fut en vain, comme elle le confiera à Jean Chalon, en 1970. « Il est étrange, lui écrivait-elle, que lorsque je vous ai rencontré, je vous ai rapproché de la “ lignée ” de Giraudoux et de Louise. Je voulais vous demander si vous la connaissiez. Elle devait aimer votre œuvre autant que vous aimiez la sienne. Ce qui nous a séparés fut de ne jamais savoir ce qu'elle avait pensé du portrait que j'en avais fait — de n'avoir eu aucun écho, et je crains de l'avoir froissée car on ne sait jamais l'effet que peut faire un portrait sur quelqu'un. »

Un sentiment frémissant, une étrange volupté traverse les centaines de lettres que Louise adressera à son frère. Elle lui ouvrira son âme en toute liberté. Elle lui parlera comme ferait un cœur amoureux qui n'aurait jamais connu, au cours de sa vie, de relation aussi riche et originale : « Tu es le seul ici-bas que je souhaite revoir dans l'au-delà », lui dira-t-elle un jour.

Si les trois autres frères, Henry, Olivier et Roger, ne partageaient pas avec Louise la même intimité, ils n'en étaient pas moins ses fidèles alliés. Autour de Louise s'était ainsi organisé le clan Vilmorin au sein duquel le rejet de la mère occupait une place essentielle. Un rejet violent, d'une ironie grinçante. Le clan fera toujours bloc contre Mélanie, surnommée le Mamamouchi, le Mou, le Grand Mou... Surtout, « la patronne ».

Mélanie est une Dortan. À la racine des tensions entre le clan et la patronne il y a les antagonismes Vilmorin-Dortan. Dans cette bataille, Mapie, la sœur de Louise, sera toujours en retrait ; aimée des Dortan, elle est proche de sa mère. Louise subit le sort contraire. Les grandes familles n'ont de cesse d'ornementer leur histoire de rivalités intestines, sourdes ou affichées. Quelques personnages servent alors de boucs émissaires à l'expression de ces zizanies et Louise se trouvait dans l'œil du cyclone : la grand-mère Dortan, la mère de Mélanie, la détestait. C'était une dame sévère qui ne doutait de rien. La bonté et le mystère la fuyaient. On l'appelait « bonne maman ». Veuve de Roger de Dortan, elle régnait sur le château d'Audour, à Dompierre-les-Ormes, dans le Charolais, une bâtisse appuyée sur une vaste terrasse. Lugubre l'hiver, Audour ne manquait pas de charme à la belle saison.

« À Audour j'ai souffert plus qu'à aucun autre moment de ma vie, écrira Louise à André, trente ans après son dernier séjour dans ce lieu maudit. La préférence mâtinée de sadisme que bonne maman manifestait envers Mapie m'était insupportable. Combien de soirs j'ai pleuré à Audour ! Souviens-toi des longues nuits froides de Bourgogne. Bonne maman accueillait Mapie dans sa chambre où brillait un feu de cheminée, tandis qu'une bougie à la main je regagnais, seule, le lit glacé de notre grand-père et je me glissais tremblante, autant de peur que de froid, dans les draps. Je craignais de rencontrer son fantôme. C'était affreux. À la cuisine, quand nous dînions entre enfants, Mapie avait sa place près du grand fourneau. C'est elle aussi qui avait le droit de conduire la carriole tirée par un âne. Que de blessures ! Je maudissais Mapie et bonne maman. »

La petite Louise qui va de belles demeures en châteaux se sent-elle exclue, mal aimée, éperdue de déréliction ? Ou bien coquette, et naturellement pâle, s'amuse-t-elle à « faire semblant » d'être fatiguée, émue, triste, amusée ? Sa réalité n'est pas celle des autres. À son amie Diana Cooper, qui l'interrogeait sur ses années d'enfance et de jeunesse, elle répondra : « J'avais je crois décidé, une fois pour toutes, que je n'étais pas comprise. Je me condamnais moi-même à vivre seule avec mes pensées, je me mettais hors d'atteinte. » Hors d'atteinte, donc, de sa mère.

Rue de la Chaise, Mélanie avait aménagé au premier étage une bibliothèque, qu'elle appelait son bureau, où elle recevait ses visites privées. Le domaine interdit au clan. Comment pourrait-on juger de sa vie ardente qui ne l'était peut-être pas assez pour la rendre heureuse ? Élevée, comme elle le fut, dans le dur marbre catholique, s'est-elle toujours sentie à l'aise dans ses habits de veuve joyeuse ? Le Tout-Paris lui prêtait des audaces qui frisaient le scandale et elle paya de plus en plus cher le prix de son âge. Elle ne fréquentait plus Verrières. Elle prenait ses quartiers d'été au château du Taureau, dans la baie de Morlaix, une magnifique forteresse construite par Vauban. Très difficile d'accès, elle s'y transportait avec son cuisinier, son maître d'hôtel, sa femme de chambre et la smala des domestiques. Son yacht faisait la navette entre la citadelle et le port de Morlaix.

Bientôt sa beauté, sa sensualité de cascadeuse ne seront plus qu'un souvenir. Mélanie goûtera aux paradis artificiels et sombrera dans le pathétique, entourée de poussière, de fioles et de longues « ampoules couleur de topaze, vrais bijoux, vrais trésors de rêve ».

Absente des écrits de Louise, elle est absente des mémoires de tous les hommes célèbres qu'elle a somptueusement traités. Quand elle quittera l'hôtel de la rue de la Chaise pour habiter un appartement, elle verra de moins en moins ses enfants. Elle vivra, souffrante et retirée du monde, avant de s'éteindre oubliée.

On ne saura jamais comment Louise a ressenti le destin de sa mère. Elle n'en a rien dit. Le 23 octobre 1937, elle consignera dans son journal : « À peine arrivée à Verrières, ma tante d'Estienne me téléphone que maman est au plus mal. Je vais chez elle avec André et ma tante. Il y avait plus d'un an que je ne l'avais vue. Elle agonisait. Elle était belle comme à trente ans. Je suis restée chez elle jusqu'à huit heures puis suis rentrée à Verrières... À dix heures trente elle était morte... Pauvre maman. »

⁂

En mai 1919, alors que l'hôtel de la rue de la Chaise s'animait des premières fêtes du « clan Vilmorin » — les six enfants avaient de douze à dix-huit ans — et que Mélanie commençait sa seconde vie, la santé de Louise, d'une fragilité chronique, se détériora brutalement. On dépista une coxalgie, une arthrite tuberculeuse localisée dans la hanche. Alors qu'aujourd'hui le traitement des arthrites est encore un des chapitres les plus complexes de la pathologie articulaire, on peut imaginer ce qu'il en était en 1919. Pendant près de trois ans, Louise resta étendue, la hanche gauche prise dans le plâtre. Trois années qu'elle passa à Saint-Jean-de-Luz, où les Vilmorin avaient une villa, le long de la digue, la Maïtaggaria.

Saint-Jean-de-Luz ne fut pas une épreuve. Ce fut une étape initiatique, une longue parenthèse qu'elle goûta, qu'elle dégusta. Elle aurait pu, comme Alberto Moravia, qu'une tuberculose osseuse immobilisa huit ans pendant son adolescence, ne retirer de ce temps qu'amertume, ennui, angoisse. Elle s'installa, au contraire, avec grâce dans sa nouvelle condition. Elle devint le centre de l'univers, choyée, protégée, admirée.

Sur la terrasse de Maïtaggaria, où l'on poussait son lit roulant, baptisé « Rossinante », elle se découvrit une vocation de séductrice, avec la joie amusée et insolente d'une jeune fille qui aborde le monde sans rancœur.

Très souvent ses frères descendaient de Paris avec leurs amis. Ils avaient créé un club, le GB, le « Groupe Bossuet », du nom du collège qu'ils fréquentaient, ou qu'ils avaient fréquenté. Louise présidait le GB. Schéhérazade allongée sur son lit, elle tenait sa cour au milieu de jeunes soupirants qui se disputaient le privilège de sa compagnie. Liés à la fois par la camaraderie et le jeu des alliances familiales, les membres du GB étaient un bon reflet de ces milieux élégants et désinvoltes qui annonçaient les « Années folles ». Les Vilmorin y retrouvaient leur cousin Honoré d'Estienne d'Orves, leur lointain parent Antoine de Saint-Exupéry, leurs amis Bertrand de Saussine, Raoul de Roussy de Sales, Élie de Vassoigne, Jean de Vogüé, Jacques Fouret, Henri de Ségogne, Renaud de La Frégeolière... Louise savait depuis longtemps qu'elle aimait plaire et qu'elle plaisait. À Saint-Jean-de-Luz, tout à elle-même, sur sa « Rossinante », elle se laissera désormais porter par son besoin de séduire, sans s'intéresser aux sentiments qu'elle inspirait, aux drames qu'elle provoquait.

Cruelle et incompréhensible pour ses conquêtes, elle s'enfermait dans ce jeu trouble dont elle était la seule à connaître le secret et qu'elle appelait « ses attitudes d'âme ». Son enchantement s'évanouissait aussi vite qu'il naissait. Elle inventait sa vie, elle essayait son cœur. Sans amour, sans désir, sans équivoque, pour le plaisir du jeu. Insouciante ou rouée, émerveillée par les amours qu'elle déchaînait, allumant le cœur de tous ces garçons, elle écrira pour eux, en 1939, son premier recueil de poèmes, *Fiançailles pour rire.* Elle riait, en effet, laissant derrière elle des regrets. Bien sûr, elle se fiança sérieusement deux ou trois fois, selon les formes et les usages, mais pour aussitôt se reprendre. La magie de la séduction l'étourdissait.

Elle charmait par son air las, par sa gaieté, et par une sagesse mystérieuse qui faisait croire à sa vertu. Cachant sa vanité sous les traits de l'innocence, elle souriait à droite et à gauche, racontant quelques anecdotes qui faisaient rire tout le monde. « Ce rire était ma conquête, mon trône, le sceptre de mon règne, l'emblème qui plaît à la force et lui inspire les soins, les attentions et la violence amoureuse. » Immobile, elle semblait insaisissable, impossible à retenir ou à fixer. Elle plaisantait, elle ironisait, et il fallait tendre l'oreille pour percevoir, par intervalles, dans le scintillement de ses paroles, dans l'éclatement des bouchons de champagne, comme le bruit d'un léger soupir. Elle séduisait, elle manipulait.

Au milieu de ce feu d'artifice, éblouis et un peu ivres, les jeunes gens du GB vivaient leur premier chagrin d'amour. « Ma chère Loulou, il y a quarante ans exactement que je ne vous ai pas appelée ainsi, lui écrira l'un d'entre eux. Vous souvenez-vous encore de moi ? Moi, je vous revois comme si c'était hier, sur votre chariot, avec déjà cette expression de femme prédestinée à l'amour. Un soir vous m'aviez abandonné vos lèvres avec une éloquence que tant d'années, vous le voyez, n'ont point effacée. *Une lettre dans un taxi,* le meilleur de vos ouvrages, a d'un seul coup ouvert la porte à tout ce passé oublié pour vous, mais qui vivait encore en moi, presque à mon insu. »

Dès qu'Antoine de Saint-Exupéry jeta les yeux sur elle, il s'enflamma. Il comprit qu'il devrait lutter pour obtenir un regard. Il n'avait aucun talent de société et ne possédait en rien l'aisance mondaine du clan Vilmorin. À dix-huit ans, il marchait déjà héroïquement, comme un homme qui fuit les femmes. Non comme un homme qui excelle dans ces divertissements où hommes et femmes se frôlent et croisent leurs regards. Tout le désignait pour être le camarade d'une femme qui avait besoin d'un camarade, et c'était exactement ce dont Louise n'avait nul besoin. Pourtant, Saint-Exupéry lui inspirait une sorte d'amitié respectueuse. Elle était sensible à sa vive intelligence, à son romantisme ombrageux, à son tempérament de solitaire. Il parlait de poésie et lui disait des sonnets qu'il composait pour elle. Ces poèmes ont disparu, à moins que Saint-Exupéry ne les ait lui-même détruits. Ne restent que deux vers :

Hâtons-nous de rêver car voici que se dresse
L'ombre qui, dès midi, campe au revers des monts.

Jusqu'à son départ au service militaire, en mars 1921, Antoine de Saint-Exupéry fit plusieurs séjours à Saint-Jean-de-Luz. Dans l'esprit de Louise, il était de la bande des « fiancés pour rire », sans plus, et il se garda de lui dévoiler les tourments de son cœur. L'armée l'appelait. Il fit ses classes comme « rampant » à Strasbourg puis rejoignit la base de Casablanca. De retour en France, en janvier 1922, décidé à devenir pilote, il passa l'année à suivre des stages de formation pour être enfin promu sous-lieutenant et affecté à l'aérodrome du Bourget.

Il avait revu Louise. À Saint-Jean-de-Luz d'abord. À Paris ensuite, quand, à la fin du printemps 1922, Louise se mit à remarcher — avec cette légère claudication qui appartiendra à son charme — et qu'elle prit l'habitude de voyager entre la rue de la Chaise et la côte basque, laquelle gardait sa préférence.

Si Antoine de Saint-Exupéry n'était encore ni pilote chevronné, ni écrivain, il avait déjà sa légende de jeune aviateur téméraire. Il avait également appris le secret des tours de cartes, un don qui plaisait. Moins timide, plus à l'aise dans sa taille et sa carrure d'athlète, il avait mûri. Son amour pour Louise était intact et le moment de se déclarer lui semblait venu. Il la demanda en mariage. Au début de 1923, les fiançailles furent annoncées officiellement. Mélanie de Vilmorin ne voulait pas d'un gendre pilote au modeste salaire, et dont la vie serait toujours en sursis. Elle posa ses conditions : Antoine n'aurait la main de Louise que s'il quittait l'armée de l'air. Placé devant cet ultimatum qui n'avait rien d'une mauvaise plaisanterie, Saint-Exupéry se résigna. Les Vilmorin lui trouvèrent un nouvel emploi, sans risque et mieux rémunéré. Les obstacles levés, on pouvait se préparer à la noce. Celle-ci n'eut jamais lieu.

La nature de Louise avait repris le dessus. Elle s'éloigna, doucement, sans raison apparente. Fit-elle avec Saint-Exupéry, comme elle le racontera beaucoup plus tard, une dernière fugue amoureuse au bord du lac de Bienne dans le Jura bernois ? Après sa longue immobilisation à Saint-Jean-de-Luz, elle alla plusieurs fois se reposer dans la maison du pasteur de Reconvilliers où Antoine l'aurait rejointe au mois d'août 1923. Si le récit qu'elle donne de cette rencontre a la saveur douce amère d'un amour qui s'éteint, il s'y mêle trop de fiction pour qu'on puisse le lire comme un témoignage authentique :

« Oh, le beau bouquet ! écrit Louise. C'est la Saint-Louis, c'est le jour de ma fête. Oh, les belles promesses ! J'y réponds, j'en réponds. Sont-elles rustiques, vivaces, éternelles ? Oui elles sont éternelles.

« Comme tous les fiancés nous vivons à la fois dans le présent et dans l'avenir. Certes nous faisons des projets mais Antoine n'a souvent que l'aviation en tête. Il me parle de moments terribles ou sublimes passés entre le ciel et la terre et, moi qui ne songe qu'à meubler notre future maison, je l'interromps pour lui demander s'il aime les sièges capitonnés...

« Les gens qui vont se séparer ne se gênent pas pour s'embrasser dans les gares. Le sifflement des locomotives donne le signal des baisers et les amoureux à l'instant de se quitter se serrent frileusement dans les bras l'un de l'autre. C'est ce que nous faisons en ayant conscience de tricher... Antoine commence déjà à perdre ses cheveux. Ça le tracasse et moi aussi. Il y a, paraît-il, des élixirs capillaires qui font merveille et qu'on trouve dans les belles pharmacies de Genève. Septembre est proche. Hélas ! voici septembre. Adieu, Jura bernois, adieu, Monsieur le Pasteur. Nous allons rentrer à Paris par chemin de fer.

— Faisons un détour, me dit Antoine.

— Un détour ? Quelle folie ! Et pourquoi un détour, s'écrie Mademoiselle Petermann qui a grand mal à nous chaperonner.

Je lui réponds : “ Heu... heu... Élixir capillaire... important... calvitie... désastre... ” Ces quelques mots nous transportent à Genève où nous déjeunons au bord du lac. »

Tout cela sonne comme un glas, en dépit des clins d'œil à la vie. Au vrai, pendant son séjour à Reconvilliers, l'attention de Louise était ailleurs. Depuis la mort de l'abbé Tisnés, l'abbé Mugnier, celui qu'on a pu appeler « le confesseur des duchesses », était entré dans le cercle des Vilmorin. Dans les salons parisiens les plus huppés, l'abbé Mugnier offrait l'aspect déconcertant d'un curé de campagne, avec ses gros souliers carrés et sa soutane élimée. Il s'était imposé par les qualités les moins faites pour réussir dans un tel univers : la modestie, la sensibilité et la fraîcheur d'âme. Mais sa vocation, « c'est la littérature, ses véritables confrères, ceux parmi lesquels il se sent à l'aise, ce sont les écrivains, et son Dieu, c'est Chateaubriand dont les *Mémoires* sont devenus son bréviaire au point d'en savoir par cœur de longs passages [2] ».

L'abbé avait repéré chez Louise un talent de plume. Tout en s'amusant de ses fautes d'orthographe « extravagantes »

— elles ne se rencontraient que dans les mots les plus usuels, « cailler » pour « cahier », « vallent » pour « valent » — c'est lui qui, le premier, l'encouragera à écrire, justement durant ces mois de l'été 1923. « Été voir Loulou de Vilmorin, écrit-il dans son Journal, à la date du 8 juillet. Elle reste aimable et vivante. Elle m'a dit que l'intérieur était un enfer et combien sa mère était incompréhensible d'égoïsme et de cruauté. Alors, elle est obligée de tirer tout d'elle-même pour se soutenir. Elle a une si grande sensibilité, cette enfant. Une couleur agit sur elle comme un son. Elle va écrire. Je l'ai encouragée. Elle lit des vers. »

Attristée ou excitée par l'interruption de ses fiançailles avec Saint-Exupéry, Louise avait-elle noirci quelques pages ? Elle redemanda conseil à l'abbé Mugnier qui lui répondit le 3 août 1923, l'invitant à persévérer. « La vie, précisait-il, est à la fois roman, drame, comédie, idylle, élégie. Vous aurez tous les dons si vous écrivez avec l'arc-en-ciel. »

Ces pages, si elles ont existé, se sont perdues. Auraient-elles été révélatrices de la nature des relations entre Louise et Antoine ? Que se passa-t-il réellement entre eux ? Peut-être la chose la plus simple : un amour non partagé. Louise la cabotine jouait. Saint-Exupéry l'aimait. « J'étais un enfant, vous étiez une femme. Vous vous êtes penchée vers moi, c'était merveilleux mais pas durable. J'ai relu souvent mes lettres et les ai jugées si puériles ! J'étais un gamin ébloui. Cela ne pouvait pas vous suffire. »

Ce fut probablement la seule femme qu'il aimât. La seule qu'il n'aurait pas abandonnée, elle qui le fut si souvent. Il ne se remettra jamais de cet échec, si douloureux qu'il bouleversera son existence. Il reprendra l'aventure aérienne, « à la recherche d'une camaraderie qui dépasse les amitiés de salon ».

Est-il parti, est-il devenu le pilote que l'on connaît, par dépit amoureux ? S'il ne le dit jamais de façon explicite, il le suggère très souvent dans sa correspondance avec Louise. Il a fui ce « royaume enchanté » — le jardin féerique de Verrières, la maison du 1 de la rue de la Chaise — qu'il décrira dans *Courrier sud*, un royaume qu'il ne pourrait plus ni regagner ni oublier. D'ailleurs n'avait-il pas choisi de titrer ce premier roman : « L'Évasion de Jacques Bernis », avant de l'appeler *Courrier sud ?* Tel Bernis qui fuit Geneviève, il fuit Louise. Tel Bernis qui échoue à conquérir Geneviève et à l'arracher à son « royaume enchanté », lui non plus ne parviendra pas à séduire Louise et à l'éloigner du clan Vilmorin.

Quand paraîtra *Courrier sud*, il enverra un exemplaire à Louise en y joignant une lettre on ne peut plus explicite. « Ma vieille Loulou, je vous aurais écrit depuis longtemps, mais j'ai voulu mettre un peu d'ordre en moi... Ce n'était plus une protection que je cherchais. Je me rangeais moi-même derrière moi. J'effaçais mes traces. Et à mesure je me découvrais disponible. Je me séparais mieux de ma vie familière comme s'il devait m'arriver une aventure magique. Je me sentais tout prêt à comprendre mieux ce sable, ce mirage et ce silence si étonnant. Imaginez-vous cela ? Le Sahara avant tout m'a enseigné une perspective. Tout ce que je croyais réel n'est plus que " le jardin où coulent des ruisseaux " et rentre à demi dans la légende. Voyez-vous, de ma Geneviève, j'ai voulu faire celle qui habite profondément les choses, celle pour qui tout est essentiel, sûr... Mon petit bouquin si vous l'aimez, je vous en donne la clé la plus secrète : c'est toujours une conversation avec une fée, qui me montre son jardin, ses tilleuls, sa maison. Et je voudrais m'imaginer que j'habite ce royaume, être entouré solidement, mais je ne me sens jamais tout à fait en sécurité. Je me souviens d'une petite ville fortifiée où, autrefois, j'ai passé la nuit en voyage. J'y ai éprouvé ce sentiment. J'y pénétrais dans une sorte d'éternité, mais sans y croire, sans en être... Je suis toujours un peu un étranger sans patrie. C'est sans doute pourquoi je parais timide. J'aimerais qu'une femme me dise :

" tu vas entrer dans cette petite éternité qui est enfermée dans mon village ou dans mon parc. C'est ça une patrie. Et vivre là où les choses ont un sens durable ". Mais je me sens fugitif et je n'ai su aimer qu'une femme... Vous le savez bien... Je connais cette courbe de mon chemin. Cette douce pente de ma route vers mon village. Loulou, Loulou, ma vie est tellement simple... Je connais bien cette angoisse des voyages sans sens, mais vraiment je n'ai jamais été calmé que par un unique amour... Loulou, j'ai grand besoin que vous m'écriviez. Je ne saurais pas bien dire pourquoi. Vous n'êtes pas un abri pour moi. Vous êtes une patrie bien dangereuse. Auprès de vous, tout se brouille en moi et devient inconnaissable. Et pourtant j'avais mis tant d'ordre dans mes souvenirs. Je vous avais fait un visage si sûr. Tout était clair et simple puisque c'était passé. Si quelquefois votre image me faisait du mal, je savais bien de quelle façon. Je connaissais ma peine, et de nouveau vous êtes vivante. Ne m'oubliez pas trop. »

Désespéré, Saint-Exupéry s'efforcera de placer ses relations avec Louise sur le terrain d'une amitié libre, sans un soupir, et reviendra vers elle comme « un ami d'enfance ». Mais son amour, intact, continuera d'inspirer ses lettres, échos pathétiques d'une passion repoussée, ignorée presque. De partout où le conduiront ses missions, il lui écrira, et il n'y aura que sa mort, le 31 juillet 1944, aux commandes d'un Lightening 38, pour interrompre la conversation commencée quelque vingt-cinq ans plus tôt. Dans l'inquiétude de ses vols de nuit, dans la solitude du cap Juby, seuls les reflets de plus en plus lointains de Louise, son « amour unique », parviendront à l'apaiser.

N'anticipons pas. Dès cet été 1923, Saint-Exupéry — qui vouvoie ou tutoie sa « vieille Loulou » au gré de son humeur — avait percé le secret de Louise : « Tu as un tel besoin d'un monde où aucun geste ne laisse de traces, tu éprouves une angoisse presque animale à laisser ton pas sur le sable. Tu es faite pour habiter le fond des mers, dont aucun mouvement ne dérange le cristal. »

Ne pas laisser de traces, s'évader dès qu'un cœur est accroché. C'est la loi de Louise. Combien d'autres jeunes gens pris dans ses filets l'auront, comme Saint-Exupéry, implorée : « Louise, aimez-moi, croyez en moi, je vous aime. » Elle venait quand il lui plaisait, et s'enfuyait quand on la voulait. Elle n'assumait rien, surtout pas la durée. On pouvait lui caresser la main, elle s'y accoutumait. Sa main était loin d'elle. Et puis, qu'est-ce qu'une main ? Elle régnait avec hauteur sur son petit monde et il n'y avait qu'ainsi qu'elle était vraiment elle-même. Libre, indépendante, un brin cynique, son personnage se composait.

Comme Julietta, l'une de ses futures héroïnes, elle vit au gré de sa fantaisie, elle ne s'aventure jamais sur le terrain de son partenaire. Avec une adresse diabolique elle l'attire sur le sien et triomphe. Quel que soit le jeune homme, il n'aura d'importance que tant qu'il en imposera à son imagination, et Louise avait l'imagination immorale, aventureuse, prodigue, crédule.

« Vous n'êtes pas seul ? demande Julietta à Landrecourt.

— Non, dit-il.

— Qui est avec vous ?

— Ma fiancée.

— Aïe, oh ! alors là, je vous plains !

“ Se faire pardonner n'est rien, il faut se faire regretter ”, dit encore Julietta, et quand on lui reproche sa coquetterie, elle répond : “ Je suis jeune. ” »

De fiançailles en fiançailles, le jour vint où Louise fut prise au piège de sa farandole, et elle se maria autant par hasard que par distraction.

***

James Leigh-Hunt et Philippe de Vilmorin s'étaient connus, en 1904, chez un ami commun, Luigi de Châtillon, lequel était le jeune secrétaire particulier d'un héritier de la maison d'Orléans. Aventurier, bâtisseur, intime du président Theodore Roosevelt, apparenté au poète anglais Leigh Hunt, l'ami de Byron, James disposait d'une confortable fortune assise sur des plantations en Afrique et en Asie et sur des mines de métaux précieux en Corée. Il avait aussi créé, à Seattle, devenue la capitale américaine de l'aéronautique, le premier quotidien, *Post Intelligencer,* qui existe encore. Convaincu que Las Vegas deviendrait une ville très importante, il avait décidé, dernière étape de son existence d'entrepreneur, de concourir à son expansion. Il s'y installa vers 1920 et acheta plusieurs hectares de terrains sur lesquels allaient pousser, mais beaucoup plus tard, des hôtels, des casinos, des immenses parkings. Quand il mourut, en 1934, le *New York Times* lui rendit un bel hommage sous le titre : *The Last Pionner.*

Après la rencontre chez Luigi de Châtillon, Philippe de Vilmorin reverra souvent James Leigh-Hunt, jusqu'à collaborer à un de ses projets au Soudan, où l'investisseur américain, qui était aussi un expert agricole, fut le premier à organiser la culture du coton.

Quand, en juin 1917, le fils de James, Henry Leigh-Hunt, officier de réserve, s'engagea comme volontaire dans l'armée américaine pour aller combattre les Allemands, il se rendit très naturellement chez les Vilmorin. Il avait trente et un ans. Élégant, bel homme, passionné de polo, parlant le français et le portugais, il avait eu une enfance et une jeunesse exceptionnelles pour un Américain de cette génération, accompagnant son père dans ses voyages, tout en poursuivant des études d'ingénieur des Mines.

Il s'amouracha de Mélanie qui s'éveillait au frisson du veuvage. Henry reviendra du front avec la croix de guerre et trois citations. Aussitôt après l'armistice, il rejoindra l'American Relief, un organisme chargé de répartir l'aide américaine en Europe et que dirigeait un ami des Leigh-Hunt, Herbert Hoover, le futur président des États-Unis. Il sera de plus en plus souvent sur le Vieux Continent tandis que ses affaires familiales le mèneront à travers le monde. À chacun de ses séjours parisiens il passait rue de la Chaise, retrouver auprès de Mélanie un peu de l'assurance que lui avait volée l'écrasante personnalité de son père. Il n'y rencontrait guère Louise, qui, enchantée de l'existence qu'elle menait sur la côte basque, quittait rarement Saint-Jean-de-Luz.

Après sa convalescence villa Maïtaggaria, elle habita la propriété des Gironde, « la Ferme », une belle maison en face du fronton de Campos-Beri. Brandelys de Gironde, du haut de ses deux mètres, avait pris l'habitude de s'effacer derrière sa femme Jacqueline, pas jolie, un peu ronde, mais dont le visage, pétillant d'intelligence et d'esprit, dégageait un charme que la beauté parfois refuse aux belles femmes. Que son humeur fût triste ou joyeuse, il y avait chez Jacqueline de Gironde quelque chose qui vibrait, comme un enthousiasme épique, et elle restera tout au long de sa vie la complice généreuse de Louise.

Henry Leigh-Hunt, qui avait quitté l'American Relief, travaillait alors au Brésil à la construction d'une ligne de chemin de fer. Quand il voulait regagner la France, venant de Rio de Janeiro, ce qui lui arrivait souvent, il prenait le paquebot jusqu'à Lisbonne et ensuite le Sud-Express jusqu'à Paris. Il s'arrêtait parfois à Saint-Jean-de-Luz et c'est ainsi qu'il découvrit Louise, ne résista pas à son charme et vint rejoindre la cohorte des fiancés. Mais, cette fois-ci, le mariage succéda aux fiançailles. Henry était le premier homme sur qui son regard s'était arrêté. Tous ceux qui jusque-là l'avaient courtisée n'étaient pas des hommes, seulement des jeunes gens. Élevé dans la tradition protestante des États-Unis, Henry, qui frôlait la quarantaine, ne pouvait imaginer qu'en se déclarant solennellement il alimenterait un simple badinage. Et puis surtout, Louise n'avait-elle pas deviné l'attirance d'Henry pour sa mère ? N'avait-elle pas perçu l'ambiguïté du trio qu'elle formait avec Henry et Mélanie ? L'ambivalence est une reine sur l'échiquier de la séduction. Elle procure des sentiments d'une force étrange, si intenses que beaucoup sont tentés d'en abuser. Était-ce le cas de Louise ? Les préparatifs du mariage furent menés tambour battant, la date arriva et les cérémonies se déroulèrent sans que ni lui ni elle aient pu prendre le moindre recul.

Louise était vierge le jour de ses noces. Son marivaudage s'arrêtait à la porte de sa chambre et aucun de ses « fiancés pour rire » n'aurait pu envisager d'enfreindre la règle de son milieu : patienter jusqu'à la lune de miel. « La seule idée de coucher, racontera son frère Olivier, l'aurait horrifiée et, à mon avis, elle n'y pensa même jamais pendant cette longue période qui précéda son mariage et au cours de laquelle elle eut des centaines d'heures de conversation amoureuse. Au risque d'être vulgaire, je dirais qu'elle était une coquette mais pas du tout une allumeuse. »

Après la messe de mariage, célébrée le 7 mars 1925 à l'église de la Madeleine — le prince Sixte de Bourbon, la princesse Edwige de Bourbon et l'ambassadeur des États-Unis, M. Herrick, étaient parmi les témoins des mariés —, un lunch arrosé des meilleurs crus fut servi par petites tables, rue de la Chaise. Puis, on se transporta à Verrières-le-Buisson pour la réception champêtre à laquelle furent conviés tous les habitants de la commune. Dans la soirée, conformément à la coutume, les nouveaux mariés s'éclipsèrent et s'en allèrent au Ritz. En le vouvoyant cérémonieusement, Louise invita Henry à venir la rejoindre dans son lit. Elle pleura, tremblante de fièvre. Henry Leigh-Hunt, de seize ans son aîné, avait la délicatesse de l'expérience. A-t-il pressenti, devant ses yeux maquillés qui se brouillaient de larmes, tout ce que leur union portait déjà en elle de difficile, peut-être de douloureux ? Il quitta la chambre et ne revit sa femme qu'au dîner du lendemain. Elle sanglota de nouveau en faisant ses adieux à Léon Hubert, le concierge, l'ami complice qui se trouvait mêlé de la façon la plus intime à la vie privée des enfants Vilmorin. C'est dans sa loge qu'ils pouvaient donner et recevoir les coups de téléphone personnels. En quittant Léon Hubert, gardien de son domaine familier, Louise réalisa-t-elle brusquement qu'elle venait de fermer la porte sur un univers auquel elle n'était pas encore prête à renoncer ? Dans sa cabine du *Champlain*, le paquebot qui l'emmenait outre-Atlantique, elle nota, à l'adresse d'André — qu'elle appelle « Doussos » : « Que n'ai-je dix-sept ans ! Quel cœur avais-je alors ! Si libre et inconstante et distraite ! C'était là le vrai bonheur ! Maintenant me voilà mariée et vingt-trois ans vont sonner. On s'attache, on se dévoue, on aime plus gravement, c'est-à-dire qu'on est plus malade et qu'on se guérit moins bien... Et puis on reste fatigué... si fatigué ! Ah ! mon Doussos adoré, que n'es-tu là ! Tu me manques déjà. Baisers tendres et tout mon cœur de vieille sœur qui t'aime. »

Les années incongrues, presque loufoques que Louise va passer à Las Vegas, entre 1925 et 1929, marqueront, de son propre aveu, le début d'une métamorphose. C'est là, curieusement, sur cette terre aride, dans un décor de western, que se décidera et se dessinera son destin.

En 1925, Las Vegas, aujourd'hui la plus grande ville du Nevada, n'était encore qu'un gros village de six mille habitants, une bourgade poussiéreuse et bruyante. Les mines d'or et d'argent continuaient de produire, mais les heures glorieuses étaient passées.

Louise, une grande fille ravissante de un mètre soixante-dix, la voix rauque et « aux gestes un peu déhanchés d'écolière* », conduite par le hasard d'un mariage, y arriva

* Jean Cocteau.

après un voyage d'un mois à travers les États-Unis. Elle avait vingt-trois ans. Les pommettes saillantes, la chevelure d'une densité de miel, les sourcils hauts sur de grands yeux noisette irisés de vert, elle ne ressemblait à personne, laissant glisser derrière elle sa jambe boiteuse. Mineurs et cow-boys, qui buvaient leurs salaires dans les saloons, la sifflaient chaque fois qu'elle se promenait sur Fremont Street, la rue principale. Elle habitait une maison en bois, de plain-pied, très confortable et tout en longueur avec un énorme porche à l'entrée.

Elle rêvait d'exotisme et s'était embarquée, au bras d'Henry Leigh-Hunt, pour le Nouveau Monde. Elle découvrait une terre désolée, la contrée la plus désertique de tous les États-Unis.

Comment avait-elle pu venir là ? Comment avait-elle pu abandonner ses amis, la maison de Verrières, la baie de Saint-Jean-de-Luz, les marchands d'estampes et les antiquaires, les jeux le soir et les discussions avec ses frères ? Comment avait-elle pu s'exiler de ce royaume où l'écho de ses amours se mêlait au vol des heures ?

Désormais, les journées s'écoulaient sans surprise. La voilà déracinée, à la recherche d'autre chose et d'elle-même. Henry n'avait pas le temps de remarquer sur le visage de sa jeune épouse les traits du désarroi et de la mélancolie. Ses affaires le conduisaient, plusieurs mois durant, à New York, Washington, le Mexique et surtout le Brésil où il se consacrera, jusqu'à la crise économique de 1929, à son projet ferroviaire. Il aurait aimé s'établir à Rio de Janeiro, mais Louise s'opposa toujours à ce projet, préférant l'attendre « comme une femme de marin » à Las Vegas, avec le secret espoir qu'un jour il se lasserait de ses longues absences et choisirait de vivre en France. Quand il s'y décidera, leur couple allait à vau-l'eau.

« Le dirais-je ? Bas, très bas ? Pour toi seul ? Oui, je vous envie bien un peu ! écrit Louise à son frère André. Garde entre nous cette confidence qui n'a rien de grave mais qui pourrait faire croire que je ne suis pas très heureuse. Heureuse, mon amour, certes je le suis autant que je puis l'être, séparée de vous et après six semaines de mariage ! Ah vous me manquez, croyez-moi !... J'ai sur ma table ton profil contre le mur blanc de la chère ferme et celui de Roger. Si j'insiste trop, mes yeux se mouillent... et pouf, pouf, tombent sur mon buvard de petites larmes qui font de grosses taches rondes. C'est la seule pluie que je connaisse depuis que je suis dans ce pays ! »

Seule dans ce paysage qui dit la solitude et qui lui fait peur, Louise va vivre une curieuse expérience, une espèce de régénération. Quoi de plus austère que ce vaste plateau aride fragmenté par de courts chaînons montagneux où rien ne pousse ? « On se sent vulnérable à toutes les contagions, à toutes les frayeurs... sombre terre. D'ici à l'horizon, devant moi et de tous côtés, point de jardin et surtout, oh ! surtout pas de potager. Pas de fruits trop mûrs tombés au pied des arbres et moisis à leur ombre : rien qui vous donne le regret de n'être pas passé une semaine plus tôt. »

Voilà ce qu'elle écrit encore à André, avant de le consigner, quarante ans plus tard, dans ses carnets. Elle forçait le trait. La maison des Leigh-Hunt était entourée d'un beau parc, avec sa pelouse, ses figuiers, ses abricotiers, ses pruniers, qu'entretenait amoureusement M. Cook, un jardinier anglais.

Quant à Las Vegas, ce n'était pas qu'un trou perdu dans les sables. Il y avait alors une mode qui poussait quelques jeunes Américains des milieux cultivés et huppés — les « moutons noirs », les appelait-on — à venir s'y installer, ce qui donnait à certaines soirées une allure bohème et un peu snob. Louise aimait s'y rendre. Elle exposait aux regards troublés la magnificence de ses robes, les coloris les plus suaves et les coupes les plus affriolantes. Mademoiselle de Paris dans le Far West. Henry prenait alors un air conquérant qui la flattait. On faisait des réussites, on débattait, on parlait des mines d'or et des légendes de l'Ouest en buvant du bourbon.

Pourtant, Louise acceptera de plus en plus sa vie américaine comme un devoir, un long repos plein de réflexion et d'espoir, une mortification, surtout. Pour tuer la monotonie des jours, elle se mettra à la peinture. « Bientôt viendra le temps où je ne pourrai plus m'exprimer qu'avec du vert Véronèse, de l'indigo, de la laque carminée, quelques touches de cadmium foncé mélangé à du blanc d'ébène. »

Elle chantera également, folksong et répertoire mexicain, en s'accompagnant d'une guitare. Parfois, James Leigh-Hunt, son beau-père, remarquable par son air rayonnant, déclamait une courte poésie. Mais Louise avait le sentiment de n'être entourée par rien. « Pour une belle moustache, je suis partie... » Elle avait tout quitté, et, maintenant, qui la ressusciterait ?

C'est à son passé qu'elle va se raccrocher, à son cœur d'enfant, celui de ses origines, celui de sa naissance. Elle n'était pas préparée aux souvenirs et ceux-ci n'en finiront plus de remonter dans ses pensées. Ils l'emmèneront loin. « Jours d'autrefois je vous pleure... Vous étiez si simples. Je ne me sentais pas si lourde, pas si encombrante. Aujourd'hui je ne sais que faire avec moi-même... »

Jours d'autrefois... Les Américains, dont elle excitait l'imagination, pouvaient-ils seulement soupçonner d'où elle venait ? Pour soulager ses nostalgies, pour distraire ses invités, Louise retraçait sa généalogie. Mais ce passé, trop éloigné, ne comblait pas sa solitude. Les seuls souvenirs qui la réchauffaient s'arrêtaient sur le visage de ses frères, sur une photographie de Verrières ou sur la silhouette de son père disparu. « Papa, mon bien-aimé, dont ma lèvre est en deuil. »

Louise ne voulait pas être oubliée et ne voulait rien oublier. Elle éprouvait, inlassablement, ce besoin de se faire une visite, de se tenir compagnie, de rassurer son double, ombre abandonnée, resté de l'autre côté de l'Atlantique. Installée dans sa chaise longue au coin de la cheminée, son esprit voguait vers Paris, Verrières, vers l'amitié, la tendresse et le sourire. Regrets, nostalgie des cœurs gâtés. Passé muscade !

Si elle apprenait à se priver de sa « foule », de tous ceux et de toutes celles qu'elle avait laissés en France, elle apprenait aussi à détester un peu plus sa mère. Celle-ci, qui lui écrira deux fois dix lignes, ne revivra qu'au travers des lettres que lui adressait le « clan ».

Des lettres truffées d'allusions désobligeantes, d'anecdotes cruelles, qui ne s'adouciront pas avec les années.

« Ici rien de neuf, lui écrit Olivier. La patronne fait la noce avec tous les ministres et entre-temps se déclare mourante ! C'est roulant ! » Un autre jour, Roger témoigne : « Le Mamamouchi continue de donner de plantureux dîners à des pléiades d'hommes politiques, financiers, économiques... Sa dernière acquisition est Edmond Jaloux et sa femme. Elle a trop lu Courteline. Invite donc Monsieur à dîner ! Malheureusement elle voit des gens impossibles et inavouables qu'elle confine heureusement dans son bureau mais dont la fréquentation n'est pas pour relever sa réputation déjà fortement émoussée, je ne te l'apprends pas. » Ou bien c'est André. « Tu n'ignores pas que la patronne est en train de s'employer activement à faire réformer Roger. Ce serait une riche idée... Le grand Alexis * dîne ce soir avec la patronne. Elle voudrait bien séquestrer notre grand saint et ne nous le montrer que par mesure de grâce... » Un an plus tard : « L'affaire Alexis a repris mais nous ne le voyons plus. Pourquoi ? Quand il vient ils déjeunent en tête à tête en cabinet particulier... Réellement je ne comprends pas. La patronne est devenue une vieille ruine. »

* Alexis Saint-Léger (Saint-John Perse) était alors directeur du cabinet diplomatique d'Aristide Briand.

À cette animosité, Mélanie répondait par le silence ou le mépris. Le mépris avait sa préférence.

— Allô, ici Louise, je viens vous présenter tous mes vœux pour la nouvelle année...

— Qui ?

— Louise, votre fille Louise... Je vous appelle de Las Vegas...

— Louise ? Je ne me connais pas de fille qui porte ce prénom.

On était le 1er janvier 1927. Louise rapporta l'anecdote à ses frères.

Sa sensibilité, le goût d'écrire qui s'éveille en elle auraient pu la pousser à consigner ses impressions pendant toutes ces années qu'elle passera dans l'ouest des États-Unis, à l'instar des nombreux auteurs qui trouvent dans le dépaysement une source d'inspiration ou un prétexte à s'épancher. Louise, dans aucun de ses romans, dans aucun de ses poèmes, ne fera la plus brève allusion à cette époque, à ces paysages où tout pourtant était nouveau pour elle. Ces années allaient avoir une influence décisive sur sa vie, sur sa personnalité, et quasiment nulle sur son œuvre.

Son existence à Las Vegas fut celle d'une recluse.

Elle jouait de la guitare, dessinait, faisait de l'aquarelle et observait, avec une pointe d'ennui, les gens bouger autour d'elle. Son beau-père, avec qui elle se trouvait le plus souvent seule, essaiera de la distraire, lui fera découvrir la Californie et le Nouveau-Mexique. Le soleil lui donnait un petit air « sport » qui était en parfaite contradiction avec sa nature. Elle se croyait obligée de rire un peu plus fort pour être mieux en harmonie avec son extérieur. Elle disait, « mes voyages, mes projets, mon mari... » comme si l'existence lui appartenait mais la greffe ne prendra pas et quand sa correspondance devenait plus drôle, plus alerte, c'était toujours qu'elle mettait en scène son frère André. « Je suis sûre que tu aimerais connaître cette ville de Los Angeles et

Hollywood aussi. C'est assez épatant. Très gai, très accéléré, si j'ose ainsi m'exprimer, et très plein de jolies femmes. Il fait un temps presque toujours beau. Dans la partie bureau-boutique, les maisons ont vingt étages et sont très belles le soir, couvertes d'affiches lumineuses de toutes couleurs. Cela donne une impression bizarre que de voir ce défilé d'autos magnifiques et de Ford qui ont toujours l'air de vieilles filles " province ", ces gamins en patins à roulettes sur la chaussée ou les trottoirs, les femmes habillées comme des chiens savants... Et tout cela se hâte, galope à qui mieux mieux. Les cinémas sont naturellement de premier ordre. »

Sa seule joie était d'aller dans les restaurants uniquement fréquentés par les *movies stars.* « Tu ne te fais pas idée de ce que c'est cocasse ! Et élégant ! Parce que les vrais bons acteurs sont payés très cher et sont très riches. Imagine-toi un restaurant uniquement rempli de millionnaires des deux sexes ! Ce qu'il y a de fourrures, de perles, de gueules de couillons, c'est fantastique mais très amusant à regarder ! Quel dommage, mon Doussos chéri, que tu ne sois là ! »

Après dix mois à Las Vegas, fatiguée par de nouvelles douleurs à sa hanche, elle dut s'exiler dans un sanatorium de Santa Fe. Pendant deux ans sa vie devint plus étrange encore et plus solitaire. Bains de soleil, lecture, méditation seront son refuge. Elle correspond avec Edmond Jaloux qui l'exhorte à écrire, lui envoie ses livres, lui fait une cour assidue et lui donne des nouvelles de Mélanie. L'allure d'un bourgeois de province, sa canne de lapis-lazuli à la main, lauréat du prix Vie heureuse-Femina en 1920, Edmond Jaloux dirigeait, chez Grasset, la collection « Romans » et venait de découvrir Blaise Cendrars. « Ô Louise, ô ma belle Louise, mon enchanteresse, comme il est dommage que vous trouviez naturel de ne pas travailler *vraiment.* » L'abbé Mugnier continue de l'entourer de ses conseils et de son affection. « Ma chère enfant, je suis sûr que vous lisez, que vous écrivez aussi. Ce désert, si différent de tout ce que vous avez vu autrefois, doit, par contraste, vous suggérer quelques nouvelles, un roman peut-être. Rappelez-vous un mot de Goethe. La poésie ou la prose était pour lui une “ délivrance ”. On s’évade la plume à la main. Votre santé s’en affermit et vous êtes contente. Tout est là. »

Quand sa santé le lui permet, elle visite des *pueblos*, villages indiens aux maisons de terre cuite et aux églises sobres et blanches, bâtis par les Espagnols au XVIIIe siècle. « Les Indiens détestent qu’on photographie ou qu’on peigne quoi que ce soit chez eux. Ils croient que ça use leurs maisons et que cela prend quelque chose d’eux-mêmes. Figure-toi que l’autre jour, j’ai voulu peindre une très jolie ancienne église. J’ai donc demandé la permission à un chef indien qui me l’a accordée. Mais il est resté près de moi pendant tout le temps que je peignais. Puis mon tableau terminé, il s’en est emparé ! Naturellement je lui ai demandé de me le rendre et il m’a répondu : “ Pas du tout, c’est notre église, par conséquent cette peinture nous appartient et si vous l’emportez, c’est un peu de notre église qui partirait et nous ne vous le permettons pas. ” Là-dessus il s’est éclipsé ! Ils ont une mentalité extraordinaire, comme tu vois... »

Que son beau-père lui distribue des dollars comme des petits pains — « je suis obligée de lui crier, “ n’en jetez plus ! Je chancelle ! ” » —, qu’elle s’imagine bientôt très riche, qu’elle se réjouisse de pouvoir embellir ses collections de gravures et lithographies, qu’elle charge André, toujours André, à qui elle se raconte au jour le jour, de visiter régulièrement *le Goupil et Rousseau* pour le Directoire ou le second Empire, *Le nouvel essor* pour le moderne, il lui est impossible de supporter sa vie quotidienne. À Saint-Jean-de-Luz sa convalescence l’avait révélée à elle-même. À Santa Fe sa convalescence la tue et chaque chose qu’elle fait semble la tuer un peu plus.

Son retour en France la hante. Il n’est pas une seule lettre où elle n’évoque ce retour, d’abord avec tristesse, puis avec une joyeuse frénésie dès que la date se précise. « Je me sens, enfin, tellement près du jour de mon départ que je ne m'ennuie pas. Tu sais, c'est bigrement bon après deux ans si peu gais et si loin de tout de pouvoir se dire : plus que quatre ou six semaines et je prends le train pour l'Est ! Tu n'imagines pas l'impression de bonheur que ça donne. Dès que je serai sur le bateau, je me ferai apporter dans ma cabine un grand verre de porto que je boirai à votre santé ! Je suis à tel point possédée par cette idée de départ que je pourrais ne parler que de cela pendant des heures et des heures... »

Au début de mai 1927, elle était en France. Enfin. Elle occupait une suite à l'hôtel du Pont-Royal et son séjour sera placé sous le signe des retrouvailles affectueuses et mondaines avec ses quatre frères. Mais il sera aussi encombré par les premières difficultés financières de la maison Vilmorin. Difficultés relatives, toutefois, qui n'entament en rien le goût de vivre, le sens de la fête, les frasques et l'anticonformisme du clan. Les « Années folles » battaient encore leur plein. Ramon Fernandez, proche des Vilmorin, en était, avec d'autres, un des symboles. Écrivain, philosophe, lecteur à la NRF, fou de danse et de voitures de course, surnommé « Philo-auto-tango », il courtisait Marie de Lubersac qui recevait, dans son bel et vieil hôtel de la rue de Varenne, tous les rejetons, vrais ou faux, de la légende proustienne, les Montesquiou, Noailles, Faucigny-Lucinge, Castellane, La Rochefoucauld... Tous ceux qu'on appelait le « gratin révolté ». Dans les salons, aristocrates, hommes de lettres, hommes d'argent, hommes de gouvernement se mêlaient, se rendaient des services et chacun touchait son prix dans la monnaie qui l'intéressait. C'était la sociologie du temps. Les Vilmorin y baignaient et Louise suivait, loin de songer à un quelconque destin d'écrivain ou de poète, vers lequel, d'ailleurs, aucun de ses amis, à l'exception de l'abbé Mugnier, n'aurait envisagé de l'entraîner. Dans la « société », elle n'était encore que la fille de Mélanie de Vilmorin et c'est en se souvenant de ces années-là que Marthe Bibesco confiera un jour à Jean Chalon : « Vous êtes fasciné par la beauté de Louise parce que vous n'avez pas connu sa mère. Louise est une princesse, Mélanie était une reine. »

Paul Morand l'emmena chez Jeanne Mühlfeld, l'épouse d'Adrien Mühlfeld, qui avait pris la place d'Henri Bauër à *L'Écho de Paris*. Elle recevait, avenue Victor-Hugo, tout ce qui avait un nom, de Barthou à Gide, de Berthelot à Claudel, de Léon Daudet à Jean Cocteau. Elle alla rue Jacob, au bras d'Edmond Jaloux, chez « Miss Barney ». Natalie Clifford Barney, « l'amazone » de Remy de Gourmont, à qui elle fit découvrir « sinon l'amour, du moins l'amour de l'amour et, par la même occasion, le monde automobile, les *bals parés*, enfin tout ce qui convient à la vieillesse et la rend folle sans l'épuiser[3] ». Elle rendit visite à l'abbé Mugnier : « C'est la première fois que je revoyais l'ex-Loulou de Vilmorin. Une belle personne et si sympathique ! Je fus repris par la figure, les yeux surtout, la voix. » Elle fut du dîner qu'organisa, rue de la Chaise, Mélanie pour fêter l'habit vert de Paul Valéry. Elle dansa chez Étienne de Beaumont, dans le superbe hôtel construit au XVIIIe siècle pour le prince de Masserano. Elle se reposa au château d'Harcourt emmenée par son ami d'enfance François d'Harcourt, bientôt duc et parlementaire.

En général, Henry Leigh-Hunt l'accompagnait. Sans enthousiasme, l'air absent au milieu des conversations qu'il suivait mal, seulement occupé à surveiller qu'aucun des amis ou amoureux de sa femme ne transgressât les lois de la bonne éducation. Au début de l'automne Louise rembarqua sur le *Champlain* avec l'idée d'une longue escale à New York avant de regagner Las Vegas.

Était-elle si triste d'avoir quitté la France ? S'était-elle, à travers les mondanités parisiennes, rassurée et avait-elle retrouvé le goût de séduire ? En tout cas, l'escale new-yorkaise devait marquer une rupture dans son existence, en lui mettant, selon la formule de son frère André, « le pied à l'étrier » : Louise allait vivre sa première aventure extra-conjugale, avec la conviction de faire le bien. L'amour sans la honte, sans culpabilité. Le contraire de Phèdre. L'Élu s'appelait Luigi de Châtillon, un homme de cinquante-six ans, celui-là même qui fut à l'origine de l'amitié entre son père, Philippe de Vilmorin, et son beau-père James Leigh-Hunt, et qui, depuis, s'était installé à New York. On ne sait rien de cette liaison, sinon qu'elle s'éteindra au bout de quatre ans. « L'affaire Luigi est classée, écrira-t-elle à André le 2 janvier 1931. J'ai trouvé tout naturel cependant de ne pas agir mal avec lui qui a montré une grande générosité à mon égard. J'ai évité le côté rosse et cultivé le côté gentil. Il m'a envoyé une magnifique boîte de caviar pour le 1er janvier, plus mille francs pour m'acheter quelques babioles qui lui plairaient. J'ai remercié avec effusion. Il aurait été grotesque de les renvoyer. J'eus été dans mon tort. Situation des plus claires et nettes. La mise au point a été très simple. Mon rôle très difficile, aucun nuage ne rôde au-dessus de tout cela. Tout est mal qui finit bien. Du reste, ci-joint lettres de l'intéressé qui te donneront un aperçu sur notre correspondance qui va s'espaçant vers les banalités. Tu n'auras donc point à me faire de reproches. Pour une fois je n'ai pas à trembler... »

Quand débuta cette aventure, Henry Leigh-Hunt dut en avoir l'intuition et en mesurer l'importance. Alors qu'il avait toujours refusé que Louise, dont la santé restait fragile, l'accompagnât dans ses voyages éprouvants, voilà qu'il l'invite expressément à le suivre au Mexique, au Brésil, en Argentine. Il aimait Louise. Dans nos rapports avec ceux que nous aimons, il y a un grand nombre de problèmes dont nous ajournons la solution, parce que l'activité quotidienne l'emporte, jusqu'au jour où l'instinct nous réveille. Et Henry s'était réveillé, mais trop tard. Louise ayant découvert, avec un ravissement mêlé d'inquiétude, l'ivresse des amours illégitimes sans que le remords l'inonde, il n'y avait plus, désormais, de raison pour qu'elle s'arrête en chemin. Pour un tournant, c'en était un.

Elle ne dira rien de son périple de plusieurs mois en Amérique latine, pourtant peu banal, comme si elle avait décidé de ne rien en retenir. Elle avait vingt-cinq ans, et à toutes ses actions, à toutes ses expériences de cette époque s'attachait l'idée qu'Henry pouvait faire, dans un sacrifice total d'elle-même, comme en dehors de sa volonté, tout ce qu'il exigeait d'elle. Bien qu'elle n'ait pas encore réussi à saisir la secrète substance de sa vie, il lui semblait clair, maintenant, qu'elle serait une femme infidèle et pleine d'orgueil. Le monde glissait sur elle. Elle rêvait de Luigi et elle se donnait à Henry. En mai 1928, à Sao Paulo, elle tomba enceinte. Henry était « positivement fou de joie ». Elle pensait : « Je vais remettre le cap sur la France pour accoucher », et il n'était plus que musique dans sa tête. À la mi-septembre, elle était à Paris qui avait la fraîcheur exquise d'un lieu où elle n'aurait plus que d'elle-même à s'occuper. Elle revit tous ceux qu'elle avait vus l'année précédente. Elle accoucha à l'hôpital américain de Neuilly, en février 1929, d'une fille, Jessie.

Informé de la nouvelle, Saint-Exupéry, après un long silence, lui écrivit de Dakar. Il naviguait sur la ligne postale Toulouse-Dakar et bientôt Toulouse-Amérique du Sud via Dakar. Un certain tronçon de cette ligne — deux mille kilomètres environ — survolait les régions non soumises de l'Afrique. Il y eut des pannes, et des pilotes massacrés. Sa mission était non seulement de piloter des avions, mais aussi d'entrer en relation avec les populations arabes et si possible de visiter les tribus, malgré les risques. « Je me sens riche d'avoir tant à donner de moi-même... Nous volons à deux avions. Si une panne force l'un à atterrir, l'autre atterrit pour essayer de repêcher le pilote. Et ce camarade qui navigue à cent mètres de vous on sait qu'il risquera sa vie pour vous aider. Tout ce qu'il possède au monde, son soleil, ses joies, ses souvenirs, et cela très simplement, sans phrases... On m'a jugé fou de partir. Pourtant Loulou il faut vivre comme l'on pense... On voulait me marier, on voulait que j'épouse quelque héritière et mène une vie paisible et consolante. Mon petit vieux, voulez-vous m'écrire ? Maintenant je suis un ami, rien qu'un ami. Et je me sens léger et gai de venir vous retrouver comme cela... »

Dès qu'il la retrouva à Paris, quelques mois plus tard, il oublia aussitôt ses bonnes résolutions pour essayer de la reconquérir. En vain. Mais en renouant avec Saint-Exupéry, Louise allait découvrir une petite planète qui lui était totalement étrangère, celle des éditions NRF-Gallimard.

Saint-Exupéry avait une cousine, Yvonne de Lestrange, de douze ans son aînée et chez qui il aimait se réfugier lors de ses passages à Paris. Yvonne occupait un charmant appartement du quai Malaquais, près de l'Institut, où passaient volontiers ses amis Jean Paulhan, André Gide, Jean Schlumberger, André Malraux, Pierre Drieu la Rochelle, Ramon Fernandez. L'atmosphère n'y était pas celle des salons, des bals ou des dîners mondains qui faisaient le pain quotidien de Louise. A-t-elle appris, à travers ces discussions d' « intellectuels », à poser un regard neuf sur elle-même et sur les autres ? A-t-elle perçu que sa conversation de jeune femme du Nevada, passablement inculte, pouvait séduire un auditoire aguerri et un peu blasé ? « Merci, merci à Antoine pour sa bonne action ! écrivait-elle à son cher Doussos, qui accomplissait son service militaire à Beyrouth. Je ne crois pas qu'ils m'ont trouvée idiote. Notre bon abbé Mugnier m'invitait hier encore à écrire. Et s'il avait raison ? Que de choses à te dire ! Et combien peu à ne pas t'avouer ! Car, prodige d'équilibre, j'ai la conscience pure et les tentations furent nombreuses ! Luigi m'attendra à New York. »

Comme elle s'en allait, Saint-Exupéry s'envolait également pour l'Afrique occidentale, le cœur un peu ivre, désolé de n'avoir pas su retenir ses aveux d'amour. Il s'était cru un peu caressé de tendresse et il en avait été tout chaviré. « Ma petite Loulou, sois certaine que jamais plus je ne te parlerai de tout cela. Je ne veux pas dire que je t'oublierai. Je pense avec mélancolie que c'est impossible... Mon petit Loulou, je dis cela sans amertume, je te le jure ; je n'en veux qu'à cet amour qui est une longue maladie... Je te téléphonerai demain matin pour te dire adieu. Je pars demain soir. J'ai hâte de redevenir un peu plus barbare. Un jeune commandant. Pour l'être en amour, il faudrait un amour heureux, mais je me fous de tous les amours sauf un seul. C'est ça ma maladie... »

Aux États-Unis, l'austérité attendait Louise. L'effondrement de la Bourse de New York en octobre 1929 et la récession économique allaient bouleverser les habitudes des Leigh-Hunt. Henry, dont les affaires chancellent, courait sans cesse entre New York, Los Angeles, Washington et Rio de Janeiro, à la recherche d'un job qui le ramènerait en Europe. Son ami, le président Herbert Hoover, élu à la Maison-Blanche en 1928, essaiera de l'imposer au poste de secrétaire général de la Ligue International des Croix-Rouges, mais le gouvernement français ne voudra pas d'une personnalité américaine.

Entre les biberons et les langes, Louise se distrayait de son mieux, dans un Las Vegas assoupi. Quelques aquarelles sortaient de ses pinceaux, rien de bien génial. Elle tricotait pour sa fille. Elle lisait quelque roman anglais de tout repos, elle jouait sur sa guitare et elle portait elle-même sa correspondance jusqu'à la poste. Déjeuner à midi et demi, dîner à six heures et demie, au lit à huit heures et demie. Parfois l'envie d'entamer la première phrase du récit de ses impressions la prenait, mais elle reposait chaque fois sa plume sur une page blanche, comme si les choses se figeaient secrètement.

Henry n'attendra pas trop longtemps pour trouver un

emploi à sa mesure. Il sera nommé, au début de 1930, directeur du Trust Department au siège parisien de la First National City Bank.

Dorénavant, Louise vivra à Paris. Depuis 1925, l'année de son mariage, la fantaisie de ses regrets l'avait toujours poussée à revenir vers les lieux où elle avait vécu son adolescence et sa jeunesse. Mais ce n'était plus seulement pour revoir son « clan », ses amis, son jardin, sa maison, qu'elle souhaitait respirer l'air de Paris, de Verrières ou de Saint-Jean-de-Luz. Ce qu'elle éprouvait maintenant de plus en plus, c'était le besoin de se retrouver : sur le paquebot qui la ramenait, avec sa fille Jessie, vers la France, cette pensée-là l'occupait.

Elle attendait un deuxième enfant qui naîtra le 1er avril 1930. Une fille, Alexandra. La fécondité de Louise n'avait rien à envier à celle de Mélanie, qui eut six enfants en sept ans. Louise en fera trois en trois ans. Après Alexandra, elle rêva d'un fils. Elle accoucha le 25 juin 1931 d'une troisième fille, Helena.

À Paris, sa patience à l'égard d'Henry prit très vite une allure morose. Quand on n'a plus d'amour pour un être que l'on n'a aucune raison de détester, on devient méticuleusement juste à son égard. On fait, avec lucidité, la balance de ses qualités et de ses défauts. Aux yeux de Louise, les qualités de son mari ne parvenaient plus à corriger le poids des défauts. Elle n'avait pas encore pris la décision de divorcer, mais elle savait qu'elle ne pourrait plus mener une existence de femme ordinaire. Depuis Luigi de Châtillon, ses amours s'étaient multipliées, avec cette curieuse particularité d'avoir, parmi ceux qui comptèrent, les mêmes initiales, AM ! André Masséna, un descendant du maréchal de France, qui après s'être distingué à Rivoli, Zurich, Essling et Wagram fut surnommé « l'enfant chéri de la victoire » par Napoléon. Sir Alexandre Mackenzie, Canadien de soixante-dix ans qu'elle avait connu à Rio de Janeiro, qui était fou d'elle et lui écrivait des pastiches de Mallarmé : « ... Eaux rêveuses pour que je plonge au pur délice sans chemin, veux-tu comme au pays des songes me conduire un an par la main ? C'est là mon vœu, c'est là ma faim, c'est là le secret de demain ! et je t'embrasse avec fougue, ferveur et tendresse et désespoir et espoir. » Alexandre de Milo, charmant Niçois-Monégasque qui essaya de lui apprendre à barrer un voilier.

Rompre avec Henry, était-ce donc son vœu le plus cher pour exister et « écrire quelque chose » ?

« À vrai dire, je ne suis qu'une signature.
C'est peut-être ce qui fait mon charme. »

En ce début des années trente Louise était seule avec elle-même et son ambition d'écrire. Elle avait vingt-neuf ans, un visage net, sans rien du fard trompeur des femmes. Elle n'avait pas revu Malraux, ni aucun des « lecteurs » de la NRF croisés chez Yvonne de Lestrange.

Saint-Exupéry, qui venait d'épouser Consuelo Gomez Carillo, voyageait entre la France et l'Amérique latine et n'était plus là pour la conseiller. Jeune brune très séduisante, Consuelo était la veuve d'Enrique Gomez Carillo, qui lui avait laissé un appartement à Paris, une villa à Nice et des biens considérables en Argentine[4].

Dans les salons — ceux de Natalie Barney, de la comtesse Élisabeth de Clermont-Tonnerre, de Marie-Louise Bousquet ou de Marie-Laure de Noailles — où Louise accompagnait parfois d'anciens soupirants comme Edmond Jaloux et Robert de Billy, on consacrait ou on démolissait des écrivains publiés, des musiciens joués, des peintres exposés... Pour l'instant Louise n'avait que son charme à offrir.

Elle désertait souvent le foyer conjugal pour « la Ferme » des Gironde à Saint-Jean-de-Luz, la propriété familiale, « les

Collines », à Juan-les-Pins, la maison du pasteur de Reconvilliers en Suisse, ou pour Verrières. Surtout Verrières. Henry, qui n'avait plus d'illusions sur l'avenir de son couple, ne répondait pas toujours à ses caprices et à ses gros besoins d'argent, ce qui, écrivait-elle à André, « l'emmerdait au-delà des limites » et l'obligeait plus qu'elle ne l'aurait souhaité à interrompre son vagabondage. Esprit logique et scrupuleux, Henry se défendait avec ses moyens, mais toujours avec élégance.

Ce fut pendant ces mois d'errance qu'elle mit à profit de longues journées de solitude pour noircir les premières pages de ce qui deviendra son premier roman, *Sainte Unefois.* Journées laborieuses, pénibles. « Je fais de véritables efforts pour arriver à ce que je veux dans mon livre et dans mon caractère. Concentration, concentration, surtout pour le caractère… Avant quatre ans je suis sûre d'avoir produit ce dont j'ai besoin pour me faire pardonner de n'avoir été que ce que je suis, malgré ce que je suis ! »

Elle changeait, et sa vie changeait. À l'occasion d'une de ces fêtes éclatantes qui signèrent la fin des Années folles — peut-être le bal Proust chez les Faucigny-Lucinge où Valentine Hugo figurait Sodome et Gomorrhe, portant un costume de jeune homme 1900 par-devant et une crinoline par-derrière, où Paul Morand était en Charlus, la princesse Soutzo en Madame Verdurin et la baronne de Rothschild en Oriane de Guermantes — Louise s'éprit d'Alexandre de Manziarly. Un AM de plus, en attendant le plus célèbre d'entre eux, André Malraux…

Jusque-là ses amants furent toujours des amants clandestins, connus seulement d'André. Avec Alexandre (Sacha) de Manziarly, elle va s'afficher. Ils voyageront ensemble, seront reçus ensemble chez des amis communs, sans jamais, toutefois, habiter sous le même toit.

Les Manziarly, luthériens convaincus et pratiquants, présentaient l'originalité d'appartenir également à la secte fondée par le gourou Krishnamurti. Sacha avait grandi au milieu de cette famille, choyé par quatre femmes. Sa mère tenait son monde avec fermeté ; sa sœur aînée, Mina Porter, veuve d'un riche Américain, pleine de charme et de beauté, faisait vivre toute la famille, sans luxe mais dans l'aisance ; sa sœur cadette, Marcelle, composait, non sans talent, de la musique, et enfin Yolande, dite Yo, très jolie et mince petite blonde, n'avait aucun goût pour les hommes.

Sacha était unijambiste. Très jeune officier d'artillerie pendant la guerre de 1914, il fut touché par un éclat d'obus. Évacué sur Château-Thierry, sa mère et ses sœurs reçurent un télégramme si alarmiste qu'elles le crurent mort et sautèrent dans le premier train. Quand elles le trouvèrent bien vivant sur son lit d'hôpital elles furent prises d'un fou rire et poussèrent un cri de joie qui lui parut aussi étrange que de mauvais goût. « Votre bonheur me comble et je regrette vraiment qu'on ne me l'ait pas coupée plus tôt ! » L'anecdote agrémenta sa légende. Il avait surmonté son infirmité, il marchait, il nageait comme un poisson. Brillant, cultivé, il avait une voix exquise et jouait de la guitare. Fort et délicat, intelligent sans être intellectuel, bien élevé par nature, indépendant sans jalousie, plaisant à toutes les femmes dont Louise avait ainsi le bonheur de triompher, Sacha était un homme qu'on pourrait qualifier de « confortable ». Il entrait dans l'existence de Louise à un moment où elle était plus femme qu'amante, où elle voulait de la tendresse, un échange vivant et franc de ce que chacun a de meilleur, sans que cela doive porter atteinte aux sentiments plus profonds. Leur liaison « officielle » va durer quelque deux ans, leur amitié amoureuse trente-sept ans, jusqu'à la mort de Louise.

Cette fidélité de tous les instants, quatre hommes la lui auront donnée. André de Vilmorin, Henry Leigh-Hunt, Sacha de Manziarly et Jean Hugo qu'elle rencontrera en 1935. Ils se ressemblaient. De la branche, une belle taille, une jolie moustache, ils affichaient volontiers une certaine virilité pour mieux cacher une grande sensibilité et une intuition presque féminine.

Les autres hommes la quitteront plus qu'elle ne les quittera. Pourquoi n'a-t-elle pas su les retenir ? En apparence, Louise régnait avec hauteur sur la gente masculine et il n'y avait qu'ainsi qu'elle semblait vraiment elle-même. Il eût fallu, avec elle, se contenter d'impressions, de « moments » pareils à ces moments de la musique et de la peinture qui contiennent l'éternité. En réalité, elle était une rude psychologue avec un je-ne-sais-quoi de militaire dans la mise au pas. Elle fuyait, et en fuyant elle entraînait les hommes dans son sillage. Mais pour ceux qui couraient derrière elle, la course un jour devenait trop fatigante et ils s'arrêtaient, essoufflés, abattus, la laissant à son destin.

Sacha de Manziarly était un coureur de fond. Dans cette période où Louise tâtonnait, un peu perdue devant sa feuille blanche, il l'entoura, il l'aida. « Mon bel Alexandre me trotte partout, écrivait-elle de Saint-Jean-de-Luz à André. Il a le don de me redonner confiance quand je crois avoir toutes les raisons d'être déçue de moi. J'admire sa patience. Quant au lit, un expert et un polisson... Je ne t'en dis pas plus ! »

Elle avait alors ses trois filles auprès d'elle. « Les petites ravies, belles et déjà spirituelles. Alexandra fait de la gymnastique, Jessie chante et adore embrasser, Helena devenue blonde et énorme glisse des yeux langoureux. Je ne me sens nullement mère, mais émue et vaguement inquiète de tous ces “ maman ” par-ci, “ maman ” par-là. Je pense “ laissons-les dire, il sera toujours temps de les détromper ”. Le changement de climat me donne toutes sortes d'idées. Je travaille. Toi, tu me manques, tu me manques pour d'autres raisons que l'affection qui, comme l'amour, a des raisons que la raison ne connaît pas. »

C'est le temps où elle renoue avec son amie d'adolescence qui deviendra son amie intime, Madeleine Castaing. Madeleine Majescas s'était mariée à dix-huit ans dans des circonstances romanesques, enlevée par Marcellin Castaing, jeune sous-préfet de la troisième République. L'aventure se passa à Toulouse où Madame Majescas et sa fille avaient une heure à perdre entre deux trains. Elle se promenait rue d'Alsace-Lorraine quand elles croisèrent un grand et bel homme. Madeleine s'arrêta, médusée, poussant un « ho » ! admiratif. Quand elle reprit le train qui devait l'emmener jusqu'à une station des Pyrénées, quelle ne fut pas sa surprise de voir monter le bel inconnu dans un wagon voisin ! Elle abandonna aussitôt sa mère, le rejoignit et lui déclara sa flamme. Marcellin Castaing, ébloui et conquis, lui proposa de venir la retrouver en secret le soir même, pour l'emmener. Ce qui fut dit, fut fait. L'histoire toutefois éternua : Madeleine, effrayée par les assauts de son amoureux, ne put passer immédiatement à l'acte et le lendemain, la ramenant chez elle, Marcellin demanda, de façon plus conventionnelle, sa main à sa mère, laquelle devant une passion aussi dévorante, ne put qu'accepter. *Julietta,* que Louise publiera en 1947, s'inspire de cette aventure. Dans le maquis des arts, Madeleine Castaing eut toujours un goût très sûr et un œil vigilant. « Je suis une marchande d'antiquités, non pas pour vendre mais pour acheter. » Jusqu'à sa mort, en décembre 1992, elle se tint rue Jacob au milieu de ses objets, de ses toiles favorites, de ses meubles rares, sans que l'on sût jamais si elle vous recevait dans sa maison, dans sa boutique ou dans un musée. « Louise était irrésistible, disait-elle. Tout ce qui sortait de la banalité courante n'était pas pour elle. Je nous revois à la fin de la Grande Guerre, lisant *Du côté de chez Swann* dans l'édition Grasset, en nous tenant par la main et en partageant le même bonheur inouï. »

Louise n'affichait pas, alors, son ambition d'écrire. Celle-ci était pourtant la seule qui l'obsédait. Avoir, pourquoi pas, les honneurs de la NRF ? Auprès d'André, de Sacha, de Madeleine Castaing, elle avait un autre supporter plus discret, mais aussi vigilant, Pierre Roy. Vieil ami des Vilmorin, issu d'un milieu aisé et industriel de Nantes, il fut des tout premiers peintres surréalistes. Il avait beaucoup de fantaisie et d'humour, se définissait comme un « anarchiste modéré » et Louise le rejoignait souvent dans son atelier, au 16 de la rue des Saints-Pères. C'est auprès de lui qu'elle apprit à goûter la compagnie des homosexuels, dont beaucoup, parmi les plus célèbres, lui feront cortège jusqu'à sa tombe. Comme Saint-Exupéry, Pierre Roy avait ses entrées dans l'univers de Gallimard. Non qu'il y fût juge et partie à l'instar d'un Malraux ou d'un Drieu la Rochelle, mais en décrochant simplement son téléphone, il pouvait recommander quelqu'un. Comme il fut très sensible aux extravagances, aux enchantements, à la légèreté des pages que lui confiait Louise, il l'invita à suivre le chemin le plus direct : appeler Malraux.

Ce qu'elle fit avec André, le samedi 9 janvier 1933, peu de jours avant de repartir, avec ses filles, pour les États-Unis où elle restera près de cinq mois, le temps qu'il lui fallait pour revoir ses amis de New York et de Washington, pour rendre visite à sa belle-famille à Las Vegas — le dernier séjour qu'elle y fera — et passer quelques semaines au sanatorium de Santa Fé.

Elle quittait la France avec une cinquantaine de feuillets et se promettait de revenir avec un livre. Malraux ne la connaissait guère, sinon pour l'avoir aperçue chez Yvonne de Lestrange. Il ignorait tout de ses qualités littéraires. Elle mentionna ses amis, Pierre Roy et Saint-Exupéry. Elle proposa de lui envoyer, dès qu'elle serait aux États-Unis et après y avoir mis un peu d'ordre, ce qu'elle avait déjà écrit. Malraux accepta. Et Louise de Vilmorin s'embarqua sur le *Champlain*. Elle ne prévoyait rien, sauf se ridiculiser à jamais. À Paris, son frère s'employait à conquérir Malraux et lui faisait un récit détaillé de leurs rencontres. « J'ai revu Malraux la semaine dernière. Il trouve que tu ne dois pas trop te tracasser pour la mise en place des choses. Il dit que c'est de la technique où il est normal que tu patauges, n'ayant rien écrit de définitif jusqu'à présent... En conséquence il te conseille de suivre strictement ton inspiration et de ne pas te tourmenter ni te forcer pour les questions de plans. »

À Las Vegas elle travaillait moins qu'elle ne l'avait prévu. Son séjour à Washington et New York, sous les fleurs, les cadeaux, les compliments, le regard excité des ambassadeurs, l'avait trop comblée pour qu'elle n'en garde pas une pointe de regret. Deux anciens flirts, Bob Eckart, sorte de Maurice Sachs de la Nouvelle-Angleterre, détraqué et inquiétant, qui vivait retiré à Stockbridge, et Raoul de Roussy de Sales, qui dirigeait The Film Society Corporation, lui servaient de Pygmalion. Raoul appartenait au GB, le « Groupe Bossuet », aux fiancés pour rire des années de convalescence à Saint-Jean-de-Luz. Il n'avait rien oublié et tenta sa chance. Louise se réveilla dans ses bras. Il neigeait sur New York et il paraît que le blanc donne à la ville un air de fête. C'en était assez pour Louise. C'en était trop pour Raoul. « Loulou chérie, je t'écris dans un mauvais moment mais je veux t'écrire pour que tu saches que je t'aime, que je pense à toi avec ferveur, avec désespoir... Loulou chérie, je ne sais plus très bien où j'en suis. Nuit noire toute pleine d'éclairs et de bruits d'ailes... tu es si belle et j'ai tant besoin de beauté ce soir... Entre nous, chérie, tout est grave. Nos faiblesses le sont-elles ? Si loin dans le cher passé... Loulou, je ne veux pas être seul à croire que deux ou trois choses encore sont possibles. Mon amour, mon amour, mon amour. »

L'expérience avait habitué Louise à ce genre d'exaltation amoureuse. Elle n'en était pas moins troublée, et l'on peut supposer que sa vie, parfois trépidante, bloquait sa créativité. De surcroît, ses relations avec Henry, resté en France, se crispaient. « Mon chéri, lui écrivait-elle, je pense à vous et je vous aime de tout mon cœur et de toute mon âme. Je me sens si mal, si déprimée et honteuse de moi-même quand je pense comme je vous rends, parfois, malheureux. S'il vous plaît, pardonnez-moi. » Avait-elle décidé de considérer toutes les erreurs et toutes les idées fausses du passé comme enterrées ? En soi, sa route paraissait plus dégagée, plus facile, et sa volonté de mener jusqu'au bout son projet de roman n'annonçait que du bon. Pourtant, l'inquiétude la tenait. Elle avait besoin de s'attendrir auprès de son mari, de lui demander conseil et avis sur son travail littéraire. « Mes projets sont-ils raisonnables ? » La question reviendra dans les vingt-sept lettres, longues et tendres, toutes écrites en anglais, qu'elle lui enverra de Las Vegas. « Je me sens si seule quand je suis sans nouvelles de vous. Je suis comme un animal perdu. Mon cher ange, je vous aime, je voudrais être de retour dans vos bras aussitôt que possible. »

Cherchait-elle à se déculpabiliser ? Elle avait ce talent d'oublier ses infidélités, de superposer les sentiments et les événements sans que l'impression de trahir l'effleurât. Jamais elle ne sut rompre ; la peur d'être abandonnée devait l'obséder. « Il faut que tu saches, dira plus tard, non sans humour Henry à Alexandra, que ta mère est toujours sincère, mais sa sincérité est de très courte durée. »

Surtout, cette correspondance câline était une façon pour Louise d'affronter les humeurs d'Henry. En particulier, sa jalousie qui l'incitait, comme tous les jaloux — comment aurait-il pu ne pas l'être ! —, à écouter les ragots qui couraient sur sa trop ensorcelante épouse. Le cœur tourmenté, la tête pleine de rumeurs que l'absence et l'éloignement amplifiaient, il adressait à sa femme des lettres pleines de reproches. « Henry ne m'écrit que pour m'engueuler au sujet d'un scandale qui a, paraît-il, éclaté à Paris et auquel je suis mêlée. Je serais l'organisatrice d'un triangle et me servirais de Roger* pour satisfaire mes tendances contre nature ! Patati, patata. D'où cela vient-il ? En as-tu entendu

* Il s'agit de son frère Roger.

parler ? Qui renseigne HLH ? Il a pondu six pages. Il a déjà assez de raisons de craindre mes méfaits sans qu'on aille lui bourrer le crâne avec des non-sens de cette catégorie ; il y a du vrai dans ce qui se raconte mais les rôles sont dans un ordre tout différent... »

On devine lequel : les frères Vilmorin, André et Roger surtout, auront beaucoup puisé dans le vivier des relations féminines de leur sœur.

De ces commérages, Louise aurait pu s'amuser. Cela lui pesait. C'était presque un effort physique que de s'asseoir à son bureau, de sortir son cahier, de poser son stylo sur le papier. Elle se surprenait à soupirer en relisant ce qu'elle écrivait. Malraux s'était manifesté par un clin d'œil, en lui envoyant deux romans de l'écurie NRF-Gallimard. Les semaines passaient. André la sermonnait, réclamait le début du manuscrit et ignorait superbement le « scandale ». Dans les lettres qu'il lui adressa pendant toute cette période qui s'achèvera avec le retour de Louise à Paris, il n'y fera aucune allusion. Comme si ce livre était aussi le sien, il voulait écarter tout ce qui pourrait nuire à son achèvement, et quand il recevra le paquet tant attendu — le 29 avril — sa joie éclatera de cette façon si intense, si insolite qui ne laissera jamais d'étonner : « Je te serre sur mon cœur à t'en faire craquer les os. Pour la vie. André. »

Il remettra aussitôt le manuscrit à Malraux. Il avertira également Antoine de Saint-Exupéry. « Tu aurais, n'est-ce pas, précise-t-il à Louise, trouvé peu amical de ne pas le faire. » Le moment n'était pas sans gravité car il s'agissait de savoir si le moine valait l'habit. Le 8 mai, Malraux donna son absolution : « très intéressant », dit-il à André et il envoyait à Louise une lettre qui était au-dessus de toutes ses espérances et qui lui fit l'effet d'un adoubement solennel. « Je suis bien content, écrivait l'auteur de *La Condition humaine*, vous avez un vrai talent. J'ai lu d'abord en diagonale et j'étais hésitant. Sur les moyens, il y aurait beaucoup à dire. Puis, j'ai tout lu : la première impression ne vaut rien. (Elle était sans contenu, impression que m'avait donnée la peinture qui est chez votre frère.) Pas du tout ça. Il y a un univers particulier, sans aucun doute. C'est très bien. Je vais en composer un bout et vous enverrai une épreuve pour que vous puissiez vous rendre compte... Après ajoutage des signes de ponctuation fort nécessaires. Drieu à qui je l'ai fait lire trouve aussi ça excellent. Je vais le faire lire à Gide tout en respectant (jusqu'à ce que vous me disiez de cesser de le faire) votre anonymat. Surtout ne vous cassez pas la tête pour chercher une intrigue. Ça ne peut rester bien que dans cette espèce de dispersion. J'aurais à vous dire des petites choses pratiques lorsque vous rentrerez, mais celle-là seule est importante : ne croyez pas que vous puissiez trouver ce que vous avez à dire : ce sera dit, mais à la condition de n'être pas dit d'avance. Il faut avoir la même confiance en vous que pour nager... »

Le 17 mai, Gide téléphonait à Malraux pour lui annoncer le « plaisir étonné » que lui avaient procuré ces pages anonymes et il se proposait donc de les transmettre à Jean Paulhan. La boucle était bouclée. Malraux, Drieu, Gide, Paulhan, Louise pouvait-elle rêver d'une plus belle escorte ? « Je ne serais certainement pas plus heureuse après une possible publication, écrivait-elle à André dans la dernière lettre qu'elle postera de Las Vegas. Je n'y tiens même pas. Je possède d'un coup tout ce que je puis désirer : estime de " ma condition humaine " par toi et Malraux, qui, sans être sur le même plan que toi dans les sentiments, est une personne dont l'opinion compte beaucoup pour moi. Je pense souvent au brusque coup de téléphone que nous lui avons donné un certain samedi soir de ton bureau... »

Les places étaient réservées sur le *Champlain* pour le 3 juin et elle était à Paris le 12. Le plus dur restait à faire :

terminer le roman dont elle avait maintenant le titre, *Sainte Unefois.*

Si la perspective d'être publiée la comblait et raffermissait sa confiance en elle, Louise était à la dérive : l'inspiration ne venait pas, son divorce s'annonçait mal, ses amours l'aidaient et l'encombraient tout à la fois. À Paris elle se reposait sur Sacha de Manziarly qui connaissait tout le monde et savait un peu de tout. À Manhattan, dans Madison Avenue, elle avait abandonné Raoul de Roussy de Sales qui lui criait par-dessus l'Atlantique : « Mon val d'or, mon val d'or, j'ai trop à te dire. » Quand Alexandre de Milo descendait pour quelques jours au Lotti, l'hôtel de la rue de Castiglione, elle lui donnait, volontiers, une nuit ou deux.

Quant à Malraux, au début de l'été 1933, il vibrait au premier clin d'œil de la gloire. Son roman, *La Condition humaine,* venait de paraître et il courait les meetings révolutionnaires ou communistes pour dénoncer l'hitlérisme.

Il avait néanmoins trouvé le temps d'accueillir Louise à la NRF. Fidèle à la promesse qu'il lui avait faite, il n'attendait plus que les dernières pages de *Sainte Unefois* pour l'éditer. Ses apparitions impromptues, toujours précipitées, toujours inachevées, amusaient et intriguaient Louise à qui il fit aussitôt la cour. Avec Clara qu'il avait épousée en 1922, c'était le désamour, bientôt ce sera la séparation.

Malraux avait trente-deux ans. « Il séduisait, raconte Alfred Fabre-Luce, par son ardeur, son éloquence, sa nervosité. Gêné par la mèche qui lui tombait dans l'œil, il la rejetait en arrière d'un mouvement qui découvrait un front noble et le faisait valoir. Il feignait de lire dans la main des dames ce qu'il avait observé d'elles. » Le portrait fameux qu'en fit Maurice Sachs dans *Le Sabbat,* date aussi de cette époque-là : « Le personnage qui faisait le plus d'effet, à la NRF, c'était André Malraux, et il avait de quoi éblouir : une intelligence d'une vivacité, d'une agilité sans pareille, une belle voix, une façon chaleureuse et persuasive de parler, un visage admirable que commençaient à gâter un peu tant de tics dont il ne parvenait pas à se défaire ; de l'élégance en tout : dans la démarche, dans la mise, dans les gestes, de fort belles mains ; ailleurs de la compréhension, de l'attention, de la curiosité, beaucoup de générosité. Et pourtant un peu charlatan... Jamais médiocre et quand même assez farfelu. Il ne me prit jamais au sérieux et je ne sais comment cela me fit voir ce qu'il y avait de farce dans son sérieux, de superficiel dans son savoir, mais de beau et d'aimable dans toute sa personne. Un grand homme, mais tout en taille. »

Vers la mi-juillet, Malraux s'embarqua avec Clara pour une croisière au cap Nord et en Islande. Il n'avait pas beaucoup vu Louise ; assez toutefois pour tisser la trame d'une amitié amoureuse. Quand il revint de son voyage, au milieu d'août, il passa quelques jours à Paris, avant de repartir à Saint-Palais-sur-Mer, près de Royan, pour y rencontrer Léon Trotski, le compagnon de Lénine. Ce fut pendant ce séjour parisien, entre ses souvenirs des « horizons éternellement blancs du Grand Nord » et sa visite à Trotski, « cet éblouissant fantôme à lunettes », qu'il devint, à l'hôtel du Pont-Royal, l'amant de Louise.

Il n'était pas son seul amant, mais il ne le savait pas. Il entrait dans la vie de Louise par effraction, à un moment où elle venait de se laisser prendre au filet de l'écrivain allemand Friedrich Sieburg, qui avait publié, en 1929, *Dieu est-il français ?* essai qui fut un best-seller et qui fit grand bruit. Dès que la situation internationale se tendit, que les risques d'une guerre se multiplièrent, la position de Sieburg à Paris devint de plus en plus inconfortable. Il fut soupçonné d'être un espion, un nazi, un agent à la solde de la Gestapo. Hormis ses nombreux articles et ses conférences, très peu de renseignements ont pu être recueillis sur son activité et sur sa réelle influence durant cette sombre période.

En 1933, quand il eut une liaison avec Louise, Sieburg était une figure respectée du Tout-Paris intellectuel. Correspondant de *La Gazette de Francfort* et du *Frankfurter Zeitung*, jouissant d'une fortune personnelle, il habitait alors le Ritz.

Au milieu de cet entremêlement sentimental, Louise avait du mal à prendre ses marques.

Sa situation se compliqua un peu plus quand Malraux, une quinzaine de jours avant de recevoir le prix Goncourt — le 1er décembre — pour *La Condition humaine*, apprit son aventure avec Sieburg. Atteint dans son orgueil — il connaissait très bien Sieburg — il brisa là, sans plus d'explication. Blessé et meurtri. Y a-t-il eu un lien de cause à effet entre sa rupture avec Louise et le début de sa liaison avec Josette Clotis ? En effet, ce fut en décembre 1933 qu'il passa sa première nuit avec la « très belle Josette ». Il la connaissait depuis longtemps — elle collaborait à *Marianne*, l'hebdomadaire qu'il avait lancé avec Emmanuel Berl — et elle deviendra, après sa séparation d'avec Clara en 1936, sa compagne. Josette Clotis devait mourir le 11 novembre 1944, horriblement mutilée, sous les roues d'un train à Saint-Chamant en Corrèze. « C'est... la foudre... » écrira-t-il en évoquant dans les *Antimémoires* la mort de cette femme aimée.

L'idylle Louise-Malraux avait fait long feu. Quatre mois à peine. Les amants de quelques nuits et après-midi ne se verront plus pendant trois ans.

Louise, dira Malraux dans les années soixante-dix, partageait avec Madame de Pompadour l'esprit, la cocasserie, l'intelligence, le charme irrésistible et la langueur. Un modèle de caractère dont on parvient difficilement à se dégager quand on s'y est frotté, et Louis XV ne put oublier la Pompadour même après qu'il se fut réfugié dans les draps de la du Barry. Interrogé par Gogo de Karolyi sur la vraie nature de ses relations avec Louise, Malraux fit cette confidence : « Louise, c'était une maladie... » Une maladie ? Antoine de Saint-Exupéry aussi se sentait contaminé, lui écrivant : « Je n'en veux qu'à cet amour qui est une longue maladie. » Était-elle le désir à l'état pur ? Un désir qui pouvait s'éveiller à l'improviste, auprès de n'importe qui, comme un élan du hasard ?

Louise n'avait jamais vécu cette forme de rupture, brutale et franche, et elle en fut si troublée qu'elle décida, vers le 10 janvier 1934, de s'exiler à Saint-Jean-de-Luz chez Jacqueline et Brandelys de Gironde, puis à l'hôtel Beau Rivage, à Lausanne, avec, dans son balluchon, le manuscrit toujours inachevé de *Sainte Unefois.*

De toute façon, ses démêlés avec Malraux ralentiraient la sortie du livre. « J'ai eu une conversation de deux heures avec Malraux, lui écrit André, et j'en suis sorti avec l'affreuse conviction que dans ses rapports avec toi il avait été " vexé "... Tu lui as échappé et il s'est cru préféré. Il a refusé de jouer le rôle que tu lui demandais de tenir et qui pourtant était le plus enviable. Maintenant il se trouve des excuses en disant que ton caractère est " d'abaisser ceux que tu aimes ". Je me suis révolté contre cette affirmation au point qu'il a fini par admettre que cela n'avait pas été le cas dans tes rapports avec lui... Je te conseille d'attendre pour *Sainte Unefois* et de ne pas ouvrir la bouche sur la question prix Femina. »

Quant à Sieburg, il ne désarmait pas. « Peut-être suis-je tout simplement bête et je cherche les arguments les plus stupides pour me consoler de l'aventure ratée... Oserai-je te dire que je t'aime ? En tout cas, je te dis tout simplement que j'ai une envie douloureuse de te revoir. Tu me manques comme une nourriture. »

Louise n'était-elle pas le seul genre de femme qu'un homme comme Malraux n'aurait pas dû choisir ? Aucune complicité apparente ne les liait. Elle le trouvait souvent rasoir ; il la jugeait inculte. Elle pétillait d'esprit, adorait les potins, riait des autres et d'elle-même. Il discourait sur les dieux, les morts et les idéologies, souvent incapable du moindre recul, du moindre humour sur lui-même.

Mais surtout, cette rupture illustrait de façon assez inattendue et drôle le marivaudage souterrain qui animait le petit monde intellectuel de ces années troubles. Friedrich Sieburg, en effet, ne se contentait pas de Louise et avait une seconde maîtresse qui n'était autre que... Consuelo de Saint-Exupéry. Savait-il, par Consuelo, l'intimité des liens qui unissaient Louise et Malraux, et fut-il assez médiocre pour fanfaronner devant son « rival » ? C'était la conviction de Louise qui mena son enquête. « Je suis obligée de donner raison à Malraux... Je ne puis avoir la prétention d'agir toujours à ma manière — par privilège divin — et que les autres n'aient qu'à l'accepter sans discussion. Il est un fait certain : c'est que je n'ai jamais très bien compris Malraux. Je lui ai dit bien souvent que j'étais baba d'admiration devant lui sans comprendre un mot de ce qu'il disait. Ses réactions ont toujours été pour moi complètement inattendues... J'agissais toujours de mon mieux mais dans la nuit noire. Un jour j'ai fait un faux pas et patatras tout est tombé. Je l'aurais cru assez psicologue *(sic)* pour que rien ne tombe, car je n'ai pas agi contre lui en âme, cœur et conscience. C'est du reste pour cela que j'ai été tellement frappée, blessée, par sa décision de ne plus me voir. Depuis j'ai entendu de la part d'Antoine beaucoup de choses contre Malraux. Il voulait paraît-il me “ dresser ”. Antoine n'a pas pu comprendre comment ce qu'il me disait ne diminuait pas le chagrin que je ressentais d'avoir perdu un ami auquel je tenais tant. Il y a dans tout cela des montagnes d'intrigues. Il est absolument certain que c'est Consuelo qui a dit du mal de moi à Friedrich, de même que c'est elle qui en a dit à Malraux. Friedrich la voit souvent et il n'y a qu'elle qui ait pu lui dire que je couchais avec Malraux, que j'avais voulu m'en débarrasser, etc. J'espère de toutes mes forces que je pourrai un jour revoir Malraux. Peut-être à mon retour aurai-je la témérité de lui téléphoner et de lui demander un rendez-vous... Je voudrais tant y voir clair dans ma vie et je me perds en de mauvaises méditations car je n'ai pas assez de jugement pour me permettre de penser*... »

Ces tribulations auraient pu l'inspirer. Elles la bloquaient. L'œuvre de Louise ne fut jamais le reflet de sa vie réelle. Elle fut le reflet assez exact de sa nature. Ses personnages épouseront ses états d'âme ; ils ne partageront ni les événements, ni les circonstances qu'elle aura elle-même vécus ou connus. Elle avait quitté Paris pour sortir de ses « situations attendrissantes », comme elle les appelait, qui l'angoissaient. Sacha de Manziarly était toujours un « ver rongeur » dans son cœur et lui écrivait des lettres qui la faisaient palpiter des nuits entières. Saint-Exupéry, que les commérages sur sa « femme unique » avaient rendu fou de jalousie, lui adressait des lettres assez confuses qui ne réussissaient pas à la mettre en colère. Elle vivait encore avec ses trois filles et Henry, au pied de la tour Eiffel, 37, avenue de la Bourdonnais, où une gouvernante, une cuisinière et une femme de chambre s'occupaient de l'intendance. C'est à cette époque qu'elle connut Anaïs Nin qui habitait l'appartement au-dessous du sien et dont le mari, Hugh Guiler, travaillait avec Leigh-Hunt à la First National City Bank.

Lasse. Elle était lasse. Une lassitude d'une nature assez inhabituelle, comme si elle émergeait de temps en temps d'un sommeil profond et sans rêve, dans cet état de régression totale qu'illustrent plusieurs pages de *Sainte Unefois.* « Seule aujourd'hui dans cette chambre flottant au-dessus des chênes, je me rends peut-être à un peut-être rendons-nous. Silvio, pardon, les personnes comme moi vivent et meurent de passion, mais l'amour a besoin d'un rythme qui me lasse ; la vie aussi. »

Lentement, durement, le roman se composait avec ce fond enfantin, apparemment intact sous des couches d'expériences qu'elle parvenait à disperser comme on souffle de la

* 4 mai 1934.

cendre. Son innocence, malgré tout, en dépit de tout, triomphait. Elle se confessait à André et elle se donnait elle-même l'absolution. Elle gémissait sur son sort, mais elle avançait. « Lorsque je me regarde telle que je suis vraiment, je vois une dame assez sale qui se parfume. Tout cela est triste à pleurer, triste à mourir. Arriverai-je un jour à mettre de l'ordre dans mes damnés chantiers intérieurs ? Serai-je un jour propre et vivante ? Quelque chose en moi me pousse continuellement vers la pureté que je n'atteins pas. Je suis obligée de confesser que je ne fais aucun progrès : je parle mieux, voilà tout. C'est affreux. Et les sanglots m'assaillent. Je suis terrorisée par la crainte que mes désirs ne soient au-dessus de mes moyens. Alors que faire ? Je suis incapable de réaliser les seuls efforts qui ont de la valeur pour moi. " Ne croyez pas en moi, n'ayez pas d'espoir en moi, ne croyez pas ce que je dis, méfiez-vous, je vais vous voler, vous voler pour n'en rien faire, mes mains sans doigts sont en forme d'écumoire, mon cœur n'est pas dans le jeu et je suis bavarde, indiscrète et dissimulée. Remarquable jardinier paysagiste pour moi-même. " Voilà ce que je devrais dire à toute personne qui commence à s'intéresser à moi. Tout ce qui compose la vie est absolument au-dessus de mes forces. Je voudrais être libre comme les choses inanimées. Je souffre, et pourtant je ne me prends pas au sérieux. Mais puisque je suis en vie, je goûterai, je bataillerai de mon mieux jusqu'au dernier instant pour ne pas te perdre. Sans toi, je n'ai aucune raison de vivre. Aide-moi à ne pas te lasser... Silence et sourire et je continue à tromper mon monde et cependant je dors comme une personne simple et innocente... Tout cela est très inquiétant et je me demande comment en sortir... Il est absolument nécessaire que je puisse me porter de l'estime. » Du grand art.

Décidément, elle changeait et c'est bien là, devant ce pénible accouchement littéraire qui se terminera au printemps 1934, que Louise, celle qui sera bientôt l'une des idoles du Tout-Paris, qui traînera son parfum, son mystère et sa langueur dans les salons en vogue, a vu le jour. Brusquement sa correspondance, déjà talentueuse, prenait de l'ampleur pour devenir une superbe composition de sensibilité, de drôlerie, de duplicité, d'ironie, de cruauté, d'amour parfois, d'intelligence toujours. Et tout aussi brusquement, un petit livre indéfinissable, rédigé dans un style qui ne s'apparentait à rien ni à personne, allait la projeter sous la lumière de la célébrité.

Sainte Unefois était en librairie à la fin de septembre 1934. La trame du récit n'avait rien d'original. Grace a abandonné Silvio et elle meurt de ne pouvoir retenir Mildrid qui la fuit. Mais, par-delà cette trame, on serait bien en peine d'en raconter le sujet où d'impalpables « transparents » se jouent de nos frayeurs, recueillent nos rires, défient le possible et désespèrent ou enchantent l'héroïne, Grace de Sainte Unefois. Étonnant voyage dans un monde où l'émotion préside à l'invention. Les cris y remplacent le vécu, car le vécu est fragile et se brise comme se brisent les cœurs... Un humour insolite atténue l'amertume lucide du texte très « fêtes galantes » où les personnages comme chez Verlaine sont « quasi tristes ». Quant aux « transparents » aux bras de qui Grace veut « rire en l'air », sans doute sont-ils des êtres semblables aux « grands transparents » d'André Breton, qui ne sont soumis ni aux contingences ni aux conventions établies par les hommes. C'était peut-être ce que Louise, alors, désirait le plus : que rien ne s'installe irrémédiablement et que rien ne pèse.

Les critiques accueillirent l'ouvrage plutôt froidement. Sauf Gabriel Marcel, Pierre Descaves, Edmond Jaloux et Ramon Fernandez qui applaudirent. Tous quatre, il est vrai, avaient le cœur dilaté à la seule apparition de Louise. Dans *La Revue Hebdomadaire* Élisabeth Zehrfuss, la sœur de l'architecte Bernard Zehrfuss, qui deviendra, bien plus tard, un ami de Louise, fit l'un des comptes rendus les plus perspicaces. « Rien dans ce roman ne me semble accessible à la discussion. C'est un tout si rapide et si léger, qu'il nous est impossible de nous arrêter à une phrase, à une idée, de l'analyser minutieusement, de chercher ce qu'a voulu par là dire Madame de Vilmorin. C'est un envol de plumes multicolores, un fugitif arc-en-ciel, un éclat de rire, parfois très moqueur, qui nous surprend tout à coup, que les uns aiment sans qu'il soit possible d'y trouver de raison, ou qui en exaspère d'autres, sans que la cause de leur irritation soit plus explicite. »

Les autres critiques, surtout ceux qui ne fréquentaient pas les « salons » et qui trépignaient de n'y être pas reçus, furent sévères et reprochèrent à la maison Gallimard d'avoir publié une petite fantaisie inconsistante. Quoi qu'il en soit, la sortie de *Sainte Unefois* avait eu l'effet d'une bombe et partout on ne parlait que de Louise, du roman de Louise, du talent de Louise.

Ce n'était pas, cependant, une consécration, plutôt un de ces tapages mondains dont Paris raffole. Malraux n'avait pas bougé. Saint-Exupéry non plus. Celui-ci lui avait mis un mot, subtil, pénétrant et coloré d'amertume. « ... Au fond, ton livre est remarquable. Je le trouvais beau, je le trouve mieux encore qu'à la lecture du manuscrit. Tu auras le prix Femina, on en parle et ce sera juste. Mais je pense aussi que le prochain livre sera mieux encore. Tu ne me sembles pas tarie. Au contraire. Et tu mettras dans tes livres à venir le meilleur de toi-même. Et tu ouvriras dans tes livres les ailes de l'archange. Je ne sais pourquoi, c'est très consolant... Il y a là une sorte de passage à la divinité puisque l'on n'a plus besoin de te voir pour t'approcher, puisqu'il n'y a plus de petites choses qui déroutent, puisque l'on entre dans ton intimité et reçoit de toi le plus authentique, sans souffrir de rien, comme si tu étais morte depuis deux cents ans et devenue ange. J'ai pensé éprouver quelque mélancolie à ne point recevoir de toi un beau japon bien large, car dans l'envoi d'un livre on classe malgré soi, mieux que dans aucun domaine, les amitiés. Et je n'éprouve point de mélancolie. Je découvre que cela m'est égal. Je ne veux point être mêlé à trop de complications, ni souffrir d'être exclu des amitiés particulières. Dans un petit bouquin sans luxe je vois ce qu'il y a en toi d'universel... Je ne saurais m'exprimer clairement, mais ton livre c'est l'alibi par excellence. Tu l'as écrit et tu es un peu sauvée. Tu t'es vue plus dégagée de ces choses qui te renversent, qui te marquent, qui créent des dettes. Tu as un peu créé ce fond de mer où des coquillages et des pierres, que rien ne dérangera jamais, luisent, indestructibles. Ton salon lui ressemble déjà. Ton salon et ses algues, et ses coquillages était déjà un alibi. Et maintenant tu as délivré l'ange qui ne pèse pas sur le sable. »

La consécration viendra d'ailleurs. D'un homme qu'elle n'a jamais vu et dont elle ne connaît rien de l'œuvre : Jean Cocteau. Comment *Sainte Unefois* lui était tombé entre les mains ? Peut-être par sa sœur Marthe bientôt comtesse de La Chapelle, son frère Paul ou sa cousine germaine Marianne Singer qui frayaient avec les Vilmorin. Cocteau séjournait à Corsier-sur-Vevey en Suisse où il se reposait chez la mère du compositeur Igor Markevitch. Aussitôt après avoir lu *Sainte Unefois,* il adressait à Louise la plus courte lettre qu'elle n'ait jamais reçue d'un homme : « Mais je ne savais pas que vous aviez du génie. Je vous adore. Cocteau. » Quatre jours après, il récidivait : « Endormi, rétabli, c'était vous. Je pense à vous, je rêve à vous... je voudrais vous aimer comme un frère de plus... J'ai peur d'être amoureux de vous... Bref, si vous me manquiez, je mourrais. »

Comme s'il venait soudain de retrouver le goût perdu de son amour pour Nathalie Paley dont il voulut un enfant, quelque deux ans plus tôt, Jean Cocteau s'enflamma à distance pour celle qu'il appelait « ma petite sainte ». D'octobre à décembre 1934, cette singulière passion, nourrie par la lecture d'un petit bouquin et quelques photos découvertes dans les journaux, remplira ses lettres. Il avait le sentiment qu'on l'arrachait à tous ceux qu'il aimait et dans son tourment, à la lisière du délire, Louise devenait son salut. « J'ai le cœur en boule dans le ventre... Voyez-vous, ma petite sœur une fois, dans un marasme (je voudrais que vous donniez à ce mot toute son importance) sans limite, dans une solitude épouvantable, des nuits de cauchemars et de réveils pires, votre entrée en scène offrait (offre) une chance. Ne me l'ôtez pas, n'écoutez pas les oisifs comme Marie-Laure* et autres folles, et qui m'ont fait tant de peine et qui seraient bien surprises d'apprendre ma vérité sur ma survie... Faisons entre nous du soleil et l'éclairage d'un arbre à cheveux d'ange. Ne m'abandonnez pas, seul au monde. Si étrange que cela puisse paraître, c'est vrai. »

Il la suppliait de venir le rejoindre, de venir habiter à « la maison des vignes » où l'attendait une « chambrette ». Louise, fuyant les difficultés conjugales — ses relations avec Henry se tendaient de plus en plus —, pérégrinait d'une maison à l'autre, « la Ferme » à Saint-Jean-de-Luz, la villa délabrée de la baronne Constance d'Almeida Sautos à Cais Cais, ou le manoir d'Élisabeth de Breteuil à Cintra. Elle passait des journées complètes au lit, pour se détendre.

La réaction de Cocteau l'avait flattée et fascinée. Elle lui répondit sans malice, avec respect, mais « un peu effrayée », dit André, par l'exaltation de son admirateur, elle refusa de se rendre à Corsier-sur-Vevey. Cocteau poursuivait ce qui n'était plus qu'un fougueux monologue puisque Louise, comme paralysée, gardait le silence. Pourtant Cocteau croyant atteindre le paroxysme de la sincérité allait au plus loin que l'on peut aller. Dans deux lettres surtout. L'une est du 22 novembre 1934 : « ... Oh ! Si j'étais riche ! Je me mettrais à genoux. Je vous suggérerais de bien vouloir de

* Il s'agit de Marie-Laure de Noailles.

moi, de nous marier, de vivre ensemble, *ne riez pas,* ne vous moquez pas, ne pensez pas que je me couvre de ridicule et que je vais vite en besogne. La chance s'attrape au vol et j'ai vu autour de votre cher visage que tous les malaises, tous les mensonges, tous les fantômes pourraient disparaître grâce à votre belle main, grâce à votre belle étoile... » L'autre, en recommandé, est du 15 décembre : « ...Je vous aime, ma petite sainte. J'ai eu le coup de cette foudre qui déshabille les bergers et les laisse tout nus en pleine campagne avec une photographie de jeune fille sur l'épaule... »

De retour à Paris, à la fin de décembre 1934, il recevra enfin Louise dans sa chambre du Madeleine-Palace-Hôtel, et sa brûlante passion se transformera aussitôt en affectueuse amitié, non qu'il fût déçu — au contraire — mais comme s'il redescendait sur terre après une randonnée fantasmatique. Quelques jours plus tard, il célébrait dans la NRF *Sainte Unefois,* avec des mots et un enthousiasme qui ne souffraient aucun doute : un écrivain nous était né. « Un livre qui apparaît au lieu de paraître, au lieu d'une parution, une apparition ; un livre qui n'est pas là et qui est là, tout à coup, comme sur une table spirite un " apport ". Une femme debout au seuil de cette époque nouvelle qui arrive au seuil de ce nouvel âge où je ne m'attendais guère à rencontrer une femme, je l'avoue... On m'avait parlé d'une femme très belle au milieu d'un état-major de frères. Ce bloc, sûr de soi, portait ce nom de Vilmorin, un nom qui symbolise une de nos noblesses féodales de l'industrie française, race de jardiniers, de chimistes et de poètes dont l'honneur sera un jour d'avoir obtenu, de graines en graines, de greffes en greffes, cette fleur unique : Sainte Unefois Louise de Vilmorin.

« J'ai connu Louise de Vilmorin, seul. L'état-major fraternel ne l'encadrait pas... Je me trouvais donc en face d'une grande jeune femme, d'une grande jeune fille ravissante, avec une voix grave et des gestes un peu dégingandés de collégien, un rire qui fronce le nez et retrousse une lèvre cruelle sur des dents qui miroitent, une simplicité parfaite, confiante, inculte... Et du génie.

« Voulez-vous prouver aux personnes incrédules que ce génie existe ? Prenez le livre... Nul ne peut mettre en doute que Madame de Vilmorin possède un ballon rouge qui l'enlève de terre et l'emporte ensuite où elle veut »...

Jean Cocteau n'avait pas la réputation d'être complaisant. Il aimait passionnément les livres dont il parlait, ou il n'en parlait pas. Sous sa signature et dans la NRF un tel bouquet d'éloges était un passeport pour l'éternité. Louise entrait dans le cercle des élus. Max Ernst et Paul Éluard lui demandèrent un article pour leur revue *Le Minotaure* qui représentait l'avant-garde de la littérature et entretenait la flamme du surréalisme. Élisabeth Zehrfuss lui suggéra de tirer un ballet de son roman et lui envoya très vite un scénario découpé en trois actes, avec la description des costumes et des décors.

Élisabeth Zehrfuss, qui entamait alors une longue et indéfectible amitié avec Henry de Montherlant, tenait son journal resté inédit. Les pages qu'elle a bien voulu nous confier donnent une savoureuse image du petit monde tourbillonnaire, du maelström où s'engageait Louise. Un monde à part au milieu du monde à part qu'était le Tout-Paris, un monde où l'aristocratie de l'argent et du nom se mêlait aux artistes et gens de lettres en se tenant à l'écart des politiques et des intellectuels. Jean Cocteau qui approchait des cinquante ans y symbolisait l'audace, la fantaisie, l'éternelle jeunesse, et entraînait derrière lui ceux qui seront désormais, bon an mal an, de la « bande à Louise » : les compositeurs Georges Auric, Francis Poulenc, Henri Sauguet, Jacques Février, Igor Markevitch, les peintres ou décorateurs Christian Bérard, André Derain, Max Ernst, Jean Hugo, ou encore Pierre Brisson, Serge Lifar, Édouard et Denise Bourdet, Drieu la Rochelle, Misia Sert... tout un milieu qui déjeunait, dînait, soupait ou dansait chez Madeleine Le Chevrel, Marie-Laure de Noailles, Nelly de Vogüé, Jean de Beaumont, chez les Fenwick, les Murat, les Polignac, les Rothschild, les La Rochefoucauld, et qui avait peu de chose en commun avec un autre versant de la vie parisienne, celui des Sartre, Malraux, Paulhan, Montherlant, Brasillach, Aragon, Daudet...

Mais, lisons plutôt Élisabeth Zehrfuss qui, le 2 janvier 1935, rencontrait Louise pour évoquer avec elle son projet de ballet : « Elle m'a reçue, languissante, étendue sur un lit de dentelles, chez la duchesse d'Ayen. Elle a la migraine, elle s'agite trop pour ce projet, me dit la duchesse compatissante !... Elle me dit d'aller voir Waroquier ou Derain pour les décors, Lifar pour la mise en scène, Sauguet pour la musique, Cocteau pour superviser le tout. Bien entendu, tout cela me ravit et m'amuse follement, même si rien ne doit en sortir ! »

Waroquier reçut Élisabeth Zehrfuss dans son atelier. Il connaissait bien Louise, mais se montra réticent. Derain ne fut pas plus enthousiaste. « Il est immense, important : il me dit qu'il réfléchira, qu'il voudrait faire plaisir à Louise, mais... mais... je devine qu'il ne se sent pas du tout attiré par le projet, et qu'enfin, à mots couverts, il n'a pas trop goûté le livre. »

Quant à Cocteau, en bras de chemise, au milieu de montagnes de papiers, il la laissa très perplexe : « Il adore Louise, et il adore son livre, il adore ce projet. Il s'est mis à virevolter, s'asseyant, se relevant, avec de grands enthousiasmes pour l'idée, puis des restrictions, avec un saupoudrage subtil de compliments et de critiques. Il avait l'air d'une grande araignée tissant sa toile dans tous les sens, en s'amusant, mais, en même temps, en contemplant de son petit œil perçant les luttes intérieures de sa proie entortillée dans toute l'agilité de ses arguments et tentant d'y échapper. En effet, je suis sortie de là un peu étourdie, ne sachant s'il était mon ami ou mon ennemi ; il m'a reconduite sur le palier et je me souviendrai longtemps de son sourire un peu diabolique et de son visage anguleux penché sur la rampe de l'escalier. »

En revanche, le charmant Sauguet la reçut avec sa gentillesse coutumière au milieu de ses chats et lui dit tout de suite qu'il fera la musique, qu'il l'entend déjà, que ce sera charmant.

Élisabeth Zehrfuss sentait confusément qu'elle avait déclenché, avec son ballet, un bruissement souterrain parmi le petit monde parisien qui s'agite pour un rien, et qui se saisit de la moindre occasion pour occuper son temps. « Je sens des téléphones, écrit-elle, des rendez-vous, des déjeuners, des cocktails, tout tournés vers les tourments que cause le projet de la pauvre Loulou ! J'ai été voir Lifar. Il est tout à fait d'accord pour créer, à l'Opéra, *Sainte Unefois.* »

L'événement n'aura pas lieu. Louise, après le couronnement de *Sainte Unefois,* allait bientôt traverser une de ces périodes de mélancolie qui lui étaient coutumières. Élisabeth Zehrfuss la revit chez Nelly de Vogüé, accablée, « gardée comme une idole par un bataillon de snobs », et recevant une à une les personnes qui venaient aux nouvelles. Le projet la « tuait » et elle avait décidé de l'abandonner. Son divorce, surtout, continuait de la tourmenter. Elle avait comparu devant le juge et d'être ainsi mêlée aux embrouillaminis juridiques et à ses propres histoires la rendait malade. Henry refusa tout compromis pour leurs trois filles : il voulait en obtenir la garde et il l'obtiendra quand, au printemps de 1937, le divorce sera prononcé. Louise avait peu d'arguments à opposer à son exigence, puisqu'elle n'avait aucune autonomie financière, à l'exception des revenus que lui versait la maison Vilmorin, dont les royalties s'amenuisaient.

Dans ces moments où les ennuis bouchaient son horizon, elle pliait bagage en quête d'un environnement paisible que, bien entendu, elle ne trouvait pas. Sa course pouvait durer des mois, et, prise d'une étonnante bougeotte, elle zigzaguait entre « les collines » à Juan-les-Pins, la propriété de Philippe de Rothschild au Pyla où elle rencontrera Maurice Chevalier, la demeure florentine d'Élisabeth de Breteuil à Vincigliata, le palazzo des Polignac à Venise, la maison des Max Ernst à Chitray... Sa vie glissait vers le style colonial. Sieste, chaise longue, promenades. Sacha de Manziarly venait parfois la distraire dans ses multiples retraites. Igor Markevitch aussi, à la grande fureur jalouse de Marie-Laure de Noailles. Pierre Brisson, entré au comité directeur du *Figaro* en 1934, avait pris rang parmi ses amoureux de passage et venait lui baiser la main à l'occasion de ses déplacements professionnels, en Italie surtout.

Quand il parvenait à retrouver sa trace, Antoine de Saint-Exupéry s'acharnait à lui redire son impérissable amour, à lui écrire combien elle continuait de peser lourd, combien elle restait sa seule impatience. « À cause de toi les jours qui passent sont un peu amers de n'avoir pas livré leur dû... Dis-toi, tout doucement, pour t'endormir ce soir, que quelqu'un t'aime. »

André Malraux ne se manifestait plus et elle ne cherchait pas à le revoir. Jean Cocteau était parmi ses plus fidèles compagnons. Ou elle lui téléphonait tous les jours, ou elle le voyait sur la Côte d'Azur quand il s'installait dans son vieux Welcome Hôtel de Villefranche-sur-Mer. Il lui était d'une grande consolation, tandis qu'elle lui soufflait « de l'âme et des ondes » à un moment où il souffrait de ce « mal mystérieux » qui lui faisait « perdre l'équilibre, bourdonner les oreilles et remuer des cailloux dans le crâne ».

Enfin, il y avait Jean Hugo qui s'était retiré à Fourques, dans un mas qu'il tenait de sa grand-mère, Madame Ménard-Dorian. Il y traversait les saisons uniquement occupé par sa peinture. Louise avait connu Jean Hugo par Frosca Munster, sa compagne, qui, avant de s'exiler à Fourques, était la maîtresse d'Emilio Terry, un ami des Vilmorin, architecte de talent dont l'immense fortune était si connue qu'elle nuisait à sa carrière de créateur. Il intimidait ceux qui auraient pu lui passer commande, et on ne lui connaît qu'une réalisation célèbre, la maison de Roland de l'Espée, à Valbonne sur la Côte d'Azur, une merveille.

Très bel homme, taillé à la serpe, cultivé et rustique, jouisseur et ascète, Jean Hugo avait hérité du puissant tempérament de son arrière-grand-père, Victor, et couchait avec toutes les femmes qui s'y prêtaient. Ce grand chêne protecteur contre lequel elles vinrent, très nombreuses, se blottir, peignait le plus souvent des petits tableaux de chevalet, presque toujours à la gouache, dans des tons plus délicats que nature. On avait envie de lui dire : « Avec ces grosses pattes, ces longs bras, ce visage de soudard raffiné et cette vitalité de sybarite, peignez grand, peignez fort, prenez la couleur à pleine main, peignez comme un sculpteur, comme un sauvage. »

Il cachait sans doute au fond de lui une nature très différente de celle qu'il affichait. Frosca Munster, juive russe, sensible, intelligente, régnait sur le mas de Fourques et s'occupait du vignoble sans jamais exiger d'être l'unique maîtresse de son amant. Elle resta là quelque vingt années, comme une ombre permanente, ne demandant rien, ne refusant rien, comme un reflet de ce que pourrait être une femme légitime à la veille de ses noces d'or. Elle s'effaça sans bruit quand Jean Hugo, en 1945, épousa Loretta Hope-Nicholson, avec laquelle il vécut jusqu'à sa mort, la trompant avec la même simplicité qu'il mettait à tromper sa précédente compagne. Ils eurent six enfants. « Jean, disait Louise, s'est marié avec une grosse armoire anglaise et il a trouvé un bébé dans chaque tiroir. »

Jean Hugo avait donc le génie de faire naître et survivre les amours. À l'inverse de Don Juan qui s'éloigne de ses conquêtes, il conservait ses maîtresses indéfiniment car il ne savait pas rompre. Il est resté pendant trente ans l'ami et l'amant de la comédienne Marie Bell en même temps que de Louise, tandis qu'il menait tout naturellement au lit les amies de passage à Fourques, et qu'il rendait fidèlement visite, chaque fois qu'il venait à Paris, aux femmes qu'il avait aimées. Sa bonne santé comblait et amusait Louise dont il devint, avec André et Sacha de Manziarly, le confident des heurs et des malheurs.

Le mas de Fourques était ainsi un autre de ces lieux où Louise musardait. La paresse et les hasards d'une nuit vagabonde, entre Florence, Juan-les-Pins, Venise, le Pyla, Fourques, Paris, l'empêchaient de conduire le moindre projet littéraire. Elle gaspillait son temps.

La victoire du Front populaire le 5 mai 1936 et les débuts de « l'expérience Blum » la surprendront chez Élisabeth de Breteuil à Vincigliata. André la suppliera de rester en Italie et elle y passera toute l'année : « Nul ne peut savoir comment tourneront les agitations actuelles. Tu as la chance d'avoir tes filles en Amérique*, mais toi ne viens pas te fourrer là-dedans... Je vais t'envoyer deux mille lires bien que la situation financière soit très mauvaise... Profite de la prolongation de ton séjour chez Élisabeth pour reprendre le roman que tu as mis en chantier voilà bientôt un an. »

Jean Cocteau, en revanche, lui demandera de revenir avec un lyrisme idéologique qui n'était guère dans sa manière : « ... Pour la première fois le pays est un peu dirigé. Les théâtres officiels tombent entre nos mains et tout (sauf par l'entremise de ceux qui en pâtissent) retrouve de la jeunesse et de la force. Il est capital que ceux et celles qui brillent fassent acte de présence et se mettent au travail. J'ai placé ma fortune en toi et il serait atroce de prendre une attitude d'amateur ou de crainte

* Jessie, Alexandra et Helena étaient reparties aux États-Unis au début de novembre 1936 pour quelques mois.

lorsque les bases se consolident et que les artisans (nous) triomphent. Rentre vite. Tu dois me croire. »

Lui qui connaissait si bien Louise, a-t-il pu croire une seconde qu'elle serait sensible à son appel ? Elle allait se mettre au travail, mais à rebours des inquiétudes et préoccupations de l'heure, et reprendre ce roman qu'évoquait André, *La Fin des Villavide,* commencé, abandonné, recommencé quinze fois depuis qu'elle vagabondait. Au milieu des bouleversements qui affolaient l'Europe, la France et la maison Vilmorin, elle choisissait la gratuité, le cocasse, l'invraisemblable.

Le duc et la duchesse de Villavide sont fort âgés et sans héritier, ce qui les désespère. Le duc décide d'en avoir un et, après un long et secret labeur, il le présente à sa vieille épouse : il s'agit d'un... fauteuil incrusté de diamants et taillé dans le bois du chêne séculaire qui s'élevait devant le château. De joie ou de stupéfaction, la duchesse meurt. Le duc solitaire songe à donner une femme à son « héritier ». Il choisit Aurore, jeune fille assez belle et assez digne pour cette tâche et cet honneur. Aurore, très fantasque, se prête au jeu et se marie au fils-fauteuil, en même temps qu'elle est choyée par le nonagénaire duc. Lui aussi meurt. Aurore, désespérée et apeurée, dissimulera son mari-fauteuil avant qu'un jour passe au château son ancien fiancé, de retour de terres lointaines. À la dernière page le mari-fauteuil prend feu et la ravissante Aurore s'en va au bras d'un prince charmant.

La satire d'un milieu où l'on épousait moins le fils ou la fille qu'une dot, un château, des terres, des meubles et des tableaux, était transparente. Mais, comme *Sainte Unefois,* cette fable ironique et tendre, d'une écriture élégante et sûre, reflétait avant tout l'imagination galopante de Louise, une imagination décalée, hors du temps. « ... Il faut lever notre regard jusqu'à Andersen, Maldoror, Daisy Ashford, Rocambole, Fantômas, Raymond Roussel, clamera Cocteau.

Halte ! Nous sommes en face d'un de ces spectres du matin, si rare ! »

Louise, décidément, ne participait pas des affaires du monde. Elle regardait venir l'orage de l'extérieur, avec dérision, comme si elle se promenait dans les bois à la recherche du printemps, comme si elle avait de plus en plus l'impression de n'être pas chez elle dans la vie. Sur une photo de cette époque, légèrement de profil, l'épaule nue, le sourire énigmatique, la main allongée sur la dentelle noire de sa robe, elle a l'air d'un mirage, d'une femme suspendue à la clé des songes.

« Ici c'est l'Italie en italique, écrivait-elle à Marcelle Manziarly. Il y a des feux d'artifice tous les soirs parce que c'est tous les soirs fête, chaque aurore imprime un nouveau timbre-poste, et au crépuscule les grillons chantent l'hymne fasciste en dévastant les potagers. J'ai vaguement travaillé à un important ouvrage militaire sur les fortifications pliantes et élastiques, adaptables à n'importe quelle ville, et j'écris des poèmes avec des baguettes de tambour... »

Sacha de Manziarly était à Alger d'où il lui envoyait quelque menue monnaie. Jean Hugo vint la retrouver à Venise mais guère plus d'une semaine et elle regrettait d'avoir si peu de galants qui fassent craquer ses phalanges en traversant le pont des Soupirs. L'amour est un événement rare et, au fond, trop au courant d'elle-même, elle n'arrivait à se convaincre de rien, elle n'avait le cœur à rien, sauf à *La Fin des Villavide,* qui était bien la seule chose capable de la distraire.

Louise n'aima jamais Venise. Elle s'y sentait ridicule, comme prise au piège d'un passé qui l'écrasait. « C'est pour les personnes comme nous, confiait-elle à André, une patrie que l'on refuse, que l'on renie même. Derrière la polka des nouveaux mariés et des riches Américains, une drôle de farandole se déploie composée de personnages qui rient. Que de doges en toque, que de singes, que de nègres et de lords Byron ! Mais à l'œil nu, on ne trouve plus rien... La cruauté de l'endroit est extrême : sa douceur pousse au crime. C'est pire qu'une valse jouée au bon moment. Dans cette ville de pierres et d'eau, il faut penser aux labours, aux villages, aux campagnes de terre ferme pour résister à la séduisante décomposition de soi-même... »

Au moins, son roman avançait et quand André vint la voir à Florence, elle l'avait terminé et il le déposa en novembre 1936 à la NRF.

Gaston Gallimard dirigeait « l'austère NRF » — c'était la réputation qu'elle se donnait — avec une fermeté toute féline. Louise, jeune auteur de la maison, venue par Malraux, soutenue par Cocteau, le voyait de loin en loin sans qu'elle ait, apparemment, jamais songé à le prendre au lasso. La publication de *La Fin des Villavide* allait les rapprocher.

Quand elle revint à Paris, au moment de Noël, sa séparation d'avec Henry Leigh-Hunt était officielle. Dans l'attente du divorce, elle habita rue Barbet-de-Jouy chez Marie-Blanche et Jean de Polignac dont les dîners du dimanche étaient courus. Francis Poulenc, Georges Auric, Jean Françaix, Henri Sauguet ou Jacques Février venaient y donner la primeur de leurs nouvelles compositions ; Jean Cocteau, celle de son théâtre, tandis que peintres, comédiens, sculpteurs ou écrivains se détendaient dans une atmosphère magique, sans prétention, sans vanité, que l'on goûtait dans très peu de « salons ».

Gaston Gallimard aimait s'y rendre.

Un soir, son regard s'attarda sur le visage de Louise. Quelques paroles de tendresse, peut-être un long soupir, enfin l'ombre d'un amour... Elle avait sans cesse besoin de hasard et de nouveauté, elle était convaincue que l'amour devait être une source continue d'impressions vives et elle redoutait la sécurité plus que l'inquiétude. Gaston Gallimard qui avait toujours désiré les choses en elles-mêmes, et non pas seulement l'apparence des choses, était mû par un sentiment de domination, de liberté, d'indifférence feinte. Il savait cacher ses émotions autant qu'elle savait en jouer. Tout les rapprochait pour une aventure excitante, parce que sans risques.

Il n'en alla pas ainsi. Depuis deux ans Louise ne s'était pas fixée et à chacun de ses retours à Paris elle s'épuisait en des rêves puérils et navrés, elle s'enivrait de la désolation de son existence. Elle avait cependant un point de repère, mieux, une épaule où reposer sa tête, un cœur à qui se confier sans restriction aucune : son frère André. Confronté aux déboires de la maison Vilmorin, André avait décidé de tenter fortune aux États-Unis et Louise vivait cette séparation comme un déchirement. Elle se sentait vulnérable. Éprouvait-elle le désir d'une relation vraie ? Elle s'engagea avec réserve, préférant la gravité au marivaudage.

Elle n'avait pas encore trente-cinq ans. Gaston Gallimard, les cheveux poivre et sel, les joues colorées, le charme de l'embonpoint, portait beaux ses cinquante-cinq ans.

Louise commença le 1er janvier 1937 de tenir un journal. Elle ne l'avait encore jamais fait. Lentement sa liaison se fondait en amour. Bientôt elle n'imaginera plus d'autre « extase » que de rester indéfiniment auprès de l'éditeur. Son amour pour Gaston Gallimard fut-il partagé ? « Gaston m'aime, heureusement, écrivait-elle, et ce sentiment embellit ma vie. » Ce fut, en effet, pour Louise, un bel hiver et un merveilleux printemps. Elle semblait plus légère, comme protégée. Du côté de Sacha de Manziarly, tout allait bien. Jean Hugo l'attendait, quand elle le souhaitait à Fourques. Elle s'était mise à dessiner des bijoux pour Louis Cartier et envisageait d'offrir ses services au joaillier new-yorkais Bergdorff-Goodman. On la voyait souvent dans les bureaux de la NRF, et c'est le moment où elle renoua avec Malraux qui se mobilisait alors contre le franquisme et voulait prendre la nationalité espagnole. Elle signait des articles dans *Vogue*, et *La Fin des Villavide*, publié à la fin de mars, l'avait remise dans l'actualité littéraire. Entre Cartier, le lancement de son roman, les mondanités et Gaston Gallimard, elle arrivait au bout de ses journées pleine d'une douce lassitude et de projets. Elle filait le bonheur tranquille.

André revint à Paris au mois de juin pour quelques jours. En son honneur, Élisabeth de Breteuil décida de donner une fête à Vincigliata. Gaston Gallimard ne pouvait se libérer. Par une bizarrerie de son caractère, comme s'il lui était agréable de tourmenter son amant, Louise se fit accompagner par Sacha de Manziarly et elle prolongea son séjour. Gaston Gallimard ne le supporta pas. Une ombre venait d'entacher leur idylle sans que Louise en ait eu vraiment conscience. Elle n'était coupable d'aucun forfait et, dans son journal, elle exprimait au contraire sa fidélité, son « goût de pureté ». Le 23 juin, dans le train qui la ramenait à Paris, elle notait : « Voyage parfait. Sacha est de bonne humeur. Moi aussi. Je ne pense à rien. J'ai une grande joie dans l'âme. Demain à Verrières, André, Gaston. » Le 29 juin sa félicité était toujours intacte : « À sept heures trente, messe avec André pour le vingtième anniversaire de la mort de papa. Grande réception chez Marie-Blanche de Polignac après le concert de Marcelle de Manziarly au Cercle Interallié. Revu tout Paris, toute l'académie ! Toute l'avant-garde ! Toute la mode ! Adieu à Sacha qui part demain. Dîner bonheur avec Gaston Gallimard, une nuit passée à l'hôtel d'Orsay. »

Le 30 son « bonheur » brusquement s'éclipsait : « Gaston de mauvaise humeur, avant dîner m'a fait mal... Je suis triste. » Que s'était-il passé ? Gallimard revenant sur le voyage à Florence et sur l'équivoque du couple Louise-Sacha, avait-il été traversé par une insupportable bouffée de jalousie ? Ou Louise avait-elle été particulièrement maladroite ou provocante ? Avait-elle été, en jouant au portrait chinois — comme elle le racontera bien des années après à Edmonde Charles-Roux — si insolente et si féroce avec Jeanne, la femme de Gaston Gallimard, que celui-ci n'aurait pu lui pardonner son attitude ? Il n'y a, ni dans sa correspondance, ni dans son journal, aucune trace de cet incident.

Le lendemain, jeudi 1er juillet, son inquiétude redoublait : « ... Ai dîné avec Gaston en dix minutes, puis suis rentrée à Verrières seule. Tout me paraît très grave, très incertain. Je suis épuisée. »

Le 7 : « Rien n'a d'importance aujourd'hui que ma soirée passée avec Gaston. De sept heures trente à neuf heures nous sommes restés seuls dans ma chambre. Pendant le dîner, Gaston m'a parlé de poésie. Jamais je n'ai été plus heureuse. Il m'a reconduite ici à onze heures. »

Cette rémission fut de courte durée et, au soir du 13 juillet, elle était, de nouveau, accablée. « Toute la journée à Verrières. Il m'est égal que l'on nuise à mon bonheur pourvu que ce soit avec amour. Il ne faut pas me blesser au-delà de ma vie. Je pourrais garder rancune à qui m'atteindrait dans mon éternité, dans ma froideur béate qu'aucun vaisseau n'alimente. En écrivant ceci, je pense à Gaston. »

Désormais, son journal ne sera plus que l'écho désolé de son attente. Elle se consolait auprès de Jean Cocteau ou de Christian Bérard et se perdait avec eux en « longues téléphonades ».

Christian Bérard, Bébé, pour tous ses amis, habitait au First Hôtel, place Cambronne, dans une petite chambre que le lit et l'armoire à glace remplissaient presque entièrement. C'était un homme blessé qui se réfugia dans l'amour des hommes. Son père, d'une famille du Béarn, établie depuis longtemps à Paris, était architecte. Sa mère était la petite-fille d'Henry de Borniol, fondateur de la célèbre maison. Il eut, dans ce milieu bourgeois, une enfance pieuse. Élevé dans un collège religieux, il servait la messe. Ses camarades, ses cousins le persécutaient et, les jours où il devait communier, ils lui enfournaient des gâteaux dans la bouche. Sa mère l'adorait et le protégeait. Il était encore adolescent quand elle mourut d'une maladie de poitrine.

C'est peut-être en feuilletant les nombreux livres d'architecture de la bibliothèque de son père que le goût du dessin lui vint. Il commença à travailler à l'académie Ranson, sous la direction de Vuillard. Pendant son service militaire à Bitche, en Mozelle, il trébuchait dans ses bandes molletières toujours défaites ; au régiment on se moquait de lui et on l'appelait Madeleine. Il souffrait et trouvait du plaisir à souffrir. Il partageait avec Louise cette mélancolie qu'il sut transfigurer dans sa peinture, au travers de grands visages mystérieux, livides et nocturnes.

Devenu majeur, Bébé reçut une somme importante qui lui revenait de l'héritage de sa mère. Il partit pour l'Italie où il s'enthousiasma pour les Giotto de Padoue et les Piero della Francesca d'Arezzo — on voit dans sa peinture combien le *Songe de Constantin* notamment, l'a impressionné — puis à son retour, il dilapida ce qu'il lui restait de l'héritage au Bœuf sur le toit. Son père en profita pour lui couper les vivres. Il passait sa vie rue Rodier avec Jean Bourgoint et sa sœur Jeanne, mannequin chez Vionnet. Il racontait l'existence extraordinaire de Jean et de Jeanne Bourgoint à Cocteau qui ne les connaissait pas encore et qui en fit *Les Enfants terribles.* Il rêvait d'être le Vermeer de sa génération, s'inspirait des *Saltimbanques* et des *Mendiants* de l'époque bleue de Picasso, et réagissait contre le cubisme régnant. « Qui n'a été frappé, note Maurice Sachs dans son journal en 1926, par la première exposition de peinture de Christian Bérard ! Il a l'audace de ne pas se laisser influencer par Picasso. C'est là ce qu'un jeune peintre peut faire de plus intéressant. »

Quand il connut Louise, sa notoriété qui était grande s'attachait davantage à ses décors de théâtre — *La Machine infernale, L'École des femmes, La Symphonie fantastique* — qu'à sa peinture. Depuis l'avènement d'Hitler en 1933, l'après-guerre avait pris fin. L'époque Chanel était révolue, avec son luxe pauvre, ses lignes droites, ses couleurs austères, les pièces vides de Madame Errazuriz, le chêne décapé, la paille de Jean-Michel Franck. On retournait au baroque, à l'arabesque, au damas, au velours, à des modes traditionnellement féminines. Bébé Bérard sera le génie de cet âge d'une mode qui dura jusqu'aux années cinquante. Mrs. Snow, qui était encore à *Vogue*, l'avait découvert et elle ne le lâchera plus. À peine avait-il terminé un dessin de mode qu'elle lui en demandait de nouveaux, et ainsi de suite jusqu'à sa mort.

Lié à Boris Kochno, très proche de Jean Cocteau, Louis Jouvet, Jean Hugo, Madeleine Castaing, Jean Marais, Jean-Louis Barrault, Bébé Bérard était un être délicieux, vraiment humble, auprès de qui Louise trouvait une amitié généreuse et d'une rare fidélité. Ils se reconnaissaient dans l'angoisse de leurs faiblesses et allaient tout naturellement l'un vers l'autre. Dans le cœur de Louise, Bébé occupait une place un peu semblable à celle de Cocteau : le confident de ses tristesses, plus que de ses joies. Et il y avait plein de malheurs en elle. « Suis restée à Verrières toute la journée. Ai retrouvé Nell Boudot-Lamotte * à six heures. Toujours rien de Gaston ! » écrivait-elle à la date du 16 juillet.

Le 23 : « Je suis inquiète, tremblante. Je ne pense plus au bonheur. Pourri. »

Le 24 : « ... rien, rien encore de Gaston... »

Le 26 : « Gaston est rentré mais ne me fait pas signe... »

Le 7 août : « Il y a un mois ce soir, ma dernière soirée avec Gaston. »

Le 8 : « Je me sens reposée et triste, sans projets d'avenir. Tout mon avenir est peut-être derrière moi. »

Le 13 : « Je me suis promenée seule dans Paris. J'ai mal aux jambes. J'ai envie de nouveau de la vie. »

Le 16 : « Jean Cocteau est venu dîner avec moi. Nous étions seuls. Le revoir est toujours une grande fête. Sa place

* Emmanuel Boudot-Lamotte était le secrétaire particulier de Gaston Gallimard.

dans mon cœur demeure la même. Je lui suis attachée comme au meilleur. Son bonheur a de l'importance pour moi. Vive Jean. »

Le 29 : « ... Que dire de moi-même... Que faire de moi-même sinon rien de rien et me perdre. Ô, je meurs d'amour sans savoir pour qui. »

Devant le silence de Gaston Gallimard elle lui écrira le 18 septembre. Sa lettre restera sans réponse et elle interrompra son journal avant de s'en aller passer plusieurs semaines à Vincigliata chez Élisabeth de Breteuil, avec la ferme volonté d'y noyer son chagrin et non plus de l'exagérer. Ses trois filles l'accompagnaient. En ce début d'automne, l'Italie était chaude et une douceur trompeuse imprégnait l'air.

« On me dit que pour être heureux, il faut être deux.
Pourquoi ? De quoi a-t-on peur ? »

Gaston Gallimard ne reviendrait pas, en amant, vers elle. De son côté Louise ne fit plus un geste. Elle avait appris à connaître ce quinquagénaire madré qui aimait les femmes, mais à bon escient et sans les craindre. Elle répugnait à suspendre les battements de son cœur à d'improbables miracles. Abandonnée, elle tournait la page pour regarder aussitôt ailleurs. « Jamais je n'ai convaincu personne de mon amour. On devine en moi trop de visages passés et de visages à venir. Quel que soit mon secret, je le garderai toujours et, comme une victime qui ne sera pas graciée, je m'étends à l'abri du coin d'ombre qu'on m'offre. » Cet abri, elle ne mettait jamais longtemps à le trouver.

Le 18 octobre 1937 était un mauvais jour froid et pluvieux. Élie de Talleyrand et Élie de Gaigneron recevaient au Crillon, pour un ami de passage à Paris, Paul Graf Palffy D'Erdoed, comte de Presbourg. Pali — diminutif de Paul Palffy pour ses proches. Fils unique d'une famille illustre de la grande noblesse hongroise, qui donna sept Palatins à son pays, Pali Palffy était banneret, titre prestigieux dont seulement neuf nobles furent investis dans l'ancien royaume de la Sainte Couronne de Hongrie.

Né en 1890, élevé dans le château de ses parents au pied des Carpates, à la frontière de la vaste plaine qui occupe la Haute-Hongrie millénaire, il passa directement de la douce pénombre de sa chambre de fils unique à l'ombre des forêts de Slovaquie, puis à l'éclatante lumière des bals de Presbourg et de Vienne où il faisait danser les valses de Strauss à de jeunes archiduchesses. Il arrivait de Berlin qui abritait, cette année-là, l'Exposition mondiale de la chasse, à l'organisation de laquelle il avait participé, grand chasseur lui-même. Il parla du maréchal Göring, « le maître des chasses du Reich », qui l'avait convié chez lui à Karinhall pour un déjeuner devant « sa » magnifique collection de tableaux « empruntés » à plusieurs musées. Il évoqua aussi ses chasses au Canada, en Afrique, aux Indes et sur ses immenses terres de Slovaquie, en compagnie des princes de sang, des milliardaires américains, des maharadjahs et autres nababs. Poète et musicien, il se mit après le dîner au piano et chanta des romances tziganes. Il avait coutume de dire : « Si la bêtise faisait mal, les gens hurleraient. »

Il partageait avec Louise la particularité peu enviable d'être resté, près de trois ans, cloué sur une chaise longue dans un sanatorium de Davos et, fort de cette expérience, il se peignait volontiers, comme elle, « en solitaire qui n'aime pas la solitude ». Il avait surmonté sa maladie et rien, dans son allure athlétique, un brin arrogante, ne laissait paraître qu'il fût tuberculeux. Il parlait couramment une dizaine de langues, pratiquait tous les sports qu'il convenait de pratiquer, et traînait derrière lui la réputation d'une existence fabuleuse, à tel point que l'écrivain allemand Carl Wollmëller, qu'il fascinait, voulut en faire le héros d'un de ses livres.

Tous ceux qui l'ont connu lui trouvaient un charme

irrésistible. Louise va y succomber et elle reprend son journal qu'elle avait interrompu à la mi-septembre, après sa rupture avec Gaston Gallimard.

18 octobre : « C'est ce soir que j'ai fait la connaissance de Pali Palffy. »

Le 19 : « Mon cœur tremble mais j'ai l'impression que je ne lui suis pas sympathique. Mon cœur est trop en évidence sur ma main. »

C'est le coup de foudre. Le 20 elle prend l'avion pour rejoindre Palffy à Vienne. Elle note : « Mauvais temps, brumeux ; Sacha m'a accompagnée au Bourget. L'avion dans lequel je suis partie tremblante de peur avait deux heures et quart de retard au départ. Bonne traversée. Escale à Nuremberg et Prague. Louis Cartier m'attendait à Vienne. Excellente chambre au Bristol. Dîner tranquille. Je me sens dépaysée et bête. Pourquoi suis-je en Autriche ? C'est gai ! »

Le 21 : « Levée de bonne heure, j'ai été visiter le musée de peinture avec Louis Cartier. J'ai vu aussi des objets merveilleux, bijoux, tapisseries, souvenirs. Déjeuner aux Trois Hussards. Visite bouleversante à Schönbrunn. Retour à l'hôtel à six heures. Pali Palffy est venu me chercher à huit heures pour dîner. Il était beau à surprendre l'âme. Je l'aime. Nous avons dîné puis été entendre des Tziganes et avons passé la nuit ensemble jusqu'à sept heures du matin. Je ne m'appartiens plus. C'est tout. »

Le 22 : « Pali m'a quittée ce soir à neuf heures trente. Je suis toute changée, toute différente. Je me sens grande personne pour la première fois. J'aime Pali follement et j'ai peur. Louis Cartier est parti pour Budapest ce matin. Pali m'a emmenée faire une promenade en auto. Je mourais d'émotion. Pali m'a conduite chez le meilleur docteur pour mes jambes. Je l'aime tant que pour lui je pourrais me soigner. »

Le 23 : « Partie ce matin de Vienne à neuf heures. Et écrit

à Pali pendant l'escale à Prague. Mauvais temps. Sacha et André m'attendaient au Bourget. »

Le lendemain meurt Mélanie de Vilmorin, sa mère, qu'elle n'avait pas vue depuis plus d'un an. Elle interrompit de nouveau son journal pour le reprendre le 24 novembre 1937, date du retour de Pali Palffy. « Mon Pali bien-aimé est arrivé ce matin. André et moi avons été le chercher à la gare ; je suis folle de joie. »

Le 25 : « Déjeuner avec André et Pali à La Fontaine Gaillon. Très charmant et gai. Le soir nous sommes retournés chez les Tziganes. Je me suis beaucoup amusée. Je me sens fière de mon bonheur. Mon cœur déborde et tout est bien. »

Le 30 : « Matinée sans sortir. Beau temps à la fenêtre et dans nos cœurs. Je suis amoureuse et heureuse, toute mon enfance est en moi, et toute une vie de femme qui ne m'appartient plus. Nous avons déjeuné seuls, et le soir nous avons été faire une visite à Minou de Montmorency avant d'aller au Français entendre la pièce de Mauriac. Avons trouvé Lally Horstmann et Alfred Fabre-Luce après le théâtre. Puis le bonheur. »

Le mariage fut célébré à Presbourg-Bratislava, dans la plus stricte intimité, au mois de décembre 1937. Quand Edmond Jaloux apprit la nouvelle, il confia à l'abbé Mugnier que Louise avait toujours rêvé d'épouser un Magyar. Il ajouta : « Les idées romanesques de Loulou lui font faire des actions de la plus plate réalité[5]. »

Louise était la cinquième épouse de Pali Palffy. Trois autres lui succéderont. Ce mangeur de femmes confiera, avec une touchante naïveté, qu'il fut toute sa vie à la recherche d'une mère. « Nombreux sont les gens qui m'ont demandé pourquoi aussitôt divorcé j'avais toujours éprouvé le besoin de me remarier. Pourquoi ? Ayant grandi sans ma mère qui divorça quand j'étais enfant, j'ai gardé la nostalgie d'une vie de famille et le besoin lancinant d'une atmosphère intime, et c'est ainsi que je m'explique mes tentatives répétées... Je ne crois pas qu'un homme qui se marie plusieurs fois doive nécessairement être irresponsable et superficiel. Il peut fort bien être dominé par un optimisme ou un idéalisme malencontreux. »

Le traité de Trianon en 1920 avait démantelé l'État hongrois. La Transylvanie était allée à la Roumanie ; une partie de la Croatie à la Yougoslavie ; les zones frontières galiciennes à la Pologne. Enfin, soixante et un mille kilomètres carrés de la Slovaquie et de la Ruthénie subcarpatique avaient fusionné avec la Bohême, la Moravie et la Silésie pour fonder la nouvelle République de Tchécoslovaquie. Presbourg ne s'appelait plus Presbourg, mais Bratislava, et Paul Palffy, suivant le sort d'un million de Magyars, était désormais tchécoslovaque.

Il n'avait pas de fortune sonnante et trébuchante. Il gérait, avec difficulté, ses domaines, ses fermes et ses châteaux. De l'un d'entre eux, Pudmerice, à trente-cinq kilomètres de Presbourg-Bratislava, il avait fait sa résidence principale, au milieu d'un parc à l'anglaise de plus de cent hectares. Construit en 1889 dans la plaine qui s'étend jusqu'aux Petites Carpates, Pudmerice était un édifice sans grâce, mais qui jouissait, dès cette époque, d'un confort exceptionnel. Il avait, en particulier, la réputation d'être le château le mieux chauffé de... toute l'Europe centrale ! Les chambres d'amis, de style Biedermeier, avaient chacune sa salle de bains. « Mes deux ex-femmes américaines ont installé des baignoires dans tous les recoins ! », disait Pali.

La comtesse Paul Palffy découvrit Pudmerice sous la neige. Un traîneau tiré par quatre chevaux attendait les nouveaux mariés à Zsolna où le comte Zichi, un oncle de Pali, s'était aménagé une gare privée desservie par l'Orient-Express. Pudmerice, via Vienne, se trouvait ainsi à vingt heures de Paris.

Sept kilomètres séparaient Zsolna du château. Pour

Louise, recouverte de grosses pelisses, une toque de vison vissée jusqu'aux oreilles, ce trajet fut le plus féerique de sa vie. « Mon coup de foudre pour Pali n'a d'égal que le bonheur intense que j'ai ressenti hier entre la gare et chez nous. Tu vois je dis : “ Chez nous ! ” Me croiras-tu ? Je n'ai pas ouvert la bouche, médusée par la beauté surnaturelle du spectacle. De tous côtés surgissaient, à notre passage, des compagnies de lièvres, de chevreuils, de sangliers, de mouflons qui nous regardaient avec une curiosité paisible. Et au-dessus de nos têtes, une nuée de perdreaux ! »

Tout était immense, le paysage, le silence, le blanc, les bois de chênes de la Lindau et la maison. Les promenades en traîneau attelé de chevaux blancs avaient, dans la forêt, des allures royales, et elle se sentait reine.

Cette fois ce sera le roman vécu, le roman lointain. Sous ce climat typiquement continental, avec ses étés brûlants et secs, ses automnes brumeux et froids, ses hivers cristallins et glacials, ses printemps humides et langoureux, Louise connaîtra pendant quelques mois un bonheur sans nuages. Peut-être ses seuls mois de vrai bonheur comme elle le dira à son frère André, mais aussi à Jean Hugo, à Marie-Blanche de Polignac et Diana Cooper. Chacun de nous n'a-t-il pas au fond de lui un rêve fou que la raison repousse et que l'imagination rattrape ? Louise venait-elle de réaliser ce rêve en s'offrant, sous les auspices d'une passion amoureuse partagée, « une vie de château », au sens fort de cette expression galvaudée ?

À Pudmerice chaque jour déroulait ses fils d'or. Elle s'y laissa prendre, et elle crut, un court instant, que rien ne parviendrait à épuiser la douceur étrange qui s'acharnait sur elle. « J'étais attendue dans une chambre fleurie de jacinthes bleues au milieu d'une ville sous la neige. Une chambre de chasseur garnie de trophées, de tableaux sauvages et, pour moi, parée de fleurs. J'arrivais rompue, mourante d'avoir tant couru, tant désiré cette rencontre, mourante d'émotion et de bonheur. La douce voix qui m'avait accueillie me suppliait bientôt : “ Parle. Nous sommes là tous les deux. Je t'aime. ” Je ne pouvais que répondre : “ Je suis venue du bout du monde, de la pointe des siècles, j'ai franchi mon enfance et d'autres enfances, ma vie et d'autres vies et je suis ressuscitée afin d'être là, exactement là, dans tes bras, pour toi et pour nous deux... ” En me perdant je me retrouvais, en m'anéantissant je m'affirmais et mon large cœur emporté bondissait sur la route... Je devins une flamme livrée à cette autre flamme, à cet autre cœur brûlant pour moi. Comment décrire le monde tel que je l'ai vu alors à la lueur de cet incendie ? »

Elle avait quitté un Paris mondain, hanté par la perspective d'une guerre imminente, pour le château du prince charmant. Cette paix, au milieu des difficultés qui guettaient l'Europe et dont elle n'était pas responsable, lui procurait une jouissance inhabituelle, peut-être peu charitable, mais qu'elle étalait dans sa correspondance. Sa belle-mère, la comtesse Dentice, née Schlippenbach, plus lucide, ne partageait pas le même enthousiasme. « Chère Louise, Vos deux bonnes lettres, écrivait-elle, m'aident à faire votre connaissance. Je les ai lues et relues avec beaucoup de plaisir, car je devine une douce créature bonne et sincère avec une vie simple et belle. Peut-être celle que j'ai toujours rêvée pour mon fils... Je ne peux vous dire, chère Louise, combien j'ai souffert pour lui de son désordre intérieur et extérieur et comme je serais *heureuse* de le voir se transformer, c'est-à-dire de se retrouver après son vagabondage dans la vie ! Vous me comprendrez s'il me faut du temps à pouvoir croire — surtout en lui — après tant de déceptions ! Je n'ose pas encore espérer mais je voudrais bien avant de mourir le voir tranquille, heureux et équilibré. Si vous réussissez à faire ce miracle je me mettrai à genoux et vous baiserai les mains ! Pour le moment je reste encore debout. Ne vous découragez pas de lui, et dites-moi s'il est gentil avec vous, s'il n'est pas violent et impatient, mal élevé comme je l'ai vu avec désespoir. À peine je me sentirais plus sûre de vous deux et plus tranquille pour moi-même, je viendrai vous voir et vous embrasser. » Elle ne viendra jamais ni les voir, ni les embrasser.

Insouciant, indifférent ou pressé de vivre les dernières fêtes avant le cauchemar, le gotha défilait à Pudmerice. Les Habsbourg, les Windsor, les Savoie, les Rohan, les Bourbon-Parme, les Radziwill, l'Agha Khan, les maharadjahs de Patiala et de Jaipur, le nabab de Bhopal, les Pulitzer, les Bromfield, Doris Duke « la reine des cigarettes », Davis, le fondateur de la coupe... Émule de l'hospitalité à l'anglaise, Pali Palffy laissait à ses invités le soin d'organiser leur journée comme il leur plaisait. Monter à cheval, se promener en voiture, jouer au tennis, pêcher ou chasser. Ils pouvaient aussi monter au chalet de la Zabita, à Ompital, un luxueux relais de chasse au pied du Geldeck, point culminant des Petites Carpates d'où le regard embrasse la plaine de la March jusqu'à Vienne. Des élégants attelages de chevaux arabes ou lipizzans, harnachés à la hongroise, achevaient de donner à Pudmerice l'enchantement à la fois désuet et merveilleux d'une époque que l'on croyait à jamais révolue.

Pali eut, jusqu'en 1944, son propre orchestre tzigane, une *cigany-banda* qui l'accompagnait parfois en voyage. Lui-même jouait du cymbalum, un instrument dont la forme primitive est originaire d'Asie, où il existe encore. Au château de son père, à Kis Magyar, dans l'île de Schütt — près de Presbourg-Bratislava, le Danube se sépare en grand et petit Danube pour encercler l'île de Schütt — une *cigany-banda* se tenait en permanence à l'entrée et, dès qu'arrivait un nouvel invité, elle se rassemblait sous sa fenêtre pour l'accueillir d'une grisante csardas. À Pudmerice le rituel était différent. Des Tziganes de qualité moyenne campaient devant la porte d'honneur. Ceux qui jouaient très bien étaient admis dans le hall. Quant aux virtuoses, habillés d'un smoking impeccable, ils se tenaient dans la salle à manger.

Louise observait avidement le pays et les gens. Elle accueillait toutes les images qui traversaient sa vie d'émigrée, elle attachait de l'importance à autrui, au monde extérieur dans tous ses tourments, ses mouvements. Elle s'était mise au hongrois. Deux éminents historiens lui avaient confié les volumes d'une correspondance assez originale : environ mille lettres de cinq cents personnages couvrant près de cinq siècles d'histoire hongroise. Des lettres qui avaient de quoi contenter toutes les curiosités, bercer toutes les rêveries et nourrir toutes les imaginations. Si elle décida d'étudier celles qui furent écrites, à titre officiel, au temps des Anjou et à la Renaissance, à l'époque du fameux roi Mathias, période dont les Hongrois sont si fiers, Louise allait surtout se passionner pour les lettres les plus intimes. Elle remplira un carnet de notes en même temps qu'elle apprendra à lire et à parler le hongrois. Elle chantait la vieille chanson « *Repülj Fecskim* » — « Vole mon hirondelle » — que le héros national Rakoczi aimait entendre de sa Tzigane favorite, quand il était en prison. « Parmi les nombreuses femmes étrangères qui ont passé avec moi des nuits entières à écouter des Tziganes, dira Pali, il y en a eu peu qui égalèrent mon ex-femme Louise de Vilmorin dans la connaissance de leur musique. Elle se laissait envahir comme aucune autre par la tristesse désespérée de ces mélodies. »

La chasse était l'autre passion du comte Palffy. Il a écrit d'importants traités de cynégétique qui font référence dans le monde entier et les Carpates furent son territoire de prédilection. Il en avait une connaissance intime. Ces montagnes, aux contreforts en pente douce, forment une chaîne abrupte et sauvage où la forêt, coupée d'alpages et de prairies, est la terre promise des chasseurs.

En avril 1938, au lendemain de l'Anschluss, il fit avec Louise le pèlerinage des Carpates, pressentant que bientôt il ne pourrait plus parcourir ses montagnes bien-aimées. La guerre, maintenant, était une certitude. La brève étape qu'ils firent à Vienne avant de prendre la route leur enlevait toute illusion. À la douane des gendarmes allemands les attendaient. Tous les villages étaient pavoisés et Vienne bondée de militaires et d'armes. « Je ne sais pourquoi, écrit Louise à André, car après tout je ne suis pas autrichienne, j'ai eu un serrement de cœur en voyant le drapeau nazi flotter à la frontière. On ne comprend pas bien. C'est déjà le régime nazi, personne n'ose plus parler et ce matin à déjeuner nous attendions que le maître d'hôtel se soit éloigné pour dire : “ Il fait moins beau ici qu'à Presbourg. ” Toute la jeunesse est incontestablement enchantée d'être allemande. Les Autrichiens de trente-cinq à soixante ans se taisent et souffrent terriblement. Il faut dire que leurs alliés (les Allemands n'étaient-ils pas leurs alliés en 1914 ?) n'y vont pas de main morte : ils sont là, ils sont partout. Sur beaucoup de devantures est écrit en rouge : *maison juive*. On se sent déjà absolument en Allemagne. Et on ne peut s'empêcher de comprendre les jeunes Autrichiens qui veulent appartenir à un pays fort et grand. Tout en n'aimant pas papa Hitler, je dois avouer que j'admire son toupet de gendarme. Ça m'en bouche un coin, à moi, malheureuse petite citoyenne d'un pays qui ne s'exprime plus qu'en soupirs. Vue d'ici la France fait piteux effet. Nous donnons l'impression d'être de mauvais acrobates qui ne font rire personne. Un numéro raté. C'est vexant. Et je sens parfois la rage me bleuir la face. Mais que dire ? On ne peut expliquer aux gens “ qu'il y a encore de bons chefs chez nous ”. Ou bien leur chanter « La Paimpolaise » en leur récitant du Déroulède ! Tout cela est désarmant et rien ne me contrarie davantage que de me sentir désarmée alors que tout le monde, même l'Angleterre réarme... »

Une manière très « Louise » d'observer la tragédie qui s'annonçait. Ses contrariétés, son « serrement de cœur » s'envoleront dès qu'elle partira vers la Pologne dans une solide Rolls Royce, traversant la Slovaquie orientale, la Russie carpatique et au-delà du col des Tartares, longeant la Tisza. Aucun grain de sable, le plus petit soit-il, n'avait encore troublé leur lune de miel. La nature n'en sera que plus belle et ce voyage fut un autre des rares souvenirs que Louise aimera évoquer sans chichi. Cette contrée, il est vrai, a pour elle la majesté et l'émouvante beauté. Dans la plaine, des forêts de frênes et de chênes, sur les premiers versants des bois de hêtres, avec leur tronc si lisse où graver des serments d'éternité, plus haut, enfin, des étendues de pins, avec ici et là quelques gigantesques cèdres cachant l'horizon. D'ordinaire les chevreuils et les sangliers ne dépassent pas la limite des hêtres. C'est en atteignant la zone des épicéas et des sapins qu'on entre sur le territoire des grands cerfs, des ours et des loups. Haut dans le ciel, des aigles planent en cercle.

Louise revint enthousiasmée. « Je suis presque plus belle que dans ma jeunesse. D'un seul coup j'ai conquis tout le voisinage. Rassure-moi. Cela peut-il durer ? Je ne travaille plus. Je suis trop heureuse. » Elle peint à l'aquarelle des fleurs et des oiseaux. Elle fait de la tapisserie au point de Hongrie, elle embellit et décore la maison, tandis que Pali, dernier exemplaire des féodaux de l'Empire austro-hongrois, tout débordant d'un riche flot de vie, maintient l'enthousiasme de ses hôtes au diapason de son énergie.

Hélas ! un événement viendra brutalement dégriser les deux magiciens de Pudmerice : à la fin de l'été 1938 la comtesse Dentice, la mère de Pali, se tue dans un accident d'automobile, près d'Udine. Le château portera six mois le deuil. Fini la ronde des invités, les fêtes, les dîners de chasse. Les longues balades au bras de son mari ne suffisent plus à combler le cœur toujours impatient de Louise et son besoin vital de séduire, de se griser du regard des autres. Insensiblement, insidieusement, Pudmerice devenait un séjour plat, étranger, sans promesse. Son cœur s'était enflammé, l'incendie avait duré tout un hiver, tout un printemps et, soudain, il s'éteignait. « Avions-nous abusé de l'ombre ? Je ne sais. L'objet de ma flamme me parut méconnaissable et ses plaintes me glaçaient, tandis que les cendres de ce feu s'éparpillaient dans le ciel au-dessus de nos têtes pour aller retomber loin de nos fronts, au milieu des forêts sous les arbres où nous avions brûlé. » Son imagination, comme du temps de Las Vegas, l'entraîna vers la France, ses frères et ses amis.

Subitement Pudmerice « l'emmerde ». C'est ainsi qu'elle le disait, bien qu'elle l'écrivît autrement. Les gros poêles de faïence ronflaient. Elle n'entendait pas d'autres bruits. Nul autobus, comme à Verrières, ne faisait trembler les murs. Nulle sonnerie de téléphone n'interrompait sa rêverie. Elle songeait à sa maison, à son clan et se sentait de plus en plus désœuvrée. Les nuages qui annonçaient la guerre s'accumulaient sur l'Europe centrale et, eux aussi, exaspéraient son vague à l'âme. Des manifestations se répétaient journellement, ou pour la Hongrie, ou pour les nazis, ou pour l'indépendance. Les frontières changeaient tous les jours et les propriétés des Palffy se partageaient désormais entre la Hongrie, l'Allemagne et la Slovaquie. Et puis surtout, si Pali ne lui était pas encore infidèle, elle pressentait qu'il ne tarderait plus à l'être. Après Noël, le comte et la comtesse pliaient bagage et arrivaient à Paris, gare de l'Est.

Louise gardait, réunis dans des cahiers d'écolier, une série de poèmes — dont les premiers remontaient à l'année 1933 — qu'elle avait composés au hasard de ses nostalgies, de ses contrariétés. Comme les mauvais jours recommençaient, elle retourna vers ses cahiers où elle n'écrivait jamais qu'avec des plumes d'oie, imitant en cela Jean Hugo qui lui avait appris à les tailler. Elle décida de réunir une quarantaine de ses poèmes dans un recueil, *Fiançailles pour rire*, qu'elle proposa à la NRF et qui parut en février 1939. L'émotion, le rythme et le vocabulaire n'étaient pas très loin, dans leur fraîcheur et leur simplicité, des romances populaires ou des récits dont la forme dépouillée traverse les siècles.

Un peu de mélancolie,

Assise sur la plaine
Elle tissait le soir
Le châle de mes peines
Du fil de mes espoirs.

Un zeste de tristesse,

Mais l'heure était en moi marquée sur mon visage :
l'heure juste me donnait tort.
Oh ! mes amours ont fait naufrage,
Oh ! naufrage entre les rêves et les remords.

Toujours une pointe d'ironie,

Belle, sous la mauvaise étoile
Un soir, une dame à vapeurs
Sur le pont d'un bateau à voiles
Soupirait pour un voyageur.
Mais insensible aux vœux d'un cœur
Il aimait une dame à voile
Au bord d'un navire à vapeur.

Cette forme restera la sienne, quand bien même son inspiration l'obligera à des expressions plus subtiles et plus profondes quand elle s'initiera au style d'un Charles Cros ou d'un Germain Nouveau. Elle utilisait les mots de la rue et de tout le monde, ce qui l'amènera, dans les années soixante, à écrire des chansons.

Cette simplicité n'allait pas sans discipline. La muse de Louise chaussait un « cothurne étroit », comme le voulait Théophile Gautier, « sculpte, lime, cisèle », et c'était d'instinct, ou tout au moins sans effort apparent, qu'elle suivait cette consigne.

La critique n'eut pas le loisir de remarquer *Fiançailles pour rire.* Le débat politique, maintenant, engloutissait les plus réfractaires. Jacques Chardonne et Jean Paulhan, qui s'étaient voulus si détachés, ne signaient-ils pas des textes politiques dans la NRF ?

Pali chassait en Belgique et en Écosse. Louise passait ses journées à Verrières. Elle descendit à Fourques avec Bébé Bérard, où elle passa des heures à détailler les photographies des consoles à têtes humaines de Bernard Taro et les cariatides des hôtels d'Aix et de Marseille.

Elle voulait se remettre à peindre. Elle découvrit dans la froidure de mars le manoir de Kerbastic, au Pouldu, dans le sud du Finistère, que les Polignac prêtaient à leurs amis artistes. Elle y séjourna une dizaine de jours avec Bébé et Francis Poulenc. Ils allaient sur le bord de la Laïta et regardaient les pêcheurs de saumon qui montaient la garde en silence, debout sur les bancs de sable de l'estuaire. Bébé Bérard fit quelques gouaches, mais il avait toujours dans les yeux la lumière de la plage des Sablettes à Tamaris, *sa* plage où il passait l'été dans un grand hôtel qui ressemblait au palais abandonné d'un gouverneur de colonies.

À partir de *Fiançailles pour rire,* Francis Poulenc composa six mélodies pour voix de femme qui constituaient, dans son œuvre, un pendant à *Tel jour, telle nuit,* cycle pour voix d'homme sur des poèmes de Paul Éluard.

Louise et Pali étaient encore en France lorsque le 15 mars 1939 l'armée allemande, violant les accords de Munich, envahissait la Bohême et occupait la Tchécoslovaquie. La République tchécoslovaque était dissoute. À la Bohême, à la Moravie, Hitler octroyait le statut de « protectorat », à la Slovaquie, celui d'« État indépendant ». Ils décidèrent aussitôt de rejoindre Pudmerice. Tout y était calme. Mais dans le château, animé par le seul va-et-vient des domestiques, le silence était de plus en plus lourd, et Louise ne pouvait se défendre d'une certaine mélancolie. Elle ne s'était pas remise à écrire. Pali, qui s'absentait très souvent pour ses chasses, ou pour ses affaires, ne lui demandait plus de le suivre.

Ce fut le moment qu'elle choisit pour inviter ses frères André et Olivier à Pudmerice. Singulière visite, marquée du sceau de l'Histoire puisqu'ils arrivèrent à Presbourg-Bratislava, accompagnés de Sophie Lorcia, danseuse étoile de l'Opéra, et de la princesse Stefanika Cantacuzène, le jour même où les chars du troisième Reich traversaient la ville en direction de la Pologne. La Seconde Guerre mondiale venait de commencer et Louise, ignorante du drame qui se jouait, accueillait ses frères en pleurant de joie. Dès le lendemain, les quatre visiteurs d'un soir, craignant d'être bloqués en Slovaquie, reprenaient le train pour Paris. « Je ne rêvais, je ne souhaitais depuis des mois, que de vous voir ici, rire et chanter comme aux plus beaux jours d'autrefois. C'est la guerre, me répète Pali, qui me tire de pièce en pièce et chaque fois je trébuche sur une nouvelle tombe. Tous les objets que je touche me font mal jusqu'au cœur et je verse tant de larmes que j'en ai perdu mon visage. » Pendant plusieurs mois elle restera sans nouvelles de ses frères qui, tous les quatre, furent mobilisés en septembre 1939 et participèrent jusqu'à la capitulation française à la « drôle de guerre ».

Une dizaine d'officiers d'état-major de la Wehrmacht s'installèrent à Pudmerice. Militaires de la vieille école, élevés avec l'*Almanach de Gotha,* les idées et les manières du parti nazi ne les avaient pas influencés. Ils revenaient de Pologne où ils avaient habité le château-musée de Lanzcut, chez le comte Alfred Potocki, un ami des Palffy. On était entre gens de bonne compagnie, et leur présence ne pesa guère sur le château. La vie, en dépit des réquisitions et des restrictions, continua, à peu près inchangée, jusqu'aux tout derniers jours du conflit. Quant à Pali Palffy, une seule mesure bouleversa ses habitudes : l'interdiction de voyager. Appartenant à la minorité hongroise de Slovaquie, considéré comme

« indigne de confiance », il figurait sur la liste noire des nazis et il n'obtint jamais de laissez-passer pour aucun pays, à l'exception de la Roumanie. Il partagea son temps entre Pudmerice, ses propriétés en Hongrie, Bucarest et surtout Budapest où il avait un charmant appartement sur la Galamb Utca, la rue de la Colombe. Louise y avait sa chambre aux murs gris perle tapissés de petits trèfles à quatre feuilles découpés dans du papier rose pâle, vert pâle, bleu pâle. « Ces trèfles représentent mes quatre frères, disait-elle aux visiteurs intrigués. Chaque fois que j'ai une pensée pour l'un d'eux, j'épingle un trèfle... »

Ce trèfle à quatre feuilles, son emblème, avait une histoire. Au début de l'année quarante, Louise fut en effet sans nouvelles de ses quatre frères qui étaient alors sous les drapeaux. Elle s'imagina qu'ils pouvaient être morts ou prisonniers. Or, au mois d'août 1940, lui parvint de Paris une lettre de Monsieur Solf, le fils de l'ancien ambassadeur d'Allemagne au Japon, qu'elle avait rencontré avant la guerre. Il s'était informé, lui écrivait-il, du sort de ses frères et avait appris qu'ils étaient vivants et libres. Dans l'enveloppe, pour confirmer la bonne nouvelle, il avait mis un trèfle à quatre feuilles.

Officiellement, Louise n'était pas concernée par la mesure qui frappait son mari et elle crut, un moment, pouvoir regagner la France, mais ses démarches furent vaines et, supportant de moins en moins l'ambiance de Pudmerice qu'elle avait tant sublimée, elle décida de résider à Budapest. Elle habita Galamb Utca, ou l'hôtel Ritz, selon ses humeurs et celles de Pali qui, maintenant, s'éloignait, amoureux d'une dame hongroise de la « seconde bonne société », comme on disait là-bas, née baronne et divorcée d'un bourgeois. La guerre, qu'elle vivait pourtant de loin, semblait avoir tout emporté et elle ne voyait plus dans Pali qu'un homme étranger à sa vie, à ses soucis, à ses vœux. Quand elle évoquait avec émotion le charme des jours d'antan, il répondait : « Tu l'as voulu ton Georges Dandin ! » comme si ces jours-là avaient pu ne pas s'écouler, ou comme si l'un et l'autre avaient fait exprès de jeter au loin la baguette magique qu'ils s'étaient donnée pour arrêter le temps. Au fond Pali Palffy, dans sa candeur d'éternel enfant gâté par ses origines et les dieux, ne considérait les femmes que s'il pouvait les subjuguer ou les dévorer. Il jouait avec elles, un peu comme à Versailles on jouait au berger et à la bergère. Il avait déçu Louise qui en souffrait, mais il ne le sut jamais, incapable de soupçonner qu'il pût décevoir quiconque. Il l'entretenait de ses amours, de ses déboires, de son amour particulier pour elle et le tout se mélangeait fort bien. Louise l'écoutait, sans colère, réservant ses chagrins aux lettres qu'elle envoyait jour après jour en France. « Je suis seule dans ma chambre. Je ne dîne pas et je suis triste. La première neige est tombée aujourd'hui, non pas en grosses fleurs comme quand il fait vraiment froid, mais en poussière grisâtre et pauvre que le vent chasse comme du sable... »

Ce n'est pas qu'elle manquait d'amis. Budapest eut moins que d'autres capitales à subir le joug économique et idéologique du nazisme. Les ambassades de France, d'Angleterre, d'Italie, d'Espagne et des États-Unis, pour ne citer que les plus importantes, recevaient beaucoup et se donnaient l'illusion que le vieux monde existait encore, que rien n'était perdu. Louise, bien sûr, était de toutes les mondanités. On la rencontrait aussi chez le comte Paul Telcki, alors président du Conseil de Hongrie, dont l'épouse, la comtesse Bissingen, avait été l'amie d'enfance de Pali. Le comte Telcki se suicidera le 20 juin 1941, lorsque l'armée allemande, en marche vers la Russie, traversera le territoire hongrois. La veille, Louise prenait le thé avec lui dans le beau palais de la présidence, à Buda, sur la rive gauche du Danube.

Parfois elle s'évadait à Bucarest chez l'ambassadeur de France, Adrien Thierry, marié à Nadine de Rothschild, ou chez Marthe Bibesco, qui s'était repliée dans son château de

Mogossaïa. Pali ne l'accompagnait plus pour elle, mais pour les chasses du roi Kàrol de Roumanie.

Oui la guerre paraissait bien lointaine. « De cette bagarre », comme elle disait, elle ne se plaignait pas, et elle la vivait tristement, calmement, sans presque en ressentir les contrecoups. Fallait-il que sa peine de cœur fût profonde pour que, baignant dans un milieu si proche de celui qu'elle avait toujours connu, elle ne rebondisse pas, elle ne retrouve pas son éclat, son goût de plaire ? Pali la quittait, elle quittait Pali, sans que probablement ni lui ni elle eussent pu formuler l'origine et les causes de leur désunion. « Sa séparation d'avec Pali, dont elle ne comprit jamais les raisons, fut le seul grand chagrin d'amour que je lui connaisse », affirmera André.

Stériles et sombres mois. Sans le solliciter, attendait-elle un miracle ? Il se produira un soir d'octobre, à l'ambassade de France à Budapest, où sont réunis quelques lettrés, dont François Gachot, qui cachait une vaste culture derrière le paravent d'un visage débonnaire, tout de tendresse et de modestie. Abonné à la *NRF*, le texte de Jean Cocteau sur *Sainte Unefois* ne lui avait pas échappé. « Auriez-vous lu mon livre ? » demanda Louise qui n'en croyait pas ses oreilles. Oui, il l'avait lu. Le ciel de Hongrie changea de couleur et la neige retrouva sa blancheur immaculée. Gachot appartenait au petit cercle des écrivains et artistes hongrois qui comptaient Albert Gyergyai, le traducteur de Proust, le romancier Nëndor Szavai, le sculpteur Beni Ferenczy, le peintre Bela Czobel. Au milieu de ses chevaliers servants, tous francophiles, Louise retrouvait l'atmosphère chaleureuse de la « bande ». On la voyait chez Gundel, le restaurant de l'intelligentsia, dans la Värosliget, le bois de Boulogne de Budapest. « Cette plante exotique venue de loin », comme l'écrira Gyergyai, soutenue par Gachot, excitée par les assauts amoureux de Ferenczy, se remit à sa table et à ses plumes d'oie. « Je suis même arrivée à accomplir un petit travail qui certainement gagnerait à être critiqué par toi, annonça-t-elle à André. D'ici là, je ne le considérerai pas comme achevé. Ce n'est encore qu'un enfant mal éveillé et pas débarbouillé. Il est un peu commun aussi, et je ne comprends pas pourquoi. En tout cas, je m'arrangerai pour te le faire parvenir ou je te l'apporterai si, si... Je saurai lundi prochain vers quelle date j'aurai mon visa. N'oublie pas de donner un peu d'élan aux amis et connaissances dont ce voyage dépend. »

Ce « petit travail » ce sera *Le Lit à colonnes* écrit, performance stupéfiante pour elle, en moins de cinq mois. S'inspira-t-elle d'un fait divers qui avait passionné les habitants d'une petite ville hongroise à la fin du XIXe siècle ? C'est probable, si l'on veut bien croire que les quelques lignes qui introduisent l'histoire ne sont pas tout à fait innocentes et ressemblent à un clin d'œil à tous ses compagnons d'alors. Bloquée par la neige elle dut prolonger une visite chez des amis et « c'est pendant ce séjour, écrit-elle, que le maître de maison, anxieux de distraire notre petite compagnie, nous fit le récit qui va suivre ».

François Gachot la voyait tous les jours. « Son roman, dira-t-il, s'apparente à une série de petites phrases bondissantes, comme si elle l'avait écrit entre deux réceptions et deux visites. C'était justement la vérité. »

Guidée par une curieuse frénésie, peut-être aussi conseillée par Gachot, elle s'était libérée de ses penchants naturels, la poésie et la gratuité de *Sainte Unefois*, le féerique et la préciosité de *La Fin des Villavide*. D'habitude à l'affût des mots les plus rares, des combinaisons verbales les plus imprévues, des inventions les plus absurdes ou les plus saugrenues, elle racontait, cette fois, une histoire vraisemblable avec un début et une fin, avec des rebondissements calculés, dans un style alerte et simple. Clément Porey-Cave, un quinquagénaire étriqué, directeur de la sinistre prison de Meu, est obsédé par l'atmosphère de mépris dans laquelle il se sent enveloppé. On le craint trop, soupire-t-il, les gardiens et les prisonniers comme sa femme et sa fille Marie-Doré, et il rêve de regagner l'estime et la tendresse des siens, de s'imposer à la considération de sa ville, de goûter les plaisirs de la vanité... Au vrai, c'est un petit fonctionnaire couard devant ses chefs, devant la société, devant sa maîtresse, une étourdissante métis qui a nom Yada. Clément Porey-Cave ne jalouse rien tant que les artistes, race personnifiée par Monsieur Jacquot, le chef d'orchestre du Grand Café, un bel homme dont le gilet blanc, les longs cheveux et les pipes en terre ont conquis Yada. En même temps qu'il découvre le faible de sa créole pour Monsieur Jacquot, il apprend qu'un de ses détenus, le jeune Rémi Bonvent, a composé d'émouvantes mélodies qu'il chante dans l'ombre de sa cellule. Aussitôt l'idée lui vient de pousser Bonvent à créer de nouvelles partitions pour s'en attribuer, purement et simplement, le mérite. Une géniale imposture qu'étouffent les murs de la forteresse de Meu. Rémi Bonvent compose, compose, transporté par l'amour impossible qu'il voue à Marie-Doré dont il ne connaît et ne connaîtra jamais que la silhouette. Une première œuvre, *la Valse langoureuse*, est interprétée par Monsieur Jacquot au Grand Café. C'est une révélation. Le funèbre Porey-Cave est admiré par tous. Sa fille croit le découvrir. Sa femme ne le reconnaît plus. Yada l'adore. Rémi Bonvent continue de travailler et dédie à Marie-Doré, inaccessible objet de sa passion, un opéra tiré d'une légende de son enfance, *Le Lit à colonnes*. L'Opéra de Paris décide de le mettre en scène. Compositeur désormais célèbre et fortuné, Clément Porey-Cave savoure sa gloire. Sa fille épouse, comme il se doit, un brillant officier d'une honorable famille, Olivier de la Feuye. Désespéré par la disparition de son égérie qu'il n'aperçoit plus, le pauvre Rémi Bonvent s'évade. Il apprend que son opéra est à l'affiche, l'entend fredonner sur toutes les lèvres et devant cette monstrueuse injustice, aveugle de douleur, fou de rancune, il retourne à la prison de Meu, assassine le directeur indigne et meurt lui-même, tué par un gardien.

Le résumé valait d'être fait. *Le Lit à colonnes* fut le premier véritable roman de Louise. Il marquait une rupture dans son œuvre et annonçait le style épuré, brillant de *Madame de*, une nouvelle taillée comme un diamant.

Le laissez-passer pour la France arriva enfin. Le représentant de l'Allemagne à Presbourg, Monsieur Ludin, qui entretenait avec elle des relations cordiales et la soutiendra dans ses démarches tout au long de la guerre, lui accordait un séjour de trois semaines. Elle prit l'Orient-Express, son manuscrit encore inachevé sous le bras, et débarqua à Paris à l'aube du 10 janvier 1941, émue et fiévreuse de retrouver le clan Vilmorin après dix-huit mois d'absence. La ville lui sembla tout aussi immobile que les monuments d'un cimetière interminable. La pensée du drame qui s'y passait y mettait une ombre tragique. Olivier, Roger et André vivaient à Verrières. Une partie de la maison était occupée par des officiers SS, qui y resteront jusqu'au début de 1942. À leur départ ils laisseront derrière eux le spectacle désastreux d'une demeure vandalisée au point que ceux qui devaient leur succéder refuseront d'y habiter.

Olivier venait de divorcer de Puppy Tagnard qui s'était, dès l'invasion allemande, installée à Londres, avec son fils Sosthène, pour épouser un charmant Canadien, Pum Archibald. Roger pleurait sa femme Pauline et sa plus jeune fille, Claire, toutes les deux emportées par une épidémie de diphtérie qui avait endeuillé la région de Draguignan où elles s'étaient réfugiées. André, toujours célibataire, gérait au mieux les intérêts de la famille et passait ses journées au bureau, noyé dans les difficultés de toutes sortes. Henry avait rejoint au Tchad les Forces françaises libres du général Leclerc.

Louise revivra, trois semaines, les conversations, les rires d'antan, la gare de Massy, les trajets dans l'omnibus, le jardin et les premières fleurs jaunes de février. Une fois encore, elle découvrait combien l'absence donne la mesure des sentiments, indique les objets indispensables au cœur et les met en évidence. Elle est fêtée. Soirées à Verrières avec « toute la bande », Jean Cocteau, Gaston Gallimard, Edmond Jaloux, Édouard Bourdet, Ramon Fernandez, Jean Hugo et les Polignac. Dîners chez Charles de Beistégui, au château de Groussay, près de Montfort-L'Amaury, sur lequel flottait le drapeau espagnol de la neutralité et où l'on croisait des collaborateurs et des vichyssois notoires aussi bien que des résistants et des gaullistes clandestins. Déjeuners chez Biche de Castellane, avec qui Louise était très complice dans l'humour tranquille ou féroce, et dans les jeux de mots. Après la guerre, elle ira très souvent se reposer au château de Rochecotte que Biche avait racheté à son frère Boni. Perché sur la Loire, Rochecotte était décoré avec le naturel de plusieurs générations de Castellane, une famille qui, sous la troisième République, brilla des mille feux de ses nombreuses et illustres alliances. « Les Castellane étaient trois, raconte joliment Jean-Louis de Faucigny-Lucinge, Boni le marquis, Jean et Stanislas, dit Biche. Celui-ci avait un mot pour les dépeindre tous trois. Boni, le plus beau, était " l'enfant de l'amour " ; Jean, de petite taille, " l'enfant du devoir ", et lui-même, le dernier, mince et délicat, " l'enfant de la résignation ". Semblables par leur culture, dissemblables par leurs goûts — Boni avait celui du faste, Biche celui du jeu et Jean celui des plaisirs moins avouables à cette époque —, ils possédaient en commun une passion pour la politique. Fait rare, ils siégeaient ensemble à l'Assemblée, ce qui s'explique peut-être par leur hérédité. Ils descendaient de Cordelia de Castellane — maîtresse de Chateaubriand et du comte Molé — ainsi que de Pauline de Talleyrand, fille de la duchesse de Dino, la nièce trop aimée du *Diable boi-*

teux. On a même avancé que Pauline était le fruit de leurs amours quasi incestueuses[6]. »

Chez Biche de Castellane, qui fut successivement député, sénateur et président de la commission des Affaires étrangères, Louise retrouvait ce milieu cosmopolite des dirigeants politiques et des souverains européens qu'elle avait côtoyés dans le salon de sa mère, et qui alors la faisaient bâiller d'ennui.

Déjeuners, bien sûr, chez Maxim's avec le Paris mondain des années de guerre.

Louise ne collabora pas, pas plus qu'elle ne résista. Elle vivait, à la fois, très dégagée et très accablée. La brièveté de ses séjours, la durée des séparations, la résignation sentimentale que l'époque lui imposait, la difficulté qu'elle éprouvait à s'exprimer ou à marquer honnêtement son passage dans la vie, tout cela lui pesait. Elle ne pouvait, dans cette atmosphère de gravité, dont elle percevait mal la cause et les effets, rien échanger d'essentiel avec personne.

Elle remporta le manuscrit du *Lit à colonnes* pour le terminer sur les bords du Danube. Gaston Gallimard le recevra à la fin de mars 1941 et enverra le 2 avril un « pneumatique » à André : « Je viens de lire avec enthousiasme le roman de Louise. Il est excellent. J'y ai retrouvé avec ravissement tous ses dons et j'y ai trouvé de nouvelles surprises. Je suis fier d'avoir à l'éditer et rien ne pouvait davantage me réconforter. »

Quand sortit son roman, Louise était à Budapest et s'occupait de rassembler, dans un recueil intitulé *Souvenirs du marquis Minus*, des contes, des nouvelles, des poèmes et des réflexions diverses. Un recueil qui ne paraîtra jamais, mais dont la plupart des textes seront publiés aussitôt après la guerre, par des revues et des magazines.

Sans nouvelles de la France, elle ne sut rien de la fin tragique d'Honoré d'Estienne d'Orves, dont la mère était une Vilmorin. Du même âge que Louise, il avait grandi avec sa cousine et il fut du nombre des « fiancés pour rire ». Polytechnicien, enseigne de vaisseau, il décida à la mi-juillet 1940 de quitter le port d'Alexandrie avec d'autres officiers et marins pour rejoindre de Gaulle à Londres, où il devint l'adjoint du colonel Passy.

En décembre 1940, quand il débarque clandestinement à Paris, sous le nom de « Châteauvieux », il est chef du service de renseignements de la France libre. Une brève mission qui annonçait un cruel destin : il sera presque aussitôt dénoncé à la Gestapo et arrêté dans la nuit du 21 au 22 janvier 1941. Interrogé, torturé, jugé par la cour martiale du *Gross Paris*, il sera condamné à mort le 26 mai 1941 et fusillé à l'aube du 29 août sur le mont Valérien, laissant le souvenir d'un courage exemplaire. À ses deux enfants, Rose et Philippe, qui lui ont rendu un émouvant hommage dans *Honoré d'Estienne d'Orves, prisonnier de la Résistance*[7], il écrivait dans l'isolement de sa cellule : « Jamais depuis deux mois et demi je ne me suis dit : À quoi bon tant prier ? La règle que je me suis imposée, je l'ai suivie sans peine. Cette persévérance dans la prière ne peut venir que du bon Dieu ; donc, Il est là, près de moi, Il m'écoute et Il m'approuve... »

À Paris *Le Lit à colonnes* rencontra un succès d'estime et de librairie. Il figurera, pour l'année 1941, parmi les meilleures ventes de Gallimard, en compagnie de *Vent de mars* d'Henri Pourrat, *Travelingue* de Marcel Aymé et *Le Crève-Cœur* de Louis Aragon. On envisagea aussitôt d'en tirer un scénario. Après *Le Mariage de Chiffon* de Claude Autant-Lara et *Les Visiteurs du soir* de Marcel Carné, les studios en friche depuis la grande syncope de la guerre avaient retrouvé leurs activités. Alertée par André sur les intentions de la firme Synops, dirigée par Roland et Denise Tual, Louise remua terre et ciel pour obtenir un nouveau visa pour la France. Comme elle ignorait si ses lettres parvenaient à son frère, elle lui écrivit tous les jours pour qu'il l'aide à revenir.

Le film, qui avait reçu le feu vert du gouvernement de Vichy, n'était-il pas un bon prétexte ? Son obstination ne fut pas inutile puisqu'elle revint en France, à la mi-octobre, avec en poche une autorisation de séjour de six semaines. Dès son arrivée elle fut prise dans un tourbillon auquel elle ne s'attendait pas et qui la plongea dans un milieu tout à fait inconnu pour elle.

D'abord, la négociation avec Gaston Gallimard sur les droits d'adaptation du roman se révéla coriace. Finalement, Louise touchera soixante-dix mille francs — environ cent mille de nos francs actuels — et son éditeur quarante mille.

Ensuite, le producteur Roland Tual lança son opération, avec un sens certain de la « réclame » comme on disait alors. Il entendait, et pour la première fois, assurer lui-même la mise en scène. Charles Spaak signerait le dialogue, Jean Françaix écrirait la musique. En coulisses, Jean Cocteau conseillerait avec une vigilance soutenue la direction des acteurs. À l'affiche Fernand Ledoux, Odette Joyeux, Jean Tissier, Jean Marais, Mila Parely, Valentine Tessier, Pierre Larquey, Michèle Alfa. Louise aurait préféré Alain Cuny — elle lui avait promis le rôle — à Jean Marais. Elle s'inclina, donnant carte blanche à Cocteau. Le journal *Comedia* organisa un concours de maquettes pour les décors. Trente-trois dessinateurs envoyèrent leur projet et Charles-Gustave Stoskopf, jeune décorateur alsacien, deuxième grand prix de Rome d'architecture en 1933, fut couronné. À Paris, à Vichy, Roland Tual organisa cocktail sur cocktail en l'honneur de Louise et des interprètes de son futur film. Paul Morand, Denise Bourdet, Nora Auric, Gaston Gallimard assistèrent sur le plateau à des prises de vues. Charles Kieffer et Marie Laurencin vinrent croquer les comédiens à l'œuvre. Les échos dans la presse se multiplièrent, la sauce prit, l'événement fut créé.

Au milieu de tous ces gens nouveaux qu'elle était forcée de voir, Louise, entre une séance de photos, une interview, un dîner, n'était pas très à l'aise. « C'est comme une fourmilière dont l'ordre m'échappe. À quelle sauce vont-ils me manger ? » confia-t-elle à André qui lui répondit sans manière : « Évidemment, ils te trahiront, toi, ta pensée et ton inspiration, te chargeront de leurs péchés, et au besoin te renieront. C'est la règle du jeu et tu n'es pas obligée de la jouer. »

Une chaude lumière, néanmoins, dans cette gesticulation cinématographique, sa liaison avec Henri Monnet. De retour à Budapest, sa première pensée sera pour lui. « ... si tu vois Henri Monnet, dis-lui qu'un mot écrit me ferait plaisir. Après m'être chauffée pendant tout un mois à une flamme si vive, je souffre à présent de névralgies... » Henri Monnet était le frère de Georges Monnet qui fut ministre de l'Agriculture dans le gouvernement de Léon Blum, en 1936.

En cette fin d'année 1941 le courrier entre la France et la Hongrie était de plus en plus lent et incertain. Triste Noël, mêlé d'inquiétude et de lassitude. La crainte d'avoir à s'appesantir sur elle-même, sur ses sentiments, sur les sentiments qui l'inspiraient, l'empêchait de mener à son terme tout ce qu'elle mettait en chantier. Elle était sans force et presque toujours seule dans son appartement de la Galamb Utca, quand une rencontre opportune vint bousculer ce quotidien pesant et maussade.

Il y avait, en effet, à Budapest, deux couples qui se parlaient peu. Etti et Tommy Esterházy, Louise et Pali Palffy. Dans « le monde » qui connaissait leur histoire, on évitait de les inviter ensemble. Quand Louise connut Pali, celui-ci divorçait d'Etti, la fille de la comtesse de Wurmbrandt. Problèmes d'argent et règlements de comptes avaient affecté les relations entre Etti et Pali, ce qui n'était pas dans la nature de ce dernier, soucieux avant tout de rester en bons termes avec ses nombreuses ex-femmes. Louise qui aurait pu trouver dans cette partie à quatre du divertissement à exciter les uns et les autres, y compris elle-même, ne s'occupait absolument pas des Esterházy. Elle avait d'ailleurs le sentiment que l'antipathie de Tommy à son endroit était plus forte que celle qu'éprouvait Etti, et elle considéra tout rapprochement impossible.

Le 9 février 1942, comme Pali était sur ses terres, Marizza Liechtenstein l'invite à dîner. Déjà retenue par les Dampierre — Robert de Dampierre était conseiller à l'ambassade de France — elle est désolée mais promet de la rejoindre vers minuit.

À minuit, quand elle retrouve Marizza, celle-ci est en compagnie de Tommy Esterházy. Échange d'amabilités, de sourires. Dix minutes s'écoulent et le trio part pour le Colonial Bar. Louise apprend qu'Etti est à Rome et c'est ainsi que débuta une aventure si caractéristique de son existence qu'elle pourrait sortir d'un de ses romans. Une aventure qui l'occupera jusqu'à la fin de la guerre.

Elle se sentait jeune en années et en expériences, remariée depuis quatre ans, éveillée par les déceptions, impatiente de se lancer dans quelque imprudence, et chez elle, quand elle en éprouvait le besoin, rien n'interdisait une petite escapade, un petit plongeon.

La meilleure humeur règne au Colonial Bar. Tommy parle beaucoup avec Louise mais ne lui fait pas vraiment la cour. Il débat de théories sur lesquelles elle n'a aucune opinion. À trois heures du matin, il la dépose à sa porte, non sans un appel du pied : « *I can't understand you. For me you are like a better devil. Nothing do really matter to you**. » Indifférente, elle l'est devenue par raisonnement, explique-t-elle, et elle concentre son intérêt et ses sentiments sur un très petit nombre de personnes. Et ils se disent bonsoir. Elle monte chez elle, retire son manteau, ses snow-boots, se regarde dans la glace avec inquiétude, comme toujours, et commence à se déshabiller quand le téléphone sonne : « Je vous appelle

* « Je ne peux pas vous comprendre. Pour moi vous êtes plus qu'un démon. Rien du réel ne vous concerne. »

parce que j'ai la certitude que si je ne vous téléphonais pas, vous ne m'appelleriez jamais et que nous ne nous reverrions plus après cette soirée où nous avons enfin fait connaissance. »

La conversation se prolonge, n'en finit plus. Il est quatre heures et demie passées. Tommy l'entend bâiller. A-t-elle sommeil ? Elle a grand-faim et il se propose de lui apporter du foie gras, du pain, du beurre. Pourquoi pas ? Il n'habite pas loin et cinq minutes plus tard il arrive avec toutes ses provisions. Ils rient, ils mangent. S'ils trouvent un peu étrange de souper ensemble à une heure pareille, sans presque se connaître, ils sont toujours dans leur tête-à-tête, pleins de pensées quand les domestiques commencent à bouger. Vers neuf heures, Louise sonne sa femme de chambre, prétend avoir reçu une visite très matinale et commande deux cafés au lait.

À partir de ce moment-là, ils se verront tous les jours. Quand Pali revint de sa ferme modèle de Nagy-Födenes, il s'amusa beaucoup de cette passion qu'éprouvait Tommy à l'égard de sa femme. Une passion qui comblait la vanité de Pali, qui remplissait le cœur de Tommy. Pleine de bonnes résolutions, Louise se sentait assez solide pour éviter drames et ruptures tout en mesurant les risques de la situation. Elle était aimée d'un amour qu'elle commençait à partager, mais pourquoi fallait-il que celui qui l'aimait fût justement le troisième mari d'Etti, laquelle avait été la quatrième femme de Pali ? Dans l'histoire des liaisons sentimentales, son cas avait-il beaucoup de précédents ? Pali ne pouvait imaginer, ne serait-ce qu'une seconde, qu'elle ait pu coucher avec Tommy tant celui-ci était tabou dans son esprit. « Quand Etti reviendra, lui disait-il, elle sera ravie de nous voir tous amis. »

Tommy Esterházy avait quarante-deux ans et attendait, à l'abri d'une colossale fortune, de meilleurs jours pour reprendre ses activités financières. C'était un homme exquis, à la fois détaché et très consciencieux, dont l'entourage abusait sans trop de scrupules.

Dans une lettre à André, Louise brossant son portrait ne cachait pas ses sentiments. « Il est entouré de belles choses. Il est très gourmand. Il a des idées. Il y a en lui quelque chose qui te ressemble tout à fait et qui me pousse à l'aimer. Ce n'est pas un étranger pour moi. Il me fait les mêmes cadeaux que tu me ferais avec ce même air de dire : " si ça te fait plaisir c'est tout ce que je veux. " Et comme toi aussi il est très patient avec moi tout en ne se laissant pas mener par le bout du nez. C'est un homme charmant, très élégant, original et qui a bon air... Mais où l'affaire se complique, c'est qu'il m'aime à en mourir et que c'est un homme sérieusement résolu qui partirait pour l'au-delà sans demander son vestiaire. »

Le 11 mars 1942, elle quittait Budapest pour Paris. Elle restera en France jusqu'au 22 avril. Naturellement elle et Tommy s'écrivent et se télégraphient.

C'était le moment où commençait le tournage du *Lit à colonnes*. Elle voudra s'en mêler. « ... Je monte chez les Tual rejoindre Louise et André de Vilmorin, raconte Jean Cocteau. C'est la séance, très Vilmorin, en tant que tribu, où ils épluchent le texte et donnent une leçon de grammaire et de savoir-vivre. Tual dévore sa colère. Elle éclate après leur départ[8]. » Les dialogues de Charles Spaak ne convenaient pas. Cocteau les reprendra entièrement sans provoquer trop de vagues et en « cachette », dira-t-il. Louise ne voulait plus entendre parler de son film. Ses amis, Charles de Beistégui, Nelly de Vogüé, Marie-Blanche de Polignac, la fêtaient et elle oubliait autant le film que la douleur du temps.

Elle venait d'avoir quarante ans le 4 avril. Comment était-elle alors ? « Elle a toujours cet air de collège, écrit Cocteau, le vocabulaire du collège, ce rire de collège, ses yeux pâles. Son cœur est superbe. " Tu sais, mon vieux ! etc. " Il y a dans le froncement assez cruel du nez et de la lèvre supérieure de Loulou, quand elle rit et montre ses dents, une ressemblance avec le Jean Bourgoint de l'époque où il m'inspirait le Paul des *Enfants terribles*[9]. »

C'est aussi le moment où Etti Esterházy, après son escapade romaine, assez décevante, retrouvait Budapest et un époux légitime inquiet, nerveux, maigre, triste. Que s'était-il passé pendant son absence ? La question deviendra lancinante et quelques personnes, peut-être sans méchanceté, mais parce qu'elles trouvaient la situation drôle, ne tarderont pas à la taquiner : « Ah ! Ah ! Ah ! Tommy a beaucoup fait la cour à Louise ! » Etti fit la grimace, mena son enquête, interrogea son mari et lança de bonnes vacheries à l'encontre de sa rivale que la réputation de croqueuse avait suivie jusqu'aux bords du Danube.

Ces accusations, évidemment, touchèrent le délicieux Tommy qui se fâcha et répondit tout carrément qu'il aimait Louise d'un amour qui lui était, jusque-là, tout aussi inconnu qu'imaginable. Nouvelles grimaces d'Etti. Larmes, colère. Elle était de ces femmes qui trompent leur mari mais qui, connaissant la saveur des liaisons clandestines, ne supportent pas d'être trompées et réclament, avec une obstination maladive, la transparence, la vérité. On ne s'étonnera donc pas qu'elle ait forcé un tiroir de Tommy, qu'elle ait trouvé des lettres compromettantes et qu'elle les ait apportées à Pali après les avoir lues.

Pendant que se jouait ce vaudeville, Louise était encore en France. Elle arriva dans les soirées du 23 avril, à Vienne, où elle souhaitait passer la nuit et ne repartir que le lendemain pour Budapest. Kari Wilczek, cousin de Pali, l'attendait à la gare. Ils bavardèrent joyeusement sur le quai pendant qu'on déchargeait lentement ses bagages.

— Tout Budapest, lui lança Kari, ne parle que de l'amour de Tommy Esterházy pour toi !

— Qu'en penses-tu ?

— Je trouve qu'il a raison...

Ils allaient parler plus sérieusement lorsque Monsieur Ludin, celui-là même qui représentait l'Allemagne à Presbourg, s'avança vers Louise en souriant, la salua et lui dit : « Je dois vous reconduire en Slovaquie ce soir même. J'en ai fait la promesse à votre mari. » À minuit, elle était à Pudmerice. Pali l'attendait sur le perron et ils se firent fête. Il voulut souper et ils soupèrent. Il y avait cependant comme un rideau qui les voilait tous les deux, qui agaçait la sensibilité délicate de Louise.

— Tu sembles soucieux, demanda-t-elle au bout d'un moment.

— Il y a de quoi je pense !

— Ah ! qu'est-ce qu'il y a ?

Louise feignant la surprise s'attendait à une petite scène de jalousie. Pali se leva, prit sur son bureau une liasse de lettres, celles qu'elle avait adressées à Tommy, et, après avoir lu certains passages, laissa tomber d'une voix lourde de menaces : « Alors, que penses-tu de ça ? »

Selon la version qu'elle fit à son frère de l'événement, Louise plus révoltée que gênée n'aurait pas perdu son sang-froid. « Je me suis sentie d'un calme étonnant et j'ai tranquillement répondu : “ Eh bien, je trouve que c'est infâme, ignoble, dégoûtant. ” Je lui dis qu'il n'avait aucune remontrance à me faire. Qu'il me trompait et me négligeait complètement depuis des années, qu'il n'avait pas su me garder tout à lui, alors que je n'avais eu que le désir de lui rester fidèle. Il a répliqué : “ Tu vas peut-être briser un ménage...

— Moi ? non. De tous temps des hommes et des femmes mariés se sont aimés sans pour cela briser leur ménage. Ce qui brise les ménages, c'est de voler les lettres d'une dame et de les apporter au mari de cette dame. Voilà mon avis. Je trouve ignoble, et pis, je trouve monstrueux que tu l'aies écoutée. Et si tu ne pouvais faire autrement que de l'écouter, je trouve monstrueux que tu aies tenu compte de ce qu'elle t'a dit. C'est vous deux qui avez créé la situation dangereuse d'aujourd'hui. Si Etti s'était tenue tranquille, son mari m'aurait fait la cour mais n'aurait pas divorcé d'une personne avec laquelle il ne peut plus vivre parce qu'elle a mal agi. Qu'aurais-tu dit, toi Pali, si j'avais été parler au mari de Mesdames X, Y, Z ? Je n'ai jamais bronché en dépit des chagrins que tu me causes, etc. " Il savait bien que j'avais raison et qu'il n'avait pas le droit de me priver d'un sentiment comme celui que Tommy a pour moi. Il sait que ma vie ici est très solitaire et que depuis des années je n'ai eu d'autres joies du cœur que celle de vous voir, toi, les frères et quelques amis. Mais il n'a voulu admettre ni mon besoin d'affection, ni mes sentiments pour Tommy, ni l'amour de Tommy pour moi et m'a dit tout carrément que je ne devais plus le revoir. Là-dessus nous sommes partis pour Pest. C'était le 28 avril. Le 29 à cinq heures il a voulu que je rencontre Tommy. La scène était ridicule... Nous nous sommes dit que nous étions de grandes personnes et que tout cela était idiot. Tommy m'a raccompagnée jusqu'à l'ascenseur et nous avons pris rendez-vous pour le lendemain. »

C'était la fin du premier acte. Pali avait quelques affaires urgentes à traiter. Louise se préoccupait de la publication en Hongrie du *Lit à colonnes* dont Albert Gyergyai achevait la traduction. François Gachot avait donné sa préface. Ses amis du restaurant Gündel, savourant sa délicieuse présence, l'avaient baptisée : « la Reine des mouettes du Danube », l'oiseau fétiche de la *Mitteleuropa*.

Le rideau néanmoins ne tarda pas à se lever sur le deuxième acte. Un soir, en rentrant à Galamb Utca, Louise trouva Etti et Pali confortablement installés dans le salon. Elle avait passé l'après-midi avec Tommy et toute ragaillardie, elle affichait le visage des femmes comblées.

— Tu as l'air de bien bonne humeur ! bougonna Pali en l'accueillant.

— Bien sûr, pourquoi serais-je de mauvaise humeur ? Avons-nous jamais voulu nous faire du mal ? Causer des drames et des divorces ? Ne voulons-nous pas, tous, rester bons amis ?

— Naturellement, s'écria Etti, à toi il t'est facile d'être de bonne humeur.

Louise savait être odieuse. La réponse tomba, cinglante. « Toi, tais-toi ou sors d'ici. Tu t'es conduite en fille de la rue... Je n'ai jamais voulu briser ni ton ménage avec Pali, ni ton ménage avec Tommy. Ce sont tes maris qui brisent leur ménage pour moi. Est-ce de ma faute ? Dans ce cas-ci, tu as tout fait pour te perdre dans l'estime de ton mari et de tout le monde. Tu es la première responsable de ce qui se passe. Tu n'es pas une innocente victime sans défense. Tu as trente ans ; tu as été mariée trois fois ; tu as eu bien des histoires et des aventures et tu connais la vie. Tu as un mari très sage, très dévoué, très facile à garder et tu le laisses seul pendant deux mois alors qu'il sait que tu le quittes pour aller t'amuser à Rome ! Tu es folle et je ne te plains pas. »

Fin du deuxième acte.

À l'issue de cette passe d'armes, la situation devint la suivante : Etti était le plus clair de son temps à la campagne assise et tremblante ; Tommy voulait divorcer à tout prix ; Louise continuait de voir son amant en secret ; Pali flirtait avec une très jolie brune et sortait dans les restaurants à la mode.

Dans « le monde », on se penchait sur le sort d'Etti sans vraiment la plaindre. Elle appartenait à l'aristocratie allemande et la plupart des gens l'évitaient tandis que la famille Esterházy avait toujours espéré que Tommy divorcerait. De Louise on disait qu'elle était baroque et incompréhensible. Tout le monde estimait le charmant, le sincère Tommy qui souffrait. Tout le monde adorait Pali mais trouvait qu'il était un mari impossible. D'ailleurs Pali fut le seul qui, très vite, ne pensa plus à cette histoire. « Ça passera », tel était son leitmotiv, et il ne songeait nullement au divorce. « Le bon Pali, écrivait Louise, s'est montré à moi sous un jour qui m'a terrorisée. Je l'ai vu si indulgent pour lui-même et si sévère pour moi. J'ai toujours été indulgente pour lui, je lui ai donné tout ce que j'ai pu. Il m'a négligée et me refuse ce qu'il pourrait me promettre : un peu de détente et de bonheur intime. Naturellement je ne lui en veux pas. Je lui suis toujours très attachée et il y a en lui beaucoup de bons côtés que je connais et qui me poussent à l'aimer, en dépit des déceptions qu'il me cause. Je ne suis absolument pas heureuse mais comme aucune perspective heureuse ne s'ouvre devant moi qui rendrait la réalité plus triste encore, je ne me plains pas. Je trouve que la vie m'a offert de nombreuses occasions de prendre et de donner ; j'ai été aimée par qui j'aimais, admirée par qui j'estimais et admirais »…

Néanmoins, tout cela l'avait profondément bouleversée. Sa vie, sa situation, ses problèmes et les problèmes que posait cet amour infortuné occupaient toutes ses pensées. Au début de juillet 1942, *Le Lit à colonnes* paraissait en hongrois et sa photo brillait à la devanture des librairies. Elle était flattée mais bien incapable de goûter aux joies de sa soudaine popularité.

À la même époque, *Le Lit à colonnes* sortait sur les écrans parisiens. Le 24 juillet, il était au programme du cinéma Madeleine qui arborait une immense affiche de Jean Marais. Dans l'ensemble le film était assez bien accueilli sauf par François Vineuil — alias Lucien Rebatet — de *Je suis partout* et par Pierre Ducrocq de *Révolution nationale.* Deux journaux ultracollaborationnistes, redoutés et redoutables. « L'ensemble de ce spectacle, écrivait le premier, m'a paru absolument écœurant. Ces deux mille cinq cents mètres de guimauve me lèvent, à la lettre, l'estomac. Le bon cinéma vous fouette le sang, vous dilate les poumons, vous excite l'appétit. Du *Lit à colonnes,* on sort, au contraire, dans un état nauséeux et pâteux, furieux d'avoir eu la faiblesse de rester jusqu'au bout. » Le second était aussi péremptoire : « Il ne s'agit malheureusement pas d'un film : il s'agit d'un album. Peut-être en coupant le quart inutile et en redonnant le tout à un bon monteur, *Le Lit à colonnes* deviendrait-il une œuvre cinématographique... »

Quant à Louise, elle ne verra pas *Le Lit à colonnes* avant janvier 1943, n'ayant pu jusqu'à cette date quitter Budapest. Le peu qu'elle avait vu du film au moment du tournage lui avait déjà retourné les ongles mais elle ne pouvait croire qu'il atteindrait ce degré d'imperfection. « Et quand je pense que Jean Cocteau, écrira-t-elle à André, prétendait que je n'avais aucun goût, que le film était sublime, le dialogue tellement poétique et réaliste, etc. ! Uniquement parce que Jean Marais y avait une chance de se faire voir au grand public ! Le tout me fait quand même rager... » Elle ignorait que Cocteau partageait sa déception. « Une absence d'âme, notait-il dans son journal... Marais, encore une fois n'a pas le temps de s'épanouir... » Un autre jour : « Le film est plein de fautes et de charme. Peut-être ses fautes font-elles ses charmes. Il arrive que les charmes disparaissent à cause des fautes [10]. » Jean Marais détesta le film, s'y trouva mauvais, sauf à la fin. En revanche le public accourait.

***

Louise ne pourra guère jouir du succès populaire du film. À Budapest, l'inquiétude était sa nourriture quotidienne, et elle n'avait qu'une idée en tête : rentrer le plus vite possible en France avec Tommy, qui venait d'engager une procédure de divorce. Mais l'Histoire en 1943 tournait. Les dirigeants nazis, ébranlés par la défaite de Rommel à El-Alamein comme par les revers militaires qu'ils subissaient en Union soviétique, avaient proclamé « la guerre totale » et s'enfonçaient dans leur délire barbare. Les visas de sortie se distribuaient au compte-gouttes : Louise ne reviendra plus en France avant janvier 1944, date de son retour définitif.

Ses trois filles, pensionnaires à Suffren, dans l'État de New York, lui écrivaient des lettres qui mettaient plusieurs semaines à lui parvenir, tandis que celles qu'elle leur envoyait de Hongrie n'arrivaient presque jamais. « Leur souvenir, par moments, quand il se fait trop précis, me mange le cœur... Il faudra, en tout cas, que ces enfants-là me reviennent », confiait-elle à André.

Elle passait l'essentiel de son temps entre Pudmerice, Budapest et Vienne où elle descendait à l'hôtel Sacher, le plus souvent en compagnie de Tommy. On la voyait également à Berlin, chez Freddie Horstmann, où chacun la tenait pour la nouvelle épouse du comte Esterházy, comme le raconte Missie Vassiltchikoff dans son *Journal de la guerre*. Diplomate, collectionneur passionné d'œuvres d'art, Freddie Horstmann était un des personnages les plus fascinants du Berlin d'alors. Lally, sa femme, était juive et il dut démissionner de ses fonctions au ministère des Affaires étrangères quand Hitler prit le pouvoir. L'appartement des Horstmann, Steinplatz, était un havre de civilisation, de raffinement et de loyauté au milieu d'un océan de sauvagerie. N'y venaient que des amis soigneusement sélectionnés et qui partageaient une aversion commune pour le nazisme.

Louise avait fini par divorcer, à la sauvette, et Pali se préparait pour un sixième mariage. « Le pauvre Pali, expliquait-elle à André, n'est pas tout à fait aussi malheureux que moi parce qu'il s'aime lui-même beaucoup et que moi je ne m'aime pas. Il a en lui un bon ami qui lui donne toujours raison ou, pour le moins, l'excuse. Cet ami-là me manque tout à fait. »

Dans ces jours si incertains, elle attendait, en elle, comme l'appel d'un avenir autre où brillait le nom de Tommy, ce qui lui donnait assez de courage pour se mettre au travail. Cette exaltation factice, que l'amour aisément provoque, l'entraînait vers la poésie. Son ami François Gachot la soutenait ; la proximité du Danube l'inspirait. *Le Sable du sablier,* que publiera Gallimard après la guerre, fut écrit presque entièrement à Galamb Utca dans l'année 1943 :

Sur le Danube en février
Les longs îlots d'herbe frissonnent
Ce sont des tombeaux oubliés
Que la brume d'oubli couronne...
Sur le Danube en février
La mouette lourde et sauvage,
Dans le sable du sablier,
Ensable à jamais nos images.

Elle dédia beaucoup des poèmes qui composent *Le Sable du sablier* à Irène et François Gachot. Des poèmes tendres, malicieux, mélancoliques qui s'apparentent aux ballades ou rondeaux de jadis et qui témoignent de ses tourments et de ses sentiments. Elle était loin du bonheur. Pourrait-elle épouser Tommy, et quand ?

À Paris, rue Barbet-de-Jouy, son ami Jean de Polignac mourait le 22 octobre. « Encore une maison où nous avons vécu et qui s'écroule », notait Jean Cocteau dans son journal. Elle apprendra sa mort en décembre alors qu'elle se démenait auprès de Monsieur Ludin pour obtenir un laissez-passer. « Je voudrais te voir, écrivait-elle à André, et voir Marie-Blanche qui doit être malheureuse et sans véritable secours en elle-même car elle a été distraite par ses dons et par le talent qu'elle a eu d'apprivoiser la vie... Je voudrais tant être auprès d'elle... »

Après quatre Noëls loin de France, elle espérait cette fois passer celui-ci à Verrières. Espoir déçu. Son visa lui fut délivré le 12 janvier 1944 et elle quitta aussitôt Budapest. Tommy Esterházy qui attendait que son divorce fût prononcé ne put partir avec elle. À Paris elle s'installa rue de Bellechasse chez Élisabeth de Breteuil. André venait d'être victime d'une pleurésie qui avait très mal tourné et il se reposait dans le sanatorium du plateau d'Assy.

Paris vivait sous le régime des alertes incessantes. Louise sortait le moins possible et ne s'éloignait guère de son quartier. Elle allait chez Marie-Blanche de Polignac, toujours très entourée, et où elle retrouvait sa « bande » quand Marie-Blanche ne venait pas dîner ou déjeuner chez Élisabeth de Breteuil. « C'est un va-et-vient ininterrompu entre la rue de Bellechasse et la rue Barbet-de-Jouy. Le passage de nos pas creuse dans le trottoir un léger sillon. »

Max Jacob était mort d'une congestion pulmonaire à l'infirmerie du camp de Drancy et elle assista, le 21 mars, à la messe célébrée dans l'église Saint-Roch où se pressaient beaucoup de ses amis, Jean Cocteau, Misia Sert, Coco Chanel, Henri Sauguet, Paul Éluard...

Dans cette atmosphère qui s'alourdissait chaque jour d'un nouvel événement sanglant, elle vivotait, attendant et pressentant la fin du cauchemar sans savoir comment et quand exactement se présenterait cette fin. Elle donnait des articles sur la mode, la décoration, les produits de beauté. Elle signait, en particulier, une série sur « Le choix d'un parfum » avec Colette, Paul Valéry et Jacques de Lacretelle, un compagnonnage qui ne pouvait nuire à sa réputation. Elle posait pour un portrait par Bébé Bérard tant il lui semblait urgent et nécessaire de fixer son image. Les services de la censure avaient donné leur accord pour la publication de son recueil *Le Sable du sablier,* mais elle se bagarrait avec Gaston Gallimard qui voulait l'obliger à signer pour trois volumes. « J'ai refusé. Tableau. Il ne l'a pas volé. Boudot* est navré. J'ai dit que je ne signerai avec personne avant la fin de la guerre. » Et André de lui répondre de son lit de convalescent : « Cent fois bravo ! Cela leur apprendra à te respecter un peu plus qu'ils ne l'ont fait jusqu'ici. »

* Il s'agit d'Emmanuel Boudot-Lamotte (voir p. 106).

En mai, elle décidait de rouvrir la maison de Verrières épargnée par les bombardements, pour la remettre en ordre avec l'idée de l'occuper dès les premiers jours d'été. Elle devinait qu'elle prendrait plaisir à la voir renaître et s'embellir. C'était une façon de soulager son esprit préoccupé de la situation hongroise qui se dégradait. Depuis l'invasion des troupes soviétiques, Budapest était un champ de bataille et elle n'avait plus aucune nouvelle de Tommy. Elle ne pouvait pas davantage s'en aller voir son frère au plateau d'Assy pour le distraire et se réconforter auprès de lui : peu de trains circulaient, beaucoup de routes étaient barrées, surtout dans la région lyonnaise et les Hautes-Alpes où régnait une dangereuse pagaille. Fourques aussi, où Jean Hugo passa la guerre à peindre des paysages et des fleurs d'après nature, était inaccessible. Sacha de Manziarly qui avait rejoint de Gaulle faisait la navette entre Londres et New York. Avec ses trois filles, toujours aux États-Unis, elle pouvait difficilement communiquer pendant toute cette période des grandes offensives militaires américaines. Rien ne répondait plus à ses vœux, aux vœux de ses désirs et de son cœur. Toute sa vie elle avait inspiré le goût du tête-à-tête, même avec son frère, et la voilà comme une naufragée, sans ses filles, sans Tommy, sans André, sans Jean Hugo, sans Sacha. Rien ne parvenait à rompre sa solitude sentimentale et comme elle savait, depuis toujours, que c'était l'amour, la présence de l'amour à ses côtés, qui la parait de jeunesse, cette solitude la désespérait.

Après le débarquement du 6 juin et la multiplication des victoires alliées sur tous les fronts, elle reçut enfin une lettre de Tommy. Une lettre misérable. Il était triste, seul, vraiment malheureux et désormais libre de tous liens. Il la suppliait de venir le rejoindre et elle envisagea sérieusement d'entreprendre ce voyage dont, elle en était convaincue, dépendait son avenir. « Le peu de temps que j'ai devant moi à présent prend, à mes yeux, une grande importance confiait-elle à André. Je mène ici sans toi une vie lamentable... Je ne m'attache plus et je crois que mes sentiments pour une fois si exigeants me poussent dans la voie de la raison. Je ne parle de ce projet à personne. J'en ai dit deux mots à H* et il est d'accord pour m'obtenir le visa pour la fin août. Je voyagerai avec un Hongrois transportant le courrier à Pest. Il ne peut se passer là-bas rien de plus désagréable qu'ici. C'est une chance à courir surtout si on a la certitude de faire le bonheur de quelqu'un qui vous est si cher. D'autre part, ici je pèse sur la vie des frères... Enfin, quoi qu'il en soit, je crois qu'il est temps que je dépose le fardeau de mes jours entre les mains de Tommy. Si je ne me décide pas à partir, je risque d'être séparée de lui pendant des années. Et alors ? Je serai une vieille fille découragée qui perdra tout talent et sera une charge familiale jusqu'à sa mort. »

* Nous n'avons pu identifier ce H.

« La pire chose au monde pour une femme, c'est d'être libre. »

Voulait-elle, sincèrement, consolider sa vie ? Depuis six mois, elle avait quitté Tommy. Elle redoutait de le perdre. Dans une situation comme la leur, une situation d'amants, il était imprudent et sans doute fatal de rester séparés trop longtemps. Mais en ces mois de juillet-août 1944 il n'était plus possible de trouver à Paris une autorité quelconque qui puisse délivrer un laissez-passer pour la Hongrie ou tout autre pays. C'était la débandade et la confusion. Elle réussit pourtant à joindre trois fois Tommy au téléphone. Il s'accrochait à l'idée de la revoir et de l'épouser en septembre. Sa voix était désolée. Louise n'y croyait plus. Réfugiée à Verrières, altérée d'amour, elle n'essayait plus de cacher son désespoir. Bébé Bérard passait souvent la consoler, l'emmenait au restaurant ou au théâtre. C'était peu pour elle qui, chaque fois que le destin l'accablait, s'enfuyait aux quatre coins de l'Europe.

Du 22 au 24 août, la maison fut sous le feu de l'artillerie, les Anglo-Américains tirant de la route d'Orléans, les Allemands leur répondant des casemates du bois de Verrières. Tout le village se terrait dans les caves. Le 24 août, un détachement de chars de la deuxième DB, commandé par le capitaine Dronne, atteignait dans la soirée l'Hôtel de Ville de Paris. Le lendemain, sur la route d'Antony à Orléans, Louise regardait passer l'armée Leclerc et les troupes alliées. Enthousiasme monstre, vagues de patriotisme, larmes et cris. À partir de cette date et durant plusieurs semaines, la maison ne désemplira plus.

Louise entrait dans la ronde de sa liberté retrouvée avec distance, cette même distance qu'elle avait mise entre elle et la guerre. Était-ce pour cette raison qu'elle fut entendue par un des nombreux comités de l'épuration ? Elle fut trois jours durant l'objet d'une enquête sur ses relations à l'étranger. Elle n'en parla qu'une seule fois à André, balayant le sujet en trois phrases : « Je n'ai heureusement rien à me reprocher mais c'est désagréable. J'espère n'être pas en prison quand tu arriveras ! J'en mourrai de froid tandis que ma conscience me portera au paradis des braves. »

L'heure était aux soupçons. Louise avait traversé la guerre avec une désinvolture apparente et les fréquentations qu'on lui connaissait à Paris, loin de la racheter, pouvaient l'accuser. Parmi ses amis le marquis Melchior de Polignac, président du Champagne Pommery, beau-père de Marie-Blanche, May de Brissac, Madeleine Jallu avaient été arrêtés. Jean Cocteau, lui-même, n'avait-il pas été inquiété ?

Pourtant, tous ceux qui défilaient à Verrières avaient, pour la plupart, endossé le costume de la Résistance et s'apprêtaient à jouer un rôle politique. Gaston Palewski, directeur du cabinet du général de Gaulle depuis 1942, promenait son regard d'esthète sur les êtres et les objets. Louise verra beaucoup Gaston Palewski dans l'immédiate après-guerre. Très porté sur la « chose », Palewski était toujours en retard d'une conquête.

Une jolie anecdote courait sur son compte. Comme il demandait, à la fin d'un dîner, à sa voisine : « Voulez-vous que je vous dépose chez vous ? » elle lui répondit : « Mon cher Gaston, vous êtes trop aimable, mais ce soir je suis tellement fatiguée que je préfère rentrer à pied. »

Louise l'aidait dans ses marathons amoureux. Elle fit pour lui, ce qu'elle ne fit pour aucune autre personne : elle lui servait de « nègre » pour la rédaction de son courrier d'amant. Elle appelait ce travail « Mes commandes privées ». Ça l'amusait follement. Dans un modèle très romantique de lettre, elle précisait en post-scriptum : « Je te propose un autre début qui me semble adapté : terre promise ! terre promise ! j'ai combattu quatre ans sur la route du devoir pour retrouver ma France et mon amour ! Ah, ma chère, ma belle aimée ! » Et elle ajoutait : « C'est du Cyrano ! » C'était surtout du Louise, qui envoyait à André une copie de ces lettres pour le distraire.

Passaient aussi à Verrières René Massigli de la France libre, ancien commissaire à Alger auprès du Comité français de libération nationale, qui attendait d'être nommé ambassadeur en Grande-Bretagne ; Nelly de Vogüé, lieutenant dans l'armée américaine, présentait et fêtait Charles Morgan, l'auteur de *Fontaine* et de *Sparkenbroke ;* l'aviateur et joyeux drille Édouard Corniglion-Molinier — qui devait dix mois plus tard organiser la rencontre entre Malraux et de Gaulle — rentrait de Provence avec la casquette de général FFI, (Forces françaises de l'intérieur) et rapportait des nouvelles d'Henry de Vilmorin, devenu lieutenant ; Hervé Alphand, dont les talents d'imitateur étaient une des distractions préférées du général de Gaulle à Londres, singeait les grands hommes du moment et travaillait auprès de Georges Bidault ; le maréchal Cunningham, de la Royal Air Force, objet du snobisme parisien, racontait la bataille de Normandie. Verrières accueillait aussi Henry Muller, sa femme et son fils. Mémorialiste de l'entre-deux-guerres avec *Trois pas en arrière* et *Retour de mémoire,* Henry Muller fut l'homme de tous les plaisirs — les sports, les femmes, les bars, la littérature, le journalisme — avant d'être frappé de paralysie à l'approche de la cinquantaine et de connaître les plus dures épreuves physiques sans jamais perdre son sourire et son humour. Il venait de quitter Bernard Grasset pour l'hebdomadaire *Carrefour* dont le premier numéro était sorti le 26 août et dans lequel Louise avait rendu hommage à Antoine de Saint-Exupéry disparu le 31 juillet précédent. « À l'âge où l'on accepte tout, même le miracle de la présence, sans discernement ni surprise, il nous apparaissait fort d'une expérience ancienne dont il suivait les lois... Il était au service du prodige... Antoine fut le magicien de notre adolescence. Un ambulant, un chevalier, un mage noble, un enfant du mystère, qu'un souffle de grâce animait... Je parle de ce temps lointain... J'en parle avec émotion pour vous qui ne le connaissiez pas alors, et que son renom d'aujourd'hui rend attentif à son être singulier. Vous l'admirez à juste titre, admirez-le encore davantage, et aimez-le surtout : il vous en a donné le droit. Vous savez qu'il est un artiste et un héros. »

À Paris, on l'invitait beaucoup comme *outstanding personnality* et elle jugeait bon de ne pas faire fi de cette réputation, tant était lourde l'atmosphère de suspicion et de délation. Elle fréquentait surtout le Cercle Interallié, club alors très à la mode où elle retrouvait les Rothschild, Guy, Claude, James et Philippe. Elle dînait chez Dolly Radziwill, l'épouse du prince polonais Léon Radziwill, qui célébrait les militaires, les artistes et les diplomates britanniques. Au château de Groussay, chez Charles de Beistégui, elle se mêlait au gratin de l'armée américaine.

Entraînée dans le tourbillon des mois qui suivirent la retraite allemande, elle ne parvenait pas, pour autant, à se dégager des soucis qui embrouillaient son existence. Sa santé n'était guère fameuse. André lui manquait. Sans lui, sans ce lien que formait, au sein du « clan », sa présence, il y avait parfois des tiraillements entre elle et ses deux frères Roger et Olivier qui habitaient Verrières avec leur famille. Surtout que Louise aimait à régner sur la maison, et la moindre contrariété la plongeait dans un abîme de désespoir. Cela ne durait guère mais laissait une blessure qui s'ouvrait aussitôt que surgissait un nouvel incident. Plusieurs fois elle voulut quitter Verrières. Si elle montrait volontiers sa tristesse pour goûter au bonheur d'être dorlotée et consolée, ce n'était pas toujours de la comédie.

De Hongrie, les seules nouvelles qui lui parvenaient étaient désolantes et minaient sa raison. Semaine après semaine, Tommy Esterházy lui annonçait son arrivée imminente et malgré toutes les démarches entreprises, malgré efforts et protection, il n'obtenait pas l'autorisation de quitter Budapest. Les troupes soviétiques tenaient la place et les ordres qui venaient du Kremlin étaient aussi clairs que fermes : n'accorder aucun visa de sortie aux Hongrois. Tommy souffrait et Louise qui lui écrivait régulièrement ne savait plus si elle pensait à lui ou à ses nostalgies, comme elle ne savait plus si ses aveux d'amour lui étaient destinés ou si elle allait vers lui pour soulager sa conscience. Était-il encore celui qui comblerait ses espoirs et lui ferait croire que le bonheur n'avait pas qu'un temps ? « Quand l'amour volage m'abandonne, confiera-t-elle, c'est moi qu'on accuse d'infidélité ; les hommes n'ont jamais cru que je souffrais de les désaimer. » Une phrase qui sent le siècle des Lumières. Légèreté émouvante d'une bulle de savon où s'irisent des reflets d'âme. Chez elle le regret garde le sourire et le chagrin d'amour se drape de vison, comme la poésie se fait tendre ou ironique pour chanter la détresse.

Tommy ne reviendra pas avant décembre 1945. Il était ruiné. Les communistes l'avaient dépossédé de tous ses biens, bloquant ses comptes bancaires, occupant ses appartements et ses châteaux, s'appropriant ses quatre-vingt mille hectares de terre. Il accueillit son sort avec l'arrogance de ses ancêtres, portant monocle, souliers vernis, col rigide et blanc sous un costume sombre, très « Chambellan du saint Sulpice ». Il aimait toujours Louise, fidèle à ses amours comme à son siècle.

Louise ne l'aimait plus. Depuis tout ce temps Paris avait eu mille fois l'occasion de la reprendre et elle avait succombé.

Vers le milieu d'octobre 1944, Marie-Blanche de Polignac donnait un dîner en l'honneur de l'ambassadeur de Grande-Bretagne à Paris, Sir Duff Cooper, vicomte de Norwich, l'ami de Winston Churchill, ancien délégué à Alger auprès du gouvernement provisoire du général de Gaulle, et collaborateur d'Anthony Eden, quand celui-ci était ministre des Affaires étrangères entre 1935 et 1938. Duff Cooper sentait l'audace et la fortune ; il avait de l'aisance dans l'esprit comme dans les manières, il avait le cœur fantasque, il plaisait beaucoup aux femmes. Très cultivé, il mêlait la diplomatie, la politique et l'écriture. Le discours qu'il prononça en septembre 1938 à la Chambre des communes contre Neville Chamberlain, qui venait de signer les accords de Munich, est célèbre dans les annales de l'histoire britannique. Il a laissé des romans et des essais dont un *Talleyrand* qui fait autorité. Les mains longues et fines, l'allure altière, son regard se singularisait par un léger strabisme d'un charme mystérieux. Avec son épouse Lady Diana, d'une beauté diaphane qu'elle corrigeait par une élégance provocante, il s'efforçait de redonner à la plus fastueuse ambassade de Paris, l'hôtel Borghèse du faubourg Saint-Honoré, tout son lustre d'avant-guerre. Il avait remis l'Angleterre à la mode, même auprès de ceux qui l'avaient un peu oubliée et le magnifique « salon vert » où il recevait le Tout-Paris littéraire et mondain sera bientôt baptisé par les amis de Louise, « Au Duff sur le Toit », hommage calembourdesque au restaurant le plus couru de l'entre-deux-guerres.

Ce soir-là chez Marie-Blanche de Polignac on était en petit comité : Nathalie et Stanislas de Castellane, le peintre Drian, Hervé Alphand, Gaston Palewski et Louise. Diana

Cooper, qui fut comédienne, appartenait à l'aristocratie la plus huppée du Royaume-Uni et en imposait par son attitude spontanée, tout à la fois sans dédain et dégagée des conventions. Elle était si inattendue, obéissant à la seule logique du cœur, qu'elle échappait à tous ceux qui voulaient la définir, la cerner, si bien que beaucoup la trouvaient un peu bizarre tout en recherchant sa compagnie. Louise fut-elle intimidée ? Elle ne joua pas de son esprit et de son charme. Elle fit de son mieux pour se rendre invisible et elle y parvint. Sa beauté ne s'imposait vraiment qu'au travers de sa conversation. Comme elle ne parla pas ou peu, les Cooper ne la remarquèrent pas.

À cette même époque, Cecil Beaton venait d'arriver à Paris. Il avait connu Louise avant la guerre et l'avait photographiée. Lié aux Cooper, il habitait l'ambassade d'Angleterre et un jour il invita Louise à venir y prendre un verre. À cette occasion elle franchit pour la première fois le portail de l'hôtel Borghèse et le seuil du « salon vert ». Quelle ne fut pas sa surprise de découvrir auprès de Beaton et de Diana — Duff était absent — tous les visages familiers de sa « bande » : Jean Cocteau, Denise et Édouard Bourdet, Marie-Blanche de Polignac, Bébé Bérard, Boris Kochno, Frosca Munster, Nora et Georges Auric, Marie-Louise Bousquet... Cette fois, Louise ne négligea aucune de ses armes. À quelque temps de là, le 7 novembre, les Cooper amenés par Gaston Palewski vinrent dîner à Verrières. Peu à manger, suffisamment à boire, et juste assez de lampes aux ampoules jaunâtres pour accroître l'intensité de l'ombre autour des convives à peine éclairés. Bonne humeur, gaieté, conversation alerte. Une soirée très « Vilmorin ». Duff parla de son livre *Le Roi David* qui connaissait un énorme succès outre-Manche. Louise ne l'avait pas lu mais proposa aussitôt de le traduire en français. Elle en était incapable. Que lui importait ? Duff était conquis tandis que son frère André lui sauverait la face en menant à bien ce travail. En effet, *Le Roi*

David allait paraître chez Robert Laffont en 1946 dans la collection « Pavillons » traduit par... Louise et André de Vilmorin.

Le lendemain du dîner, elle reçut un bouquet de roses rouges et de lilas blancs, avec cet aveu : « Vous êtes un trésor, je veux en être l'avare. Duff Cooper. » Il était déjà fou amoureux d'elle. « Cela crève les yeux, notait Jean Cocteau. Il a l'air d'un pêcheur qui a pêché une sirène et qui reste cependant un pêcheur avec ses idées toutes faites sur la pêche, la mer, la vente du poisson, etc. »

Louise aussi bascula, déconcertée par la force des élans sentimentaux que Duff faisait naître en elle. « Je pense à toi sans cesse, lui écrivait-elle dès le 25 novembre. L'inquiétude est gourmande. Elle dévore tout ce qui peut la fortifier et déforme tout ce qu'elle ne peut dévorer. Si le vent se lève, elle en fait le messager d'une mauvaise nouvelle ; si un chien aboie c'est qu'il y a eu un accident ; si trois oiseaux passent devant ma fenêtre c'est que je suis trompée ; si le feu siffle c'est que tu ne m'aimes plus, etc. Peut-être connais-tu cela. Il est vrai que les femmes sont bien plus folles que les hommes : c'est aussi pourquoi elles sont bien plus fortes... Mon amour, il fait bien froid dans ma chambre. Mon cœur est une pleine lune de tristesse. C'est un astre dont les feux éclairent vaguement mon regard. Je te cherche et je ne vois que le jardin inanimé dans la calme clarté de ce jour d'hiver, et un fauteuil vide à côté de ma table. Je m'ennuie probablement de toi. Tu me manques singulièrement. J'ai le besoin de te raconter tout ce qui se passe autour de moi : c'est le besoin de te mêler à ma vie... Mon esprit tourne autour d'un point d'interrogation qui se pose, tour à tour, sur toutes sortes d'images. Où es-tu ? Tu es à l'ambassade dans ton bureau que je connais ? Tu travailles ? Tu dors ? Tu penses à moi ? Tu lis ? Tu es entouré de monde et tu m'oublies ?... Je pense à toi. Je voudrais te voir et rire avec toi, car tu rirais, j'en suis sûre. Je t'aime de plus en plus. »

Des liens d'une solidité à toute épreuve se nouèrent aussitôt entre Louise, Duff et Diana. Le « trio » intriguait et faisait jaser. Les gens qui avaient dédaigné Louise du temps où les Cooper l'ignoraient se mirent à la calomnier dès l'instant où elle conquit leur amitié, et un peu plus. Des rumeurs fort désavantageuses dont elle faisait l'objet alimentaient les bavardages. En dépit de l'acharnement de quelques responsables des comités d'épuration, rien, pourtant, n'avait pu être retenu contre elle. Ce n'était pas suffisant, on s'en doute, pour calmer la rancœur des jaloux et des résistants de la vingt-cinquième heure qui entouraient leurs propos du drapeau bleu-blanc-rouge. Louise fit front, non sans noblesse. Elle avait vécu en Slovaquie et en Hongrie pendant la guerre, elle avait vu et reçu à sa table des Autrichiens et des Allemands. Elle ne s'en cachait pas. En conséquence de quoi son nom figurait sur une liste noire que lui montra Duff. Elle était louche. Ces commérages n'eurent pas le pouvoir de l'éloigner des Cooper, et Jean Cocteau se trompait quand, livrant son analyse du « trio », il y voyait un « piège ». Louise aurait été le piège parisien de l'ambassadeur.

« Duff (que Loulou surnomme coquille, " parce que, dit-elle, coquille Duff ") la regarde, écrira Cocteau dans son journal, avec un mélange de haine. Il pense : " Elle est divine. Elle est effrayante. Elle traduit mon livre sur David. Elle a des amis qui ne sont pas de la Résistance. Elle admire l'Allemagne. Elle va me perdre. Mais qu'y puis-je ? J'ai voulu ce poste. Je suis dans le piège. Il faudrait la chasser et elle tombe malade chez moi, et je la garde chez moi. Et je la soigne et je l'adore et j'abandonne mon travail pour faire avec elle un piquet de cinq à sept. " Ainsi pense ce ménage robuste et au pied marin en face de Loulou, très belle avec sa lèvre supérieure qui se retrousse sur les dents, ses yeux étoilés de malice et ses doigts osseux qui tirent sur ses nattes. »

Jean Cocteau se trompait. Il n'y avait pas de piège. Une

étrange harmonie reliait ces trois êtres ; elle était insaisissable, incompréhensible à tous ceux qui les fréquentaient. Louise appelait Duff « Poucet » ou « Bijou bleu » et Diana « Bijou rose ». Ils s'aimaient, mélangeant amour et amitié. Leur correspondance ne laisse planer aucune équivoque sur l'équilibre insolite de leurs relations. Quand Duff avait à s'absenter, Diana était la seule personne que Louise désirait retrouver. Elle l'aimait tendrement et lui adressait des poèmes brûlants :

Cette musique est un miroir
Où je ne vois que ton visage
Je t'aime et t'aimerai toujours.
La musique en parlant d'amour
Te montre le miroir d'un âge
Où je ne veux que te revoir.
Faible cœur, faible temps,
Faible fleur de la vie,
Je t'aime tant et tant
Que ma vie m'est ravie.

En décembre 1944, alors que Louise traînait une broncho-pneumonie, elle resta, après un dîner, dormir à l'ambassade, terrassée par la fièvre. Elle dut garder le lit plusieurs jours et, comme les Cooper trouvaient autant d'agrément qu'elle-même à cette nouvelle situation, elle eut sa chambre à l'hôtel Borghèse. Elle en fit sa nouvelle résidence parisienne jusqu'à la fin de juin 1947. À cette date, Louise et Duff décidèrent avec philosophie et sérénité d'interrompre leur liaison sans que rien vienne entacher leur amitié.

Jusqu'au mois d'avril 1946, cet amour ardent et partagé fut cependant contrarié par les longues absences de Louise qui se rendait régulièrement à Châteaubriant, aux marches de la Bretagne, où son frère André, après avoir quitté le sanatorium du plateau d'Assy, prolongeait sa convalescence. Elle écrivait presque tous les jours à son « Bijou bleu ». André souffrait terriblement et les heures qu'elle passait auprès de son lit l'accablaient car elle ne pouvait rien pour le soulager. « Je t'assure qu'après l'avoir quitté, quand il faut que je rentre seule dans ma chambre d'hôtel triste, je ne me sens pas fière ! Pas du tout la reine de Hollande. Non. Mais j'espère que ces séjours me feront du bien moralement et m'apprendront à devenir meilleure et plus raisonnable. J'aime tant rire et je ramasse avec tant d'empressement les moindres miettes de bonheur ! Adieu cher amour, je t'aime toujours, hélas ! »

Ses absences la travaillaient. Elle découvrait la jalousie, un sentiment qui l'avait jusque-là épargnée. Elle était tout endolorie par une peur qui la poursuivait, la peur de perdre Duff, de le voir changer. Elle était convaincue de l'aimer « terriblement, gravement, follement » et d'avoir compris ce qu'était la passion. « C'est le caractère le plus violent, le plus intolérable de l'amour. C'est inhumain. Naturellement je me raisonne, j'essaie de m'habituer à mon amour, de m'habituer à ne pas te voir et à accepter cette idée d'une vie sans toi. Mais je sens bien au bonheur que j'éprouve de chaque mot que tu me dis, de chaque geste que tu fais vers moi, que je t'adore toujours autant, exactement avec la même ardeur et la même passion. Hélas ! Je crois même que j'aime encore davantage. »

Chaque fois que possible, Duff Cooper mettait à sa disposition une voiture pour ses voyages entre Châteaubriant et Paris. Elle retrouvait l'ambassade d'Angleterre, comme on découvre le paradis en récompense de ses épreuves. C'était l'époque où le « salon vert » de l'hôtel Borghèse devint le point de mire du Tout-Paris. Il fallait, pour compter dans le monde, y être reçu. Les piliers de la « bande », Jacques Février, Francis Poulenc, Nora et Georges Auric, Bébé Bérard, Jean Cocteau, le peintre André Beaurepaire, les amis intimes de la « bande » comme Marie-Laure et Charles de Noailles, Marie-Blanche de Polignac, Margot de Gramont, héroïne de la Résistance, Élisabeth de

Breteuil, François de Lubersac, Georges Poupet, partageaient la vedette avec des ministres, des généraux, des diplomates, des journalistes, des célébrités anglaises. Parfois apparaissaient l'Agha Khan, Somerset Maugham, le compositeur Reynaldo Hahn ou Noël Coward, l'homme-orchestre du théâtre anglais.

Ce fut à ce moment-là qu'elle revit Malraux qui débarquait en uniforme du front d'Alsace. Il passait à l'ambassade. « J'attends Malraux dont la position devient de plus en plus importante », écrivait-elle à André. Malraux s'activait auprès du général de Gaulle et allait être nommé ministre de l'Information dans le gouvernement issu de l'Assemblée constituante en novembre 1945. Leur brouille de 1934 était oubliée depuis longtemps et ils installeront entre eux comme une amitié clandestine que les années n'useront jamais. Ils se retrouvaient, en tête à tête, parfois de loin en loin, parfois plus règulièrement, dans un café près de la place Victor-Hugo. Singulières rencontres qui témoignent d'un attachement sinon profond, en tout cas guidé par une nécessité presque vitale et qui renvoie à « cette maladie » dont parlait Malraux à Gogo de Karolyi. Lorsqu'ils s'affichèrent ensemble, vers 1963, personne — sauf André de Vilmorin — ne savait qu'ils ne s'étaient, au fond, jamais vraiment quittés.

Louise rayonnait. Elle collaborait à *Vogue, Carrefour, Silhouette*, *La Revue de Paris.* Elle traduisait les discours de Duff. Elle s'occupait du sort des réfugiés hongrois qui la traitaient comme une héroïne, comme la championne de leur cause, et leur distribuait de l'argent, un argent qu'elle n'avait pas et qu'elle recueillait en tapant ses amis. Mobilisant ses relations politiques, elle soutenait aussi Louis Jouvet qui voulait monter *La Folle de Chaillot* de Giraudoux. « Chère Louise, chère Louise chérie, j'ai absolument besoin que tu m'aides pour la pièce de Jean Giraudoux. Si je n'en sors pas avant les quarante-huit heures, la pièce ne se jouera pas cette saison ! Voilà cinq mois que je pérégrine dans les ministères ! »

Avec Duff il lui arrivait parfois d'évoquer les événements politiques de ces mois très agités qui suivirent la Libération et qui furent dominés par la silhouette du général de Gaulle. Louise alors gardait rarement son sérieux. Elle a laissé, en particulier, une lettre de son invention où elle met, assez drôlement, de Gaulle en scène. Quand le Général, en désaccord avec « le régime des partis », démissionna le 20 janvier 1946, Duff Cooper lui adressa une longue lettre, témoignage de regret, de fidélité et d'admiration. De Gaulle lui répondit de façon brève et conventionnelle : « Mon cher ambassadeur, votre lettre m'a vraiment touché et je m'excuse de ne pas y avoir plus tôt répondu, observant une règle que je m'étais fixée pendant ces jours récents. Je vous remercie des termes que vous employez pour évoquer quelques souvenirs. De ces souvenirs il n'en est pas un qui m'inspire autre chose qu'une haute estime pour vous-même. Je souhaite trouver l'occasion de vous rencontrer et vous prie de croire, mon cher ambassadeur, à mes sentiments amicalement dévoués. Charles de Gaulle. »

Louise jugea que « notre sémillant grand Charles » comme elle l'appelait, ne brillait ni par l'éloquence, ni par l'originalité, et elle imagina la réponse qui lui semblait la plus légitime :

« Mon cher ambassadeur, votre lettre m'a profondément touché, et si je n'y ai pas répondu plus tôt c'est que je voulais vous écrire à tête reposée et vous remercier, non seulement de vos lignes si émouvantes mais aussi de tout ce que vous avez fait pour moi au cours des années de lutte. Sans votre généreux appui que serais-je devenu en 1940 ? La France libre n'aurait pas existé et des millions d'hommes n'auraient pas pu venir nous rejoindre pour se battre et prouver, par leur héroïsme, qu'il reste encore sur terre quelques bons Français. C'est vous, et vous seul, je le sais, qui par votre fidèle et active sympathie, avez convaincu Monsieur Churchill de considérer avec bienveillance une cause qui semblait perdue. C'est vous qui, durant cette guerre, avez permis à nos armes de briller encore de quelque éclat de gloire. C'est grâce à vous, Monsieur l'ambassadeur, que la France ne s'est pas effondrée dans le déshonneur et l'esclavage. Vous avez fixé sur moi l'œil du monde entier et même celui du demi-monde, et sans vous je n'aurais jamais été chef du gouvernement provisoire de la République française. Aujourd'hui, ces mêmes Français que j'ai relevés m'abattent. Ce sont des inconscients, des égoïstes, des jaloux. Ma santé ne me permet pas de lutter victorieusement contre de tels défauts. J'ai un fort rhume de cerveau qui m'empêche de leur parler clairement. De plus j'éternue sans arrêt. Permettez-moi de vous donner un conseil dicté par l'amitié : désintéressez-vous de ces Français ingrats. Je vais partir prochainement pour l'Angleterre où, avec quelques Libanais, quelques Chinois, Albanais, Turcs, Esquimauds, San-Salvadoriens, Slovaques, Apaches et maquereaux, je suis décidé à former une nouvelle France libre, prêt à venir combattre sur notre territoire tous les mauvais Français indignes de ce beau nom. Avec eux j'imposerai ici une dictature forte et réfléchie qui vous prouvera, mon cher ambassadeur, que j'étais digne des espoirs que vous avez mis en moi. Pour le moment je me repose auprès de ma chère épouse. J'oublie l'ingratitude en jouant aux dominos. Hier j'ai gagné deux francs. Ça m'a redonné de l'appétit. J'espère que vous nous ferez prochainement le plaisir de venir faire une partie avec nous mais je vous préviens honnêtement que ma femme triche un peu. Nous boirons une bonne bouteille au cri de : “ Vive de Gaulle ! ” “ Vive Duff Cooper ! ” Vous voyez que je sais vivre et que je suis moins bête qu'on ne le dit !

« Partagez avec Lady Diana Cooper mes baisers les meilleurs, les plus tendres, et les plus chaleureux. Votre petit Charles de Gaulle. »

Le Sable du sablier, publié chez Gallimard à la veille de l'été 1945, avait été bien accueilli par la critique et Louise caressait l'idée d'un nouveau roman. Elle hantait surtout les couloirs en pitchpin de Lanvin où Marie-Blanche de Polignac, qui avait succédé à sa mère, venait d'inaugurer une « boutique » au rez-de-chaussée de la maison de couture. L'idée était nouvelle. La clientèle obligée de renoncer à la robe du soir du premier étage pouvait se consoler en achetant dans la « boutique » gants, ceintures, pull-overs et autres colifichets. Louise avait conçu le style général du projet avec un souci extrême de raffinement. Les journaux, unanimes, avaient applaudi.

Elle menait une existence trépidante. Au carrefour de la couture, de la diplomatie, de l'édition, elle symbolisait ce Tout-Paris de l'après-guerre qui ouvrait de plus en plus ses portes. Les clés étaient sur les serrures ; il suffisait, pour les tourner, d'en avoir l'intense volonté et de posséder une seule des qualités suivantes : argent, goût, beauté, esprit ou intelligence. Le Tout-Paris n'était plus un milieu fermé, exclusif, composé de personnages jaloux de leur intimité. Il se mettait à ressembler à la *cafe society* anglo-saxonne, c'est-à-dire un cercle de gens que l'on voyait partout et qui finissaient par s'imposer par leur seule présence. C'était un Tout-Paris beaucoup moins sûr de lui que jadis. Les couturiers et les parfumeurs y avaient remplacé l'élite de l'aristocratie. *Vogue* consacrait la femme du monde. Avant 1914, Jacques Doucet, homme de grand goût et de grande culture, n'était invité nulle part. Entre les deux guerres les couturiers commencèrent à se faire une place dans le monde. Coco Chanel est reçue, puis Jeanne Lanvin donne sa fille au comte de Polignac et Elsa Schiaparelli se fait une situation mondaine qui dépassera sa situation professionnelle. Rien cependant de comparable au destin de Christian Dior, Marcel Rochas, Jacques Fath, du « Captain Molyneux », de

Pierre Balmain qui, depuis la Libération, étaient à la tête d'un Tout-Paris qu'ils habillaient de robes prêtées. Tous leurs confrères les avaient suivis sur cette pente. Les bals costumés animaient encore les saisons mondaines — bal du panache, bal du ruban, bal des oiseaux, bal des rois et des reines — mais l'on descendait aussi s'encanailler dans les caves de Saint-Germain-des-Prés avec les disciples des Bobby-Soxers américains, soigneusement décoiffés. Maurice Chevalier et Jean Cocteau y entraînaient la « bande » qui entraînait la gentry parisienne.

Louise avait pressenti ce tournant et elle savait être là où il convenait de se trouver pour asseoir sa notoriété. L'image publique qui allait être la sienne jusqu'à sa mort s'est façonnée durant des années qui courent de 1945 à 1947. Pour mille raisons elle occupait la scène. Son nom, souvent sa photo revenaient inlassablement dans la presse comme revenaient les mêmes mots pour la qualifier : belle, élégante, drôle, intelligente, éclatante d'esprit et de talent...

Le Tout-Paris avait fini par admettre son rôle de coambassadrice auprès de Duff Cooper. C'était si vrai qu'elle apparaissait à toutes les manifestations officielles, faisant désormais partie des « grandes dames » de France. Le protocole s'y était habitué et la plaçait, très naturellement, au même rang que les épouses du président de la République, du président du Conseil et des ministres. Ce qui ne manquait pas d'un certain sel et alimentait les commentaires.

Tommy Esterházy tomba, un matin d'hiver, au milieu de cette effervescence. Il s'y noya. Entre Louise et lui le charme était rompu mais il tenta de la reconquérir.

Dès neuf heures, il était dans sa chambre, lui parlait de l'avenir, du passé, des jours fous et passionnés qu'ils avaient vécus à Budapest. Elle se méfiait des souvenirs. Quand elle écrivait, il s'asseyait auprès d'elle et la regardait, les yeux irisés de désir. Quand elle sortait, il l'attendait comme un chien battu ou lui demandait, suppliant, de l'accompagner. Il souffrait et elle étouffait. « Te dire ce que je pense à ce sujet est impossible, expliquait-elle à Duff. Je ne sais pas moi-même très bien ce que j'éprouve. Ma raison, qui est très forte, se bat contre mes sentiments qui sont très forts aussi. Je n'aime que toi. Tu es l'amour de ma vie, voilà la vérité mais j'aime aussi mes frères et Tommy. Alors je me répète que si un de mes frères avait échappé aux Russes, je serais très heureuse. Donc je suis certainement heureuse sans le réaliser clairement. Ce qui me tourmente jusqu'à la folie c'est l'idée d'avoir à prendre une décision. Je ne puis ouvrir mon cœur à personne qu'à toi et Diana. Personne d'autre ne me comprendrait. Si je disais à André : " Je n'ai pas envie d'épouser Tommy parce que j'aime Duff ", il me répondrait : " L'un n'empêche pas l'autre. " Si je disais la même chose à Élisabeth : " Tu es folle. Pense à l'avenir. Combats cet amour insensé. N'écarte pas cet ami qui t'aime et veut te rendre heureuse. " Moi je me dis qu'il est inhumain de ma part de faire souffrir un homme qui m'aime moi autant que je t'aime toi et qui, après avoir vécu les deux années les plus cruelles de sa vie, arriverait ici pour m'entendre dire : " Non. J'ai brisé le lien de mes promesses. Mon cœur ne m'appartient plus. Tu es seul. " Enfin tu vois que je suis bien tourmentée. Je voudrais prendre le train et courir me jeter dans les bras de Diana. »

Trois semaines suffirent à les épuiser l'un et l'autre. Tommy retrouva un peu de son indépendance de caractère, reprit goût à sortir seul, ce qui tranquillisa Louise. Dès que ses papiers furent en ordre, il gagna Genève où il lui restait un peu de biens et s'éloigna, sans retour. Il tenta pendant deux ou trois mois de la reprendre — « Pense à moi qui t'aime et pense à cet amour qui me conduit à la mort », lui télégraphiait-il — et ses appels plongeaient Louise dans d'insupportables remords et un chagrin véritable.

Au fond elle aurait pu, comme elle le confiait à son « Bijou bleu », accepter la compagnie d'un homme qu'elle estimait, qu'elle aimait bien et qui lui faisait valoir sans cesse que sa vie était entre ses mains. Sa liaison avec Duff n'était-elle pas, en revanche, vouée à l'impasse puisque leurs deux existences étaient ce qu'elles étaient, c'est-à-dire irrévocablement séparées ? Pourtant elle ne céda pas aux lamentations de Tommy. Triste fin. « Ainsi la vie passe qui est faite d'instants, écrira-t-elle. Le durable n'est pas ici. Je suis une personne égarée dans une contrée qui monte. »

Son sort était d'apparaître et de disparaître. Entre l'ambassade, quelques visites à Verrières, les séjours à Châteaubriant, et plusieurs voyages à travers l'Europe, les jours filaient. Ils filaient là où les réceptions et la Rolls de Monsieur l'ambassadeur les menaient, tandis que Louise, dans ses lettres, consignait les trajets, les rencontres, les tribulations. « Voici le chemin parcouru depuis notre départ. Du jeudi 15 jusqu'au lundi 20 : Avallon (moulin des Ruats) ; le 20 Beaune (hôtel de la Poste) ; le 21 Bourg-en-Bresse (hôtel de France) ; le 22 et 23 Évian (Hôtel Royal). Admirable. Le 24 nous allons passer la journée à Genève et revenons le soir dîner et dormir chez les Fabry à Thonon. Soirée exceptionnellement brillante, avec accompagnement de guitares, charme, poésie et succès fou. Du 25 au 27 Genève. Mauvais hôtel ; Pierre de Monaco ; dîner avec Churchill et Fabry le 26. Ta Louise remporte un grand succès dans une conversation politico-paradoxale inspirée. Le 27 à cinq heures nous partons pour Lausanne où nous dînons avec le cher Edmond Jaloux, inchangé, délicieux, précieux, très démodé dans une sorte de résignation dont la hauteur éclate au-dessus de sa modestie d'apparat. Nous habitons Thonon du 27 au 29. Le 29 nous dînons et dormons à Neuchâtel. Et le 30 enfin, nous voici à Baden à sept kilomètres de Zurich dans un hôtel pour rhumatisants. Mille histoires à te raconter sur la clientèle qui craque de toutes ses jointures... »

Avec Duff et Diana, il lui semblait s'élancer chaque jour vers la liberté, mais la liberté aussi dévore le temps. Comme la paresse elle est accapareuse. Chaque fois qu'elle s'installait dans un rôle avec le sentiment d'être l'otage de ce rôle, il arrivait toujours un moment où sa vie, aussi agitée et tourbillonnante qu'elle fût, lui donnait des remords. Souvent, le sentiment de « ne rien faire du matin au soir » l'envahissait.

À la fin de l'année 1945, elle était dans ces dispositions et, pour apaiser sa conscience, elle reprit sérieusement la rédaction du *Retour d'Erica.* En quittant définitivement Châteaubriant, au mois d'avril 1946, après la guérison d'André, elle y avait mis le dernier mot. Un conte plus qu'un roman qui paraîtra au mois d'avril 1947 dans une édition de luxe, chez l'éditeur suisse Marguerat, que lui avait présenté Jean Cocteau, puis, un an plus tard, chez Gallimard. Pourquoi cette double édition ? Les liens entre Louise et Gaston Gallimard avaient continué de se relâcher après la Libération. Louise s'estimait maltraitée et en publiant chez Marguerat elle s'était offert le plaisir d'une provocation.

Elle s'était également rapprochée de Robert Laffont qui lui avait confié la direction d'une nouvelle collection, « la France en images ». Une cinquantaine d'albums très illustrés, signés par des écrivains prestigieux, étaient programmés. Il s'agissait de présenter notre pays dans toute sa diversité : les arts, la science, les inventions, les sentiments, l'humour, la table, la chasse, les jeux, les costumes, la vie familiale, aussi bien que les explorateurs, les missionnaires et les héros nationaux... Les deux premiers volumes etaient consacrés aux chevaux de course et aux lettres d'amour.

En écrivant *Le Retour d'Erica* Louise avait voulu renouer avec le style, la poésie et le mystère de *Sainte Unefois.* L'histoire se passe dans un village mythique, Bourg-en-pas, où l'on ressent dès l'entrée « un mystérieux sentiment d'amour, mêlé d'une impression de bonheur et de paix ». Mais Erica n'est pas sentimentale comme un gentil cœur peut l'être. Elle a des sentiments. Quelqu'un de sentimental s'arrange toujours, quelqu'un qui a des sentiments jamais. Et pour Erica, c'est le drame du cœur partagé. Elle aime profondément son père qui est juste et bon, mais qui lui refuse la main d'Hugo Sandermeur. Elle ne peut abandonner son père. Elle ne peut quitter Hugo. Alors, déchirée, malheureuse, elle se noie comme on fuit une ville où on est submergé de dettes. Mais elle revient du fond de la nuit et de la mort revivre auprès de son père, revivre avec la complicité émue du village...

Consciemment ou inconsciemment, Louise transposait-elle ses hantises et ses affres du cœur en leur donnant la grâce d'un conte plein de fraîche douceur et de fine tendresse ? Ou bien *Le Retour d'Erica* lui avait-il été inspiré par la peur de perdre André qui fut longtemps entre la vie et la mort ? Louise lui était attachée comme au fil de sa propre existence. Voulait-elle exorciser son angoisse au travers de son héroïne ?

Tous ses sentiments s'entremêlaient et elle aussi, comme Erica, se préparait à fuir avec l'espoir de ressusciter. Quelques premiers nuages, en mars 1946, avaient assombri son idylle avec Duff Cooper. « Tu ne m'aimes plus. Je t'ai lassé par l'excès de mon amour et par les défauts de cet amour : la jalousie, l'orgueil, la susceptibilité maladive. Tu es heureux que je sois loin. Tu ne souhaites pas mon retour. Mon inquiétude et mes craintes t'insupportent. Je le comprends, ce qui me fait mal, et je le sens, ce qui me fait plus mal encore. Peut-être me mens-tu déjà ? Peut-être vas-tu déjeuner dans quelque restaurant avec une autre que moi ? Hier au soir, quand je t'ai téléphoné je t'ai demandé : “ Où dînes-tu ? ” Tu m'as répondu : “ Je ne sais pas encore. ” Tu savais bien où tu dînais car tu n'es pas quelqu'un qu'on invite à la dernière minute. Du reste pourquoi ne dînerais-tu pas chez

Mélanie de Vilmorin
et ses quatre premiers enfants en 1905.
A gauche Mapie, à droite Louise,
debout Henry, Olivier dans les bras de sa mère.
(D.R.).

Philippe de Vilmorin, le père de Louise dans la propriété "Les Godets", 1913. *(D.R.).*

Les enfants Vilmorin et leur mère à la naissance d'André en 1907. *(D.R.).*

Louise, à huit ans, en 1910. *(D.R.)*

En 1916, à San Sebastian,
avec Alphonse XIII, roi d'Espagne. *(D.R.)*.

Le baptême de l'air des enfants Vilmorin en 1916. *(D.R.)*.

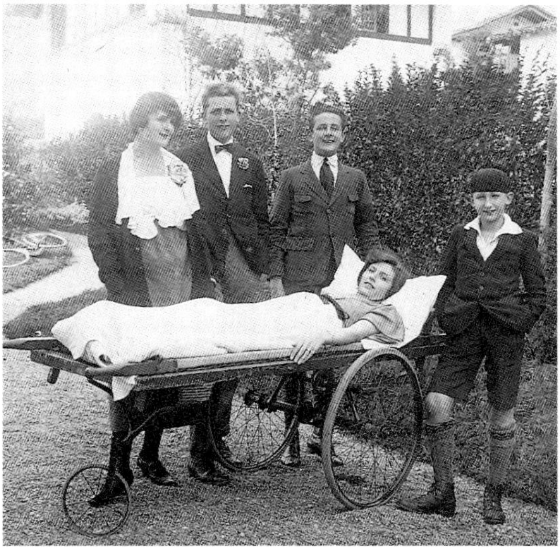

Louise sur sa "rossinante" à Saint-Jean-de-Luz en 1919 avec sa sœur et ses frères. *(D.R.).*

L'Abbé Armand Tisnés, précepteur des enfants Vilmorin de 1877 à 1918. *(D.R.).*

Antoine de Saint-Exupéry (à droite), avec sa femme Consuelo et son ami Guillaumet en 1930. *(Roger Viollet).*

7 mars 1925, Louise et son premier mari, Henry Leigh-Hunt. *(D.R.)*

Louise et Henry à Las Vegas, 1926. *(D.R.)*.

1933, Louise dans le "rocher" à Verrières, avec ses trois filles,Jessie, Alexandra et Helena. *(D.R.)*

Louise à trente ans, en 1932. *(D.R.)*

A l'époque où elle écrit son premier roman Sainte Unefois, 1933.*(D.R.)*

Avec Marcel Achard, 1934. *(D.R.)*

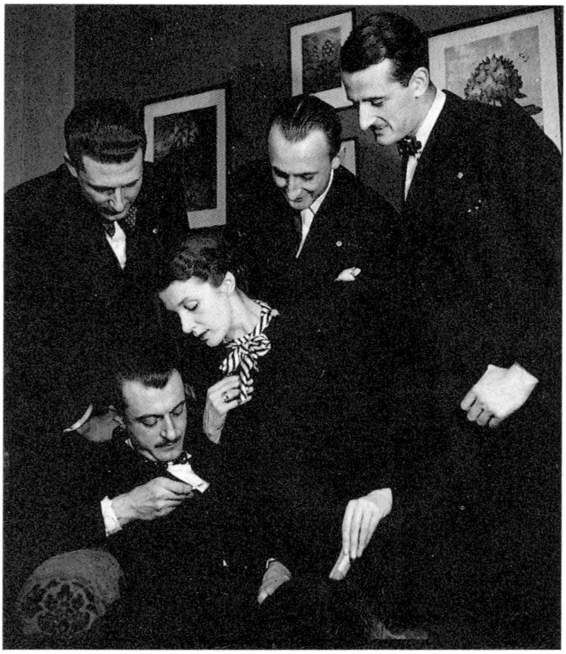

Le "clan" Vilmorin : Louise et ses quatre frères, 1935.
(¨photo Schall).

Jeanne et Gaston Gallimard avec Louise à Verrières en 1937. *(D.R.)*.

Louise et Jean Hugo à Fourques vers 1937. *(D.R.)*.

Le château de Pudmerice
en Hongrie où Louise vivra
entre 1938-1944. *(D.R.).*

Son second mari le comte Paul-(Pali)-Palffy. *(D.R.)*

Louise et Pali Palffy en 1938. *(D.R.)*

1944, Louise et Duff Cooper.
(P.A. Constantin).

Duff Cooper dans son bureau
à l'ambassade d'Angleterre
à Paris en 1944. *(Cecil Beaton).*

1947. Une partie de la "bande" : de gauche à droite, Marie-Laure de Noailles, Louise, Nora Auric, Robert deSaint-Jean, Christian Bérard dit Bébé et debout Jacques Février et Karl Burkhart.
(Studio Lipnitzki).

Avec son amie, Marie-Blanche de Polignac en 1949. *(Photo Roger Schall).*

Louise, Lady Diana Cooper et Pierre Roy en 1951. *(Photo Roger Schall).*

Louise en séance de dédicace. *(D.R.).*

Avec Elisabeth de Breteuil,
Princesse Chavchavadze. *(D.R.).*

Louise et Jean Hugo
sur la pelouse de Verrières vers 1950. *(D.R.).*

Avec Orson Welles en 1952. *(D.R.).*

Avec le prince Rainier quand elle reçoit le Prix de Monaco, en 1955. *(René Maestri).*

Anthony Marecco, en 1955. *(D.R.).*

Roger Nimier, Louise de Vilmorin et sa nièce Sophie de Vilmorin en 1954. *(D.R.).*

Léo Ferré, à Verrières, 1958. *(André Villers).*

Avec Charlie Chaplin. *(Jean Mangeot, Match).*

Louise, Sacha de Manziarly et René Clair à Verrières, fin des années cinquante. *(D.R.).*

Louise à soixante ans. *(Georgette de Bruchard).*

Photo de groupe à Verrières autour de Louise. *(D.R.).*

Louise, un mois avant sa mort, avec Gérald van der Kemp et Pierre David-Weil. *(D.R.).*

Louise avec Jacques Zwobada. *(D.R.).*

Avec André Malraux. *(P. Lelièvre, Le Figaro).*

Ghislaine de Polignac ? Mais pourquoi me le cacher ? C'est une fille que j'aime bien. Elle et ses amis sont gentils. Je ne lui en voudrais pas si elle éprouvait du plaisir à remporter une victoire sur moi. On n'en veut pas à l'arme qui vous a blessé, on souffre de la blessure, voilà tout... »

Bientôt ses lettres à Duff, bien que toujours tendres et amoureuses, se feront plus rares et elle écrira de plus en plus à Diana. La rupture par consentement mutuel et sans casser d'assiettes eut lieu, on le sait, en juin 1947. Duff lui offrit un chien, qu'elle appela « Bijou », un carlin. Il n'y en avait pratiquement pas en France. Petit, de couleur claire, son nom lui vient de celui d'un acteur italien, Carlino, qui lui ressemblait. Le carlin a eu sa période de célébrité aux XVIIe et XVIIIe siècles, les siècles de Louise. Le carlin de Marie-Antoinette ne voulut jamais quitter la Conciergerie après l'exécution de sa maîtresse ; le carlin du duc d'Enghien le suivit après son arrestation en traversant le Rhin à la nage.

Elle ne s'installa pas aussitôt à Verrières. Elle se croyait amoureuse de Rufus Clarke, commandant des *Guards* et attaché militaire à l'ambassade — on restait en famille — et s'en alla avec lui pour les environs de Florence où Élisabeth de Breteuil leur avait ouvert sa maison. Une belle et grande demeure décorée et meublée avec un goût très délicat. Trompe-l'œil, marbre rose et pierre grise ; au mur des scènes turques bouffonnes et lascives. Elle habitait le premier étage et Rufus le rez-de-chaussée. Elle ne s'ennuya jamais autant et, pour se distraire, elle adressait à Diana Cooper de longues lettres, en anglais, qui racontaient par le menu la platitude de ses journées, mêlant humour, fiction et réalité. Une fois enlevé le vernis de son éducation oxfordienne, Rufus Clarke était un bon copain de régiment, gros buveur, grand joueur qui bâillait en compagnie des femmes et qui les faisait bâiller.

Mais le voyage ne fut pas tout à fait inutile. Au cours d'une escapade à Venise — toujours chez Élisabeth de Breteuil qui louait à l'année un étage du palazzo Polignac sur le Grand Canal — Louise rencontra Coco Chanel qui rêvait de vendre ses Mémoires et les droits du film qu'on en tirerait à une firme américaine. Un couturier new-yorkais lui avait assuré : « Si vous écrivez vos Mémoires les éditeurs américains se jetteront dessus et Hollywood aussi. » Dans l'esprit de Coco Chanel qui avait dès sa prime jeunesse sut considérer la valeur libératrice de l'argent et avait su en gagner beaucoup, l'affaire était faite, le succès assuré. Elle proposa à « son amie Louise » de l'écouter raconter sa vie, d'écrire le livre et de partager la recette. Les milliers de dollars clignotaient dans la tête de Louise. Elle accepta et un rendez-vous fut fixé. « *Chanel's millions would fill my pocket with the désirable weight* * », écrivait-elle à Diana.

Le 1er septembre, après deux nuits au Carlton à Cannes, elle retrouvait sa maison de Verrières dans l'état où elle l'avait abandonnée dix-huit mois auparavant. Peu de confort, peu de meubles, la décoration à refaire. En 1946, Jean Cocteau y avait séjourné plusieurs mois pour terminer son essai de poésie critique, *La Difficulté d'être*. Il avait une passion pour Verrières. « Je retrouve sous ce clair de lune froid la maison que j'adore, écrivait-il dans son journal, celle dont Charlie Beistégui rêve et que sa fortune n'obtiendra jamais. Une maison pareille est faite d'une longue suite de manies des âmes d'une famille. Les objets y vivent et s'y clignent de l'œil. Rien n'est beau. Tout est beau. Tout se ressemble et s'assemble. On dîne à quinze dans la salle de récréation des enfants, sous les combles. Les grands feux dans la cheminée contrastent avec la glacière des escaliers et des salons qu'on traverse vite. »

Il habitait « la chambre à l'alcôve » et Jean Marais, quand il venait le rejoindre, « la chambre aux bambous ». Louise, alors, passait le voir, mais ne restait pas. Ils organisèrent

* Les millions de Chanel me tomberont dans la poche de tout leur poids tant convoité.

ensemble, avec l'orchestre du Bœuf sur le Toit, un bal pour les enfants de Roger de Vilmorin. À l'entrée du « Musée » Vilmorin, les femmes recevaient une rose, les hommes un épi de blé. « Là nous dansâmes, se souviendra Cocteau, sous les girandoles des lampions, entre les semble citrouilles, les semble courges, les semble fraises, les semble pamplemousses, et les lampions qui semblaient eux-mêmes des semble lune et des semble soleil. C'était un beau bal de famille ! Et les jeunes couples se promenaient entre le bal et le parc de l'ancienne résidence de Mademoiselle de La Vallière. »

Maintenant Louise ne faisait pas que passer, elle s'installait. Et pour toujours. Cela elle ne le savait pas. La maison et son labyrinthe d'annexes disposées comme des dominos était un enchevêtrement de greniers, de remises, de réserves, de chambres, de salons et de bibliothèques sous les housses. Elle occupait la partie la plus belle qui ouvrait le plus avantageusement sur le parc.

Si elle dut attendre le début des années cinquante pour aménager le fameux « salon bleu » qui devait s'attacher à son nom et à sa légende, elle s'employa très vite à créer son « atmosphère », une atmosphère à la fois classique, précieuse et désuète. Elle s'organisa un charmant bric-à-brac que dominait un insolite mobilier Charles X gothique, adouci par un lit à baldaquin, des fauteuils Restauration et Second Empire, et des objets souvenirs qui, même lorsqu'il s'agissait d'objets d'art, étaient placés là, moins pour leur valeur artistique qu'en raison de leur poids sentimental et de leur pouvoir évocateur. Comme sa magnifique et rare collection d'objets anciens en argent massif, et ses plats en cuivre qui décoraient les murs de la salle à manger. Ou encore son petit cerf à tête articulée qui ornait la table et auquel Louise prêtait les vertus d'un talisman ; elle l'appelait « mon fifi ».

Les séances de travail avec Coco Chanel la préoccupaient

plus qu'elles ne l'occupaient. Chanel avait beaucoup de souvenirs de rechange car elle ne voulait pas que tout fût dit. Elle avait décidé de se rajeunir de dix ans pour effacer les années les moins avouables ou les plus audacieuses de sa vie, celles où elle vendait ses charmes. Louise s'accommodait mal de cette impasse, mais enfin, elle voulait respecter ses engagements. De ce travail dépendait sa sécurité future. Raymonde Corniglion-Molinier, qui peignait sous le nom de Raymonde Heudebert et qu'elle rencontrait chez Denise Bourdet, lui avait dit : « Coco Chanel est une midinette doublée d'une femme d'affaires, ayant toujours bien choisi ses liaisons. Peu de culture, mais admirablement intelligente, elle n'est pas bonne mais généreuse. »

Louise avait de l'admiration pour les gens qui partent sans rien que leur courage, leur volonté, et atteignent leur but ; il y faut tant de suite dans les idées, jamais de rêvasseries inutiles et nuisibles ! Il fallait qu'elle persévère.

Pourtant, son retour à Verrières n'eut rien de la féerie du *Retour d'Erica* à Bourg-en-pas. Sa « résurrection » tardait. Qui pourrait quitter l'hôtel Borghèse de la rue du Faubourg-Saint-Honoré, son service, ses chauffeurs, sans un pincement au cœur ? Si son intimité avec les Cooper était intacte — elle s'était même renforcée avec Diana — elle n'habitait plus avec eux et elle n'avait pas imaginé, écrivait-elle à André et à Jean Hugo, que cette cohabitation qu'elle jugea si souvent artificielle et « rigolote » pourrait tant lui manquer. « Hier je vivais avec Duff et Diana et je passais ici trop rapidement. Je me sentais coupable. Aujourd'hui je vis ici et je passe mon temps chez eux. Je me sens toujours coupable, mais malheureuse aussi. Que faire ? »

Duff Cooper, à son tour, dut rentrer à Londres. Il donna un grand bal d'adieu le 11 décembre 1947. Une soirée de clôture éblouissante sous la présidence de Winston Churchill et de Robert Schuman. On dansa dans les sept salons, fox-trot, valse, rumba. Louise ne put retenir ses larmes et ce furent ces larmes, plus que les yeux clairs de Diana — des pistolets bleus, disait Cocteau — ou le cigare de Churchill qu'évoquèrent les journaux à potins.

Elle avait quarante-cinq ans. C'est son nom de jeune fille qu'elle avait imposé dans le Tout-Paris, dont elle était une des « locomotives » les plus adulées, les plus détestées et les plus jalousées. Certes, elle n'avait pas la fortune de Marie-Laure de Noailles qui la haïssait et lui enviait sa beauté, mais elle était libre. Cette liberté ne la comblait pas. « La pire chose au monde pour une femme, c'est d'être libre », disait-elle.

Quarante-cinq ans, n'est-ce pas l'âge d'un premier bilan ? Femme, elle avait manqué à ses filles qui lui manquaient. « Alexandra m'écrit une lettre géniale en annonçant son arrivée en France, écrivait-elle à André. Que penserais-tu de lui faire fête ? C'est mon sang. Un sang qui veut revenir à sa source sous une autre forme. Je fourmille de choses à te dire. » Alexandra, en effet, lui reviendra. Elle avait quinze ans, Jessie et Helena, en revanche, grandiront sans elle.

Écrivain, elle avait inventé une certaine attitude en face de l'existence, une façon de jouer avec le présent et le réel, en les identifiant aux contes enfantins, à la saynète et la vie de château 1830. Dès *Sainte Unefois,* elle révéla, en peignant le portrait d'une coquette qui n'aurait pas voulu l'être, une singulière aptitude à s'amuser avec sa propre tristesse. Dans son roman, *La Fin des Villavide,* un châtelain nonagénaire élevait à la dignité de duc... un fauteuil. *Le Lit à colonnes* transportait, dans une atmosphère de *Belle au bois dormant* et de bains de Bade, l'histoire d'un opéra volé. Un château prison, que Fabrice del Dongo aurait reconnu, y apparaissait gracieusement retouché par la vigne vierge et les oiseaux. *Le Retour d'Erica,* qui était sous presse, s'inscrivait dans la ligne d'Andersen.

Poète, elle avait séduit par l'exquise fluidité d'un style essentiellement musical. Sur la trame de ses strophes, Francis

Poulenc avait pu inscrire quelques-unes de ses plus charmantes mélodies.

Louise de Vilmorin avait le goût de la légende, du conte et de la poésie légère. Son imagination fantasque qui s'alliait à un charmant humour de limerick pouvait lui suggérer des métaphores d'une drôlerie irrésistible, dans lesquelles elle faisait entrer des aventures à mille épisodes. Le lecteur s'en amusait, s'en émerveillait jusqu'au moment où le comique et l'onirique lui paraissaient subitement s'engager le long d'une cinquième dimension où il ne pouvait plus les suivre. C'est ainsi que Louise était perçue et c'est ainsi que la critique accueillait ses livres. Une femme du monde qui se divertissait et nous divertissait en écrivant. Elle souffrait d'être enfermée dans cette image.

Sous les projecteurs elle brillait, et elle comblait d'inaccessibles rêves les jeunes filles qui s'habillaient aux Dames de France et à Prisunic, qui lisaient les magazines de mode et *France Dimanche.* Dans son for intérieur elle se jugeait comme une sotte, assise dans une chambre propre, qui attendait une visite.

Jean Hugo lui conseilla de se reposer après la « tornade des Cooper ». Il l'attendait quand elle voulait à Fourques. Dans une lettre de janvier 1948, il l'invitait à s'éloigner du tumulte parisien. « Je lis partout que tu es, avec Marie-Laure, Nora, Marthe de Fels, Marie-Louise Bousquet, Natalie Barney et Jacqueline Thome-Patenôtre, parmi les femmes qui font Paris. Tu peux d'un mot, d'une boutade, rendre célèbre un inconnu, transformer un poète affamé en grand homme indispensable, déniaiser les politiciens de province ! Mes félicitations. Tout ça, me dis-tu, te remplit de tristesse. Alors, quitte un peu ce navire ou monte en haut du mât les regarder s'agiter. Les mémoires de Coco te donnent une chance d'aller sur un terrain nouveau. »

Elle descendit à Fourques au début de février. Dans le même temps, Coco Chanel s'envolait en Constellation pour

New York, les cinquante premiers feuillets de son autobiographie sous le bras. Leur accouchement fut douloureux et n'était la vision des dollars au bout de la plume, Louise aurait craqué. Coco Chanel était un geyser bouillonnant qui avait le sens du drame. Son personnage oscillait sans cesse entre l'une des deux orphelines et la marquise de Carabas. Ce que piochait Louise dans le récit de ses confidences lui convenait un jour et plus du tout le lendemain. Bref, quand elle parlait d'elle-même, elle était souvent ennuyeuse et toujours fatigante. Quelle impression laisserait-elle aux éditeurs américains ? « Surtout ne montre rien, fais miroiter », lui avait conseillé Louise. « Laisse-moi faire, tu ne connais pas les Américains », avait répondu Coco.

Les nouvelles qui arrivèrent à Fourques quelques semaines plus tard balayèrent le projet : Coco Chanel reviendrait sans contrat. Élisabeth de Breteuil qui se trouvait aux mêmes dates à New York s'était empressée d'alerter son amie. « J'ai vu Coco. Elle n'est pas très contente. Je te préviens afin que tu puisses préparer ce que tu as à lui dire. Elle dit que " grâce à toi " elle revient sans contrat. N'a-t-elle pas réussi et veut-elle t'en imputer la faute ? Je le crois... Surtout, je ne t'ai rien écrit et tu ne sais rien de moi. Elle a parlé sans arrêt pendant trois heures et elle m'a assommée. En plus, elle fait 1926. C'est curieux son aspect à New York où tout est affreux, mais exagérément 1950. »

Louise qui comprit aussitôt — elle connaissait Chanel ! — que le livre ne se ferait pas ne cachait pas sa fureur. Dans sa situation, elle n'aurait pas dédaigné une poignée de dollars. Coco s'était-elle fait des illusions sur l'importance universelle de son personnage ? Tout éditeur vraiment désireux de publier les Mémoires de Chanel n'aurait-il pas signé, sans même la rencontrer, un contrat d'option de vingt mille dollars ? Louise en était convaincue, comme elle était certaine des maladresses de Chanel face aux éditeurs. « Si Coco me dit de ne pas continuer ses Mémoires, eh bien, je ne travaillerai plus que pour moi. J'aurai plus de plaisir et moins d'angoisse. Ici neige et grand calme. La vanité m'empêche de laisser couler mes larmes. Jean Hugo m'aime certainement mais il n'a pas confiance. Il a probablement raison et cela non plus n'est pas gai. À mon âge, on attache une grande importance aux sentiments ; on ne souhaite plus, à deux dans un lit, que la chaleur du cœur, l'abandon des soucis, l'impression d'être protégé. Les mouvements physiques de l'amour font presque peur ou honte, et en même temps semblent bien banals... »

Elle perdait ses rêves de « fortune » qu'elle avait écoutés avec confiance. Chanel ne prit aucune initiative. Elle ne se manifesta plus et, quand son silence eut dissipé les derniers doutes sur la réalité de ses intentions, Louise lui écrivit, dans ce style délicatement rosse où elle excellait : « Tu as été pour moi d'une extrême générosité dont je ne puis oublier les effets. Je t'en remercie du fond du cœur... Je n'ai qu'une plume pour voler dans les régions heureuses de l'indépendance. Je suis donc un pauvre oiseau. La réussite prive parfois ceux qui en bénéficient du sens de certaines réalités. Tu n'as que les responsabilités que tu as choisies. Je n'en connais pas l'importance. Les miennes sont d'ordre humain ; elles sont les conséquences d'une autre forme de vie, certes moins brillante que la tienne. Tu parles haut ; je parle tout bas. Tu as fait une fortune du sommet de laquelle tu imposes silence et dictes tes volontés. Mais à qui ? À toi seule. La leçon que je tire de t'avoir écoutée m'apprend à me retirer. C'est pourquoi tu comprendras que je te remette ici les dernières pages du travail accompli pour toi jusqu'à ce jour, sûre que tu le termineras seule mieux que je ne saurais le faire. Si ce n'est pas ton avis, dis-le-moi et sois certaine que je serais heureuse de te prouver mon attachement.

« Si tu n'as pas reçu des éditeurs américains l'attention que tu étais en droit d'espérer je le regrette avec toi ; mais quand à ton retour de New York tu savais que tes Mémoires ne pouvaient plus être considérés comme une opération financière avantageuse pour nous deux, tu aurais dû me le dire franchement. Je n'en aurais pas moins poursuivi la rédaction de ton livre car je n'ai pas d'avidité dans l'esprit et beaucoup d'affection pour toi dans le cœur. J'aurais simplement établi mon travail sur un rythme plus lent ; j'y aurais consacré moins d'heures par jour... Jamais je n'ai essayé de te forcer la main. Tu m'as beaucoup blessée en le croyant. Compte sur moi, si tu as besoin de moi ou si tu désires me voir je répondrai toujours à ton appel. J'y verrai une preuve d'affection qui me touchera profondément et me consolera peut-être. Je te demande pardon d'avoir été maladroite. On a toujours tort quand on ne se fait pas bien comprendre... Restons amies ; voilà tout ce que je désire. Je t'embrasse ma chère Coco en te remerciant encore. »

Elle renonçait le cœur gros, mais sans être « humiliée ». Les déceptions de cet ordre qui minaient sa confiance en elle lui étaient douloureuses et la cicatrice mettait du temps à se refermer. Elle resta à Fourques jusqu'à ce que Jean Hugo, qui préparait deux expositions à Genève et à Lucerne, s'en aille peindre à Collioure et sur les étangs de Grandville, tandis qu'elle-même prenait la route de Venise où elle fêta ses quarante-six ans dans le palazzo Polignac, sur le Grand Canal.

Triste fête ! Comme une épaisse enveloppe d'ennui lui isolait le cœur et la poisse lui collait !

Pour la première fois, en effet, depuis son repos forcé sur sa « Rossinante » à Saint-Jean-de-Luz, voilà bientôt trente ans, elle souffrait de la hanche. Elle dut subir à l'Hôpital américain de Neuilly une nouvelle opération qui l'immobilisa un bon mois au moment où sortait, chez Gallimard, *Le Retour d'Erica.* La critique fut, dans son ensemble, élogieuse, ce qui aurait pu lui mettre un peu de baume au cœur. Mais elle voulut briguer le Femina, ce qui était bien téméraire. Le plus médiocre stratège aurait pu deviner, en prenant simplement connaissance de la composition du jury, que c'était le dernier prix littéraire auquel pouvait prétendre une « figure du Tout-Paris » que citait, comble de l'insolence, Carmen Tessier. Comme le dira Roger Peyrefitte, on aurait, en ce temps-là, payé et payé cher, pour une ligne dans les *Potins de la commère.* Louise n'avait pas « une » ligne mais des paragraphes. De surcroît les dames du Femina venaient justement de découvrir, en 1948, la Résistance, et on sait que Louise sentait le soufre.

Elle n'avait aucune chance et il est assez curieux qu'elle se soit laissé embarquer dans cette course. Par naïveté sûrement. Guère par vanité ; elle avait beaucoup de défauts mais pas celui-là. Elle recueillit un maximum de six voix au sixième tour. Il lui en aurait fallu dix. Emmanuel Roblès pour *Les Hauteurs de la ville* fut couronné au treizième tour de scrutin après de longues et laborieuses négociations. Presque un record et une piètre consolation pour Louise qui se brouilla définitivement avec les dames du Femina. Quand, au début de 1952, après la parution de *Madame de* et de *Julietta,* elles la sollicitèrent pour les rejoindre et succéder à Madame Charles de Chambrun, elle refusa. « Je préférerais crever que de m'approcher de ce troupeau d'ânesses vaniteuses, écrivait-elle à Sacha de Manziarly. Fallait-il que je sois aveuglée par l'espoir quand j'entrepris pour *Erica* de leur faire à toutes une visite protocolaire ! Je ne me le pardonne pas. »

L'échec de son projet avec Coco Chanel, son opération de la hanche, les déboires du Femina, l'année 1948 avait mal tourné. Il fallait qu'elle s'échappe, qu'elle déambule d'un lieu à un autre comme elle savait si bien le faire quand la fatigue, la perte de ses amours, les contrariétés l'envahissaient et suscitaient sa nature mélancolique.

Une nouvelle période de sa vie commençait, qui allait concilier l'errance et la créativité. Des années à la fois obscures et lumineuses, faites de longues plages de solitude, plusieurs mois quelquefois au mas de Fourques, à Florence, à Venise, à Alpach, près de Brixlegg dans le Tyrol autrichien, enfin, à Sélestat ou à Bormes-les-Mimosas, chez Paul-Louis Weiller. Héroïque pilote de chasse durant la Grande Guerre, Paul-Louis Weiller fut parmi les tout premiers à réaliser des photographies aériennes d'un intérêt capital pour l'état-major français, et il garde de cette époque le titre de « commandant », auquel il tient encore beaucoup en dépit de son grand âge. Né en 1893, sa richesse, qu'il commença de bâtir en 1920 dans l'industrie aéronautique, rivalise avec celle des plus fortunés d'Europe. Aimant la compagnie des écrivains et des artistes, il ne refusa jamais d'accueillir et d'aider Louise.

« Mes armes sont voilées de crêpe, mes trophées le sont aussi et je ne vois plus à mon mur d'autre portrait que le mien. Il a besoin d'être retouché car sa ressemblance me fait peur ; c'est à ce travail que je m'applique à présent... » Déprimée et comme absente, elle écrira des lettres farouches et effarouchées à André, Jean Hugo, Sacha de Manziarly, Duff et Diana Cooper. Elle comptait beaucoup sur cette correspondance pour déverser le torrent de pensées qui emporterait avec lui cette confusion intérieure dont elle souffrait. Elle se laissait aller. Mais chez elle, le laisser-aller n'était pas synonyme de désordre, d'incohérence. Il n'y avait aucune trace de négligence dans cette résignation que lui imposaient les incertitudes du lendemain, et son vagabondage mélancolique ne l'empêchait, ni d'avoir de la drôlerie dans l'âme, ni de tenir le rôle qu'on attendait d'elle quand elle réapparaissait dans le monde. Elle passait des larmes aux rires et devenait brusquement femme de race, anxieuse de donner ce que son éducation ou plutôt ses principes la poussaient à montrer aux autres. L'orgueil d'elle-même, le seul qui importe, la tenait debout.

Celles et ceux qui l'admiraient, qui la lisaient, qui la

suivaient dans les magazines, ne pouvaient pas soupçonner sa solitude qui était réelle. Qu'importe qu'elle ait pu s'y complaire, y trouver cette volupté, ce délicieux vertige dont on a tous, un jour, éprouvé le besoin. La solitude qui était la sienne n'avait rien du caprice d'une femme gâtée et comblée.

Louise, durant ces trois années qui la menaient à ses cinquante ans — peut-être ceci explique-t-il cela ? — était à la lisière de la dépression. Une dépression masquée qui l'entraîna dans la création — c'est l'époque où elle écrira *Madame de*, *Julietta* et les poèmes de *L'Alphabet des aveux* — et dont elle ne se délivrera vraiment qu'au moment de sa rencontre avec Roger Nimier, l'été 1951, puis Orson Welles.

Si sa vie, observée de l'extérieur, était agréable, joyeuse et riche, elle se sentait en bordure des choses et il lui semblait qu'elle n'était pas capable d'aller au-delà d'un certain point. Elle aurait voulu dépasser ce point, mais, se plaignait-elle, elle ne le pouvait pas. « Mon image m'enchaîne. On me dit que ce que je fais est bien et c'est précisément cette qualité que l'on me trouve qui me désespère. Mon malheur c'est de vouloir aller plus loin. »

Jean Rouvier, un ami d'enfance, alors attaché culturel à l'ambassade de Vienne, lui conseilla, puisqu'elle souhaitait silence et repos, un hôtel très confortable dans un village perdu d'Autriche, au fond d'une des vallées de l'Inn, Alpach.

Elle s'y installa avec la ferme intention d'écrire sans se laisser distraire. Il en alla ainsi les premiers mois quand elle se lança dans des acrobaties poétiques, les caligrammes où excellait Guillaume Apollinaire, les olorimes, les palindromes, et autres figures de rhétorique, auxquelles Jean Hugo l'avait initiée dès ses premiers séjours à Fourques en 1935.

Enfant, Jean Hugo collectionnait les mots comme d'autres collectionnent les timbres. En guise de cadeau, quand il était « sage » ses parents lui offraient, joliment calligraphiés sur un petit carton, un mot, quelquefois deux, qu'il rangeait avec soin. Il avait gardé ce goût. Sa correspondance avec Louise, plus de cinq cents lettres, du 20 mai 1935 au 23 décembre 1969 — Louise est morte le 26 —, souvent accompagnée de dessins ou de gouaches collés sur le premier feuillet, outre qu'elle reflète une culture des plus fines et des plus complètes que l'on puisse rencontrer, est tout imprégnée de cette pédagogie que donne la connaissance parfaite du vocabulaire et de la grammaire. Il écrivait à Louise comme ces maîtres du XVIIe et XVIIIe siècle devaient écrire à leurs élèves favoris. La « bagatelle », sujet qui leur était sans doute trop familier, est absente de ce courrier. Louise, semble-t-il, est la seule femme auprès de laquelle Jean Hugo joua ce rôle de Pygmalion. Elle s'épanchait, elle l'amusait ; il l'instruisait au hasard de leurs retrouvailles.

En tout cas il ne lui écrivit jamais autant qu'entre janvier et avril 1949, alors qu'elle se débattait, prise d'une inquiétante frénésie, avec des olorimes et des palindromes.

Elle s'enfermait avec ses dictionnaires, dressait des listes de mots, oubliait les heures, se grisait de ses constructions qu'elle envoyait aussitôt à son frère André et à Jean Hugo, en leur demandant de les lire « vite », éventuellement de les améliorer, surtout de corriger les fautes d'orthographe qui avaient pu lui échapper. Elle s'étourdissait et resta plus de trois mois sans voir personne, seule dans une montagne muette, immobile, sous un ciel bas de fin d'hiver. « Je vois exactement ce que je veux faire et je n'y parviens pas. Probablement que je n'ai pas assez mûri mon affaire. La pomme est là, je la regarde, je la caresse, je la porte à ma bouche et quand j'y mets la dent, aïe ! qu'elle est acide ; elle n'est pas prête. »

Aussi longtemps qu'elle n'avait pas construit son olorime ou son palindrome, elle ne trouvait nul repos, nulle tranquillité, nul silence ; elle s'épuisait sans cesse. « J'en ai le tracassin. Faut-il que j'y mette le holà ? Je vois les mots comme je vois des noix entourées d'une coque dure. Si je parviens à faire craquer l'enveloppe je pourrais en saisir l'amande, l'essence, savoir de quoi celle-ci est faite et pénétrer le mystère qui permet l'évocation comme l'invocation. Aujourd'hui je t'envoie un autre genre de poème, qui n'est composé que de sept notes de la gamme non chromatique... »

Elle était dans les savantes recherches de nos poètes de la Renaissance quand André lui annonça la mort subite de Bébé Bérard. Quarante-sept ans, dans la plénitude de son talent, il était mort, comme Molière, au théâtre, au moment même où, après la représentation du soir, il allait passer une partie de la nuit à régler les éclairages du dernier décor qu'il avait conçu : celui des *Fourberies de Scapin* au Marigny. Maître incontesté des illusions scéniques, il régnait alors sur le cinéma et sur tous les théâtres, de chez Jouvet à la Comédie-Française. D'un mouchoir ou d'un chiffon, il faisait à son gré — prestidigitateur imbattable — un pigeon ou un chapeau. Après avoir drapé à l'antique un manteau pour l'Électre de Giraudoux, c'est lui qui coupa la robe de l'Armide si chère à Jean Cocteau. Paris cria au miracle et il habilla Paris, avec une virtuosité éblouissante et raffinée. Il conseilla Marie-Blanche de Polignac et Louise pour Lanvin. Du chérubin rose qu'il fut d'abord, il était devenu une sorte de silène dont le visage encore poupin disparaissait sous une abondante barbe. Il n'y a pas de gloire plus éphémère que celle de ces arlequins géniaux, de ces amuseurs dont la générosité, la prodigalité tournent les têtes et dont la parade finit brusquement. Aujourd'hui, heureusement, on redécouvre ses décors et son œuvre de peintre.

Louise le pleura. Elle avait juste son âge. Elle aurait voulu se précipiter en France mais une « grippe carabinée » la clouait dans sa chambre d'Alpach. « Cette mort est rendue encore plus triste du fait de la vie de Bébé. Il n'a pas respecté ses dons. Par faiblesse, il n'a réalisé aucune de ses ambitions. Son œuvre n'a pas vu le jour et le voilà mort, le voilà entré dans le royaume des morts, le pauvre enfant désordonné, bouillonnant de bonté, de faiblesse et d'excuse. Je suis au désespoir d'avoir perdu cet ami, cette présence, cet artiste, ce visage, cette personne, ce trémoussement, cet être exquis et excellent à qui on pardonnait tout, cet être vraiment aimé. Mon André, je suis vraiment au désespoir. Cette mort est trop triste. Le cœur et la pensée imprégnés de la triste réalité de la mort de cet ami, je n'ose te parler de ma vie, de mon travail, ni de rien de ce qui m'entoure. Ce sera pour la prochaine fois dans une prochaine lettre. »

Son travail continuait de l'emmener dans le labyrinthe de plus en plus tortueux de ses prouesses rhétoriciennes. André l'implorait de lever le pied. Elle s'épuisait et elle était épuisée. Trois mois seule avec elle-même et sa manie, sur les hauteurs d'Alpach, c'était long. Pour avoir voulu fuir, elle avait vraiment fui ! Aurait-elle pu perdre la tête comme le redouta un moment son frère, si Jean Hugo n'était venu l'arracher à sa dangereuse passion ? Les olorimes et les palindromes avaient conduit à la folie plus d'un de ces moines du XIVe et du XVe siècle, acharnés à trouver tous les sens et toutes les correspondances des mots, de leurs analogues ou de leurs contraires. Ce qui est simple jeu sur une syllabe ou deux devient un problème dès qu'il s'agit de trois ou quatre. Si l'on veut passer jusqu'à huit ou douze, l'exercice est diabolique.

Il est temps, d'ailleurs, de donner quelques échantillons de ces œuvres étranges qui ne furent éditées que plusieurs années après avoir été composées. *La Revue de Paris*, dans son numéro d'août 1952, en présenta une courte sélection et, en 1954, Gallimard, sous le titre *L'Alphabet des aveux*, publia l'ensemble de ces « curiosités littéraires » comme les appelait Louise. Cet important recueil, illustré par Jean Hugo, mélangeait les genres, le classicisme du « Voyageur en noir », poème tragique de cinq cents vers, ou la « Ballade nocturne », avec les tours de force poétiques les plus divers.

Les palindromes sont des phrases qui se lisent dans les deux sens. Si certains paraissent simples : « Eh ! ça va la vache ? » ou : « Ému ce drôle de Lord écume », d'autres forment une curieuse leçon de choses : « L'ami naturel ? Le rut animal. » Tandis que tous essaient de préserver la tournure poétique : « Un écho, un été retenu, oh ! ce nu ! » ou

Rue :
Verte fenêtre
Verte nef
Et rêveur.

Les olorimes sont des vers qui se reproduisent musicalement — toutes les syllabes riment entre elles — soit d'un vers à l'autre, soit d'une strophe à l'autre. Depuis les deux vers fameux :

Étonnamment monotone et lasse,
Est ton âme en mon automne, hélas !

jusqu'à ce poème qui en compte vingt et un, où les figures vont, viennent et se répondent allègrement :

À CORDOUE

Accords doux
Décors d'août
C'est tôt beys zélés
À Cordoue.

Lâchant son silence
La chanson s'y lance :

Cette eau baise, ailée,
À Cordoue,
Sept obèses et les

Louise de Vilmorin

Accords d'août
Des corps doux.

Et le vent
Oscille en silence
Élevant,
Oh ! si lent, six lances.

À Cordoue,
Bais et laids,
Beys zélés, maintenant,
Baisez les mains tenant
Baies et lait :
Accord doux.

Louise ne s'arrêta pas aux palindromes et olorimes. Elle se livra à d'autres fantaisies qui sont sans exemple et qui témoignent de l'état d'excitation où elle se trouvait. « L'alphabet des aveux », le poème qui donne son titre au recueil, est entièrement composé de syllabes dont le son renvoie à toutes les lettres de l'alphabet !

Abbaye, Abbaye,	ABI, ABI
J'ai assez cédé, aimé, obéi	G AC CD MÉ OBI
Et double vécu et rêvé et fui.	É WQ RÉV FUI
Ogive et émaux et miel et mer	OJV MO MIL MR
Abbaye, Abbaye,	ABI, ABI
Hélène aima et fit grecs et la chair et l'été	LN MA FY LHR LÉT
J'ai assez aidé et fêté	G AC ZÉ FÉT
Et les baisers d'hier	LÉ BZ IR
Et les ruelles d'été	L RUL DT
Élégies éphémères	LÉJ FMR
Au doux bleu végété	OWGT
Abbaye, abbaye,	ABI, ABI
J'ai été au pays des héros,	G ÉT O PI D RO
Ève et des déesses y errent :	ÉV D DS IR

Louise de Vilmorin

Et l'effigie des haines y est liée aux déités,	L FIJ D NE ILIÉ O DIT
Et les fées huées et fixées au gibet des aides	LFÉ UÉ FXÉ OJBDZ
Et l'épée des héros y gisait démodée !	LÉP D RO I JZ MOD
Et là, et lassée	LA LAC
Abbaye, abbaye	ABI, ABI
Au doux bleu végété	O WGT
Des pays, des héros, des baisers d'hier,	D PI DRO D BZ IR
J'ai cassé et ma chaîne	G KC MHN
Et ma cage et j'ai été achever	MA KGG ÉT HEV
Et suaire	SUR
et	É
Ave.	AV.

Quant aux calligrammes, on pourrait les citer tous, tant ils sont cocasses. Composer un calligramme, ce n'est pas seulement transcrire un poème sur les lignes d'un dessin. Il faut que la place des mots se justifie par leur assonance. Voici un bel exemple :

CARAMBA !

Caramba ! Trépas ! Leçon ! Marie est en larmes !
Aux larmes ce couteau l'aide,
(Tu perds ce vain chœur épars)

Car en bas, très pâle son mari étend l'arme
(Oh ! l'arme secoue Tolède !)
Tue, perce vingt cœurs et part.

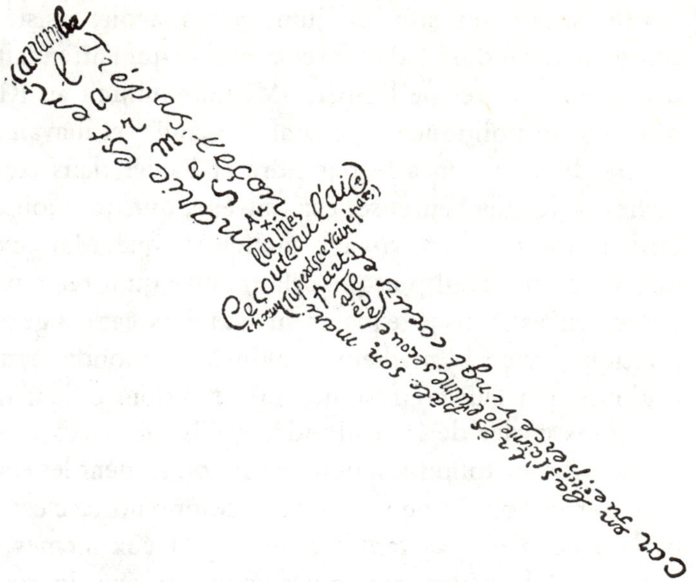

Enfin, beaucoup préféreront peut-être, tout prosaïquement, les épigrammes dignes d'Alphonse Allais et de Charles Cros, dont un, le plus célèbre, est dédié à Gaston Gallimard : « Je méditerai, tu m'éditeras. » Il fallait y penser. Un autre s'adresse aux marins : « Là les pères vont en mer, là les mères vont en paire », et puis, désabusés, ces deux derniers : « Un amant, cela ment, une amante se lamente » ; « Je t'enlacerai, tu t'en lasseras. »

Elle quitta sa retraite d'Alpach avec regret. À Paris, *Le Retour d'Erica* était encore à la vitrine des libraires et le premier volume de la collection « La France en images » venait de paraître : *Lettres d'amour*, recueillies et commentées par Marcel Brion. « Ces lettres messagères sont devenues des missionnaires, bravant les sables de l'indifférence », écrivait Louise dans son introduction.

Elle revoyait la « bande » et participa à la célébration des cinquante ans du Maxim's. Elle reprenait le rythme de la vie parisienne mais sans excès et sans joie.

Elle soupa un soir de juin, après avoir assisté à la représentation d'un ballet, avec Malraux qui l'attendait dans un restaurant près de l'Opéra. Malraux militait au RPF, le mouvement politique du général de Gaulle, et il avait invité André de Vilmorin à le rejoindre et l'aider dans certaines tâches. « Je suis heureuse, écrivait-elle, quelques jours plus tard à son frère en voyage d'affaires, que Malraux t'ait demandé un travail puisque cela montre qu'il reconnaît tes compétences. Mais je te plains quand même car ces gens de la politique, avec la meilleure volonté du monde, jetteront toujours, par leur confusion, leurs ambitions et leur nervosité (sans parler de la haute idée qu'ils ont d'eux-mêmes), l'obscurité sur toutes les lumières qui pourraient les éclairer. S'ils ont le don de ne pas se faire comprendre, c'est qu'en parlant ce n'est pas tant à l'autre qu'à eux-mêmes qu'ils parlent. L'obsession provoque en eux une sorte de somnambulisme. On ne peut leur parler comme à des êtres normaux. Leurs oreilles sont à l'intérieur... » Une des rares appréciations écrites de Louise sur la politique.

Si sa passion pour les palindromes et olorimes s'était éteinte, elle avait commencé la rédaction de *Julietta.* Comme Montherlant, Louise n'écrivait jamais une nouvelle ou un roman sans leur avoir, d'abord, donné un titre. Elle travaillait à Verrières, au premier étage, près de sa chambre, dans une petite pièce qui ouvrait sur le jardin. « Dieu veuille que mon peu d'esprit éclaire ma conscience et que l'un et l'autre guident ma plume », avait-elle épinglé sur l'abat-jour de sa lampe.

Le 30 novembre 1949, André de Vilmorin épousa Andrée de Montesquiou. Le mariage fut célébré à Verrières. C'était, rapportèrent les journaux, un beau mariage où se bousculèrent le Tout-Paris mais aussi les Cooper, et Pali Palffy. Malraux s'excusa. Andrée de Montesquiou était d'une subtilité et d'une beauté qui pouvaient, aisément, rivaliser avec celle de sa belle-sœur, bien qu'elles fussent d'une nature différente. Peut-on dire que Louise appréciait les hommes à l'aune des qualités de son frère, tout comme celui-ci jugeait les femmes à la lumière de l'aura qui entourait sa sœur ? En tout cas, André ne lui appartiendrait plus comme avant et elle en conçut, sans en avoir l'air, un serrement de cœur.

Après la noce, elle reprit le train pour Alpach afin d'y terminer *Julietta,* mais elle eut cette fois la surprise d'y trouver la veuve de Freddie Hortsmann, Lally Hortsmann, alors âgée de soixante-six ans, qu'elle avait connue pendant la guerre à Berlin. Lally Hortsmann habitait un chalet avec son amant officiel, Anthony Marreco, barrister anglais de cinquante ans qui avait participé au procès de Nuremberg. C'était très exactement ce qu'on appelle un bel homme, grand, brun, les yeux bleus, le visage viril et distingué.

Louise entreprit de le séduire et au bout de quelques jours Anthony Marreco était à ses pieds. Lally Hortsmann fit une tentative de suicide qui fut sévèrement jugée par les villageois d'Alpach et elle plia bagage.

De leur côté, Louise et Anthony ne tardèrent pas à quitter leur montagne. Elle avait terminé *Julietta,* et voulait visiter Vienne avant de rentrer en France. Depuis 1934, l'humeur changeante de ses regrets l'avait souvent poussée à retourner dans la capitale autrichienne mais elle avait toujours retardé l'échéance. Vienne était devenue une sorte de point de ralliement où tous ceux qui avaient pu sortir de Bohême, de Moravie, de Slovaquie et de Hongrie se retrouvaient entre amis et parents, échangeaient des informations, évoquaient des souvenirs, avant le départ forcé pour l'étranger et l'exil. Ils arrivaient à Vienne comme en un lieu de dernière rencontre, et comme à la première étape sur le chemin de l'inconnu. Louise redoutait cette Vienne-là qui était si loin de celle qu'elle avait connue et tant aimée. L'occasion de s'y rendre avec son nouvel amour avait fait tomber ses réticences.

Le 1er janvier un ami les conduisit au grand concert des

Strauss, père et fils, qui continuait d'avoir lieu tous les ans à cette date. « Lorsque, terminant le concert, *La Valse de l'Empereur* se fit entendre, il y eut dans tous les regards des larmes d'émotion qui étaient aussi des larmes de joie. Les Viennois pouvaient se dire : " Cela nous appartient encore. " Ce concert m'apparut comme un acte remarquable d'indépendance et de courage. »

Ils s'agenouillèrent dans la cathédrale Saint-Étienne, visitèrent Schönbrunn que la guerre avait laissé intact et traversèrent le jardin du Belvédère de Renneweg jusqu'à la terrasse d'où Canaletto a peint son célèbre tableau du panorama de Vienne. Et ils rejoignirent Paris.

Anthony Marreco était d'apparence flatteuse et Louise l'emmenait partout. Ce qui la flattait, la réconfortait et, si elle n'avait pas avec lui cette connivence qui distrait de la solitude, elle s'accommodait de ce compagnonnage libre de toute contrainte.

Les rendez-vous se bousculaient sur son agenda. Outre ses nombreux voyages à Londres, quand le travail y appelait Anthony, on l'apercevait chez Balenciaga, coiffée en petite fille, des nœuds de ruban dans les cheveux.

Chez Lanvin, venue essayer les « frileuses », châles d'organdi, écharpes de guipure, pèlerines de taffetas écossais. Au bal de l' « Essor », association charitable de secours à l'enfance malheureuse que présidait la baronne de Cabrol ; avec Marcel Achard elle avait écrit les sketches et s'était elle-même habillée du costume traditionnel hongrois, un style qui n'était pas loin de son élégance habituelle.

Chez Maxim's, où Madame Vaudable invitait chaque mardi trois célébrités du théâtre, de la littérature ou de l'écran, chacun apportant une recette ; elle fit des « crêpes louisette ». On la voyait chez Patachou, entre Maurice Chevalier et Francis Carco. Au Véfour, en compagnie de la princesse de Chimay, la princesse de Faucigny-Lucinge, Rosemonde Gérard, Arletty, Gérard d'Houville, elle fêta la réédition du roman *Les Causes perdues* de Violet Tréfusis. Romancière distinguée, disciple de Sapho — sa liaison avec Vita Sackville-West avait fait jaser dans les années vingt — Violet Tréfusis traversait son siècle entourée d'escortes chimériques, mondaines et littéraires. Un brillant palmarès couronné d'une touche inattendue de mystère : elle fut un agent fameux des services secrets britanniques. En France elle habitait la belle demeure gothique de Saint-Loup ; en Italie la villa Ombrellino, dans la Toscane florentine, ce qui lui valut, dans les dernières années de sa vie — elle mourut en mars 1972 — d'être appelée « la Dame de Florence ». Louise, qui l'avait connue par Jean Cocteau, la retrouvait souvent avec la « bande » des habitués : Madeleine Le Chevrel, Bébé Bérard, les Bourdet, Nora et Georges Auric, Jacques Février... « J'ai été naguère à Saint-Loup chez Violet Tréfusis, écrivait-elle à Duff Cooper. Il est vrai qu'en France elle a eu non seulement un certain succès mais un succès certain avec certaines femmes. Antoinette d'Harcourt, dit-on, pleurait d'amour sur son sein. Je la trouve laide et peu appétissante et je ne pourrais boire dans son verre sans craindre les pires malheurs : être immédiatement changée en crapaud, par exemple. Voilà ce qu'elle m'inspire. Elle m'effraie mais je ne la déteste pas. »

Louise s'était rapprochée de la revue mensuelle *La Table Ronde* dont le premier numéro parut en janvier 1948, au début de la guerre froide. Si elle prit aussitôt pour cible l'idéologie communiste, ce qui répondait aux actions que menait Louise en faveur des réfugiés hongrois, *La Table Ronde* se voulait d'abord et avant tout une revue d'écrivains qui se revendiquait comme telle : « ... Nous voudrions que, dans ces pages au moins, l'écrivain pût dire ce qu'il a à dire sans se préoccuper de qui il fait le jeu. Si dire la vérité, c'est être réactionnaire, c'est grand dommage pour la révolution. Nous n'y pouvons rien... » L'idée de la revue vint de Thierry Maulnier et c'est là que François Mauriac inventa son célèbre

Bloc-Notes qu'il continua au *Figaro* et à *L'Express*. André Malraux figurait au comité de rédaction. Jean Paulhan, Albert Camus, Raymond Aron signaient dans le premier numéro. Par la suite les sommaires furent toujours impressionnants : Paul Morand, Cocteau, Marcel Jouhandeau, Julien Green, Léautaud, Jacques Chardonne, Montherlant, Marcel Aymé, Julien Gracq, Giono, Jules Roy, et le groupe des jeunes écrivains dits de « droite », Roland Laudenbach, Jacques Laurent, Roger Nimier, Antoine Blondin...

Si beaucoup de ces écrivains étaient ses familiers, ce fut Georges Poupet, que Louise connaissait depuis très longtemps, qui l'imposa dans ce groupe. Pur de toute vulgarité, doué d'un sens littéraire très fin, Georges Poupet vivait comme en marge de sa réalité, dans cette sorte d'exil où se réfugient ceux qui se connaissent trop bien et devinent trop facilement les autres. Il conseillait Louise dans son travail, dans le choix de ses lectures. Bibliophile, collectionneur d'autographes, il était sans que l'on sache pourquoi et comment l'éminence grise des éditions Plon. « Il n'aimait pas, je crois, écrira Louise au lendemain de sa mort, le fait de sa vie et l'on aurait dit que sa vie ne l'aimait pas. »

Elle le voyait souvent rue de la Chaise au temps glorieux de Mélanie de Vilmorin, puis chez lui rue Garancière où il recevait tous les lundis soir. C'est là qu'elle rencontra celui qui devait traduire, en anglais, son roman *Le Lit à colonnes* et la faire connaître outre-Atlantique et outre-Manche. Ensuite, ce sera Duff Cooper qui traduira *Madame de*.

La Table Ronde publia le début de *Julietta* dans son numéro de janvier 1950. Louise cohabitait avec François Mauriac, Karl Jaspers, Alberto Moravia. Elle engagea des tractations avec Gaston Gallimard qui lui promit d'éditer *Julietta* à la rentrée littéraire suivante. Une promesse qui ne fut pas tenue, ce qui devait tendre un peu plus ses relations avec son « très cher Gaston ». Surtout qu'elle était comme à son habitude empêtrée dans d'insolubles problèmes d'argent auxquels, miraculeusement, André finissait toujours par trouver une solution. « Traversant Magny-en-Vexin, lui écrivait-il un jour, j'ai eu l'œil attiré par une petite fille en céramique, assise à la fenêtre d'un brocanteur. Trouvant qu'elle te ressemblait, je me suis arrêté pour l'acheter et j'ai découvert qu'elle portait un panier-tirelire, lequel n'avait pas de fond. J'ai compris que c'était bien toi... »

Pour la distraire de ses ennuis, Paul-Louis Weiller lui offrit l'hospitalité à Sélestat dans le Bas-Rhin. Anthony Marecco venait la rejoindre chaque fois que possible. Elle se partageait entre l'écriture de son long poème « Le voyageur en noir » et la composition qui fut lente de *Madame de*. Pourtant, et on ne connaît pas d'autre exemple dans son œuvre, elle s'inspirait directement d'un homme qu'elle avait beaucoup connu et aimé à Vienne, le comte Kari Wilczek. Quant au titre, il est né de sa paresse. Elle voulait un nom et aucun ne la satisfaisait, si bien qu'elle désigna son héroïne par « Madame de » en attendant de trouver mieux. Elle s'y habitua et le nom lui devint peu à peu irremplaçable.

Alexandre de Manziarly, désormais consul général à Genève, lui rendait régulièrement visite. Elle s'était liée au chanoine Walter, un éminent bibliothécaire, spécialiste des incunables du XIIe siècle, qui avait consacré une partie de son existence à recomposer l'*Hortus Deliciorum*, somme de la culture et de la connaissance du Moyen Âge, dont le seul exemplaire avait été détruit dans l'incendie de la bibliothèque de Strasbourg en 1871. Il avait le don de parler avec gravité des choses nobles et il éblouissait Louise par son érudition.

Ce ne fut pas une retraite, plutôt un havre de tranquillité d'où elle pouvait, si nécessaire, revenir à Paris. Elle était saisie, en effet, d'une fébrilité active qui n'était pas sans rappeler sa frénésie pour les palindromes et les olorimes. Mais elle avait changé de champ et se déployait désormais dans tous les domaines où pouvaient la conduire ses relations parisiennes et l'image publique qu'elle s'était composée.

Il serait fastidieux d'énumérer tout ce qu'elle entreprit durant ces mois qui précédèrent la publication de *Madame de* et de *Julietta.* Son nom était, de façon définitive, amarré à la vie parisienne et il n'y avait pas de présentation de mode, de vernissage, de premières au théâtre ou au cinéma, de galas prestigieux, de soirées exceptionnelles où elle n'ait été sollicitée, ici pour une préface, là pour un discours, ailleurs pour la mise en train d'une idée. Dans la plupart des journaux, surtout les plus populaires, existait encore la rubrique « Mondanités » qui tenait à jour l'emploi du temps d'une soixantaine, guère plus, d'étoiles du firmament de notre capitale.

Elle fut des bals parés et travestis qui marquèrent au plein sens d'une formule galvaudée « la fin d'une époque ».

Marie-Laure de Noailles qui avait transformé les salons de son hôtel particulier en bourgade imaginaire, « Lune-sur-mer », donna son dernier grand bal privé qui allait être aussi le dernier du genre à Paris. Le thème en était le lancement d'une station balnéaire aux alentours de 1900. Marc Doelnitz avait réglé le spectacle. Les couturiers s'étaient métamorphosés en costumiers. Rien ne manquait : la mairie, la plage, le casino, le bistrot, la forêt, l'établissement thermal, le cirque, le musée... Louise tenait la poste. Les invités pouvaient lui remettre des lettres aussitôt acheminées par deux facteurs. Le clou de la soirée : la hiératique comtesse Maxime de La Falaise, casquée de fougères, pleurait des larmes en vrais diamants. On dansa jusqu'à potron-minet.

Peu de temps après le bal des Noailles, Louise séjournait à Bormes-les-Mimosas à « La Reine-Jeanne » — autre propriété de Paul-Louis Weiller —, et, se réveillant un matin, elle chercha Anthony Marecco. Il avait disparu. Il s'était envolé pour le Brésil retrouver Lally Hortsmann, retirée dans un palace de Rio de Janeiro. Ils y vécurent maritalement, puis Lally mourut dans des circonstances assez mystérieuses, lui laissant une immense fortune qu'il partagea avec les héritiers. Dans la corbeille, il y avait le plus important des quotidiens allemands, le *Frankfurter Zeitung*. Anthony Marecco acheta un château et des terres dans le sud de l'Irlande, s'y retira et oublia Louise, ses amis et ses confrères du barreau de Londres.

Louise reprenait sa promenade solitaire. L'avait-elle jamais quittée depuis sa séparation d'avec Duff Cooper ? Elle ne souffrit pas du départ précipité d'Anthony. « Tout était violent et violence en lui, même la bonté. Je me faisais des reproches de la lassitude que je manifestais lorsqu'il m'agaçait. Je ne faisais que lui détraquer l'idée qu'il avait de son avenir. »

Quelle drôle de vie que la sienne ! Que d'illusions et de rires adressés aux passions, que d'années, que d'empreintes et quelle longue jeunesse !

La Revue de Paris, dans sa livraison de février 1951, avait publié *Madame de*, nouvelle que remarqua Bernard Grasset, toujours à l'affût du mauvais tour qu'il pourrait jouer à son alter ego, ami et adversaire Gaston Gallimard. Il y avait aussi chez Grasset une obsession des « débuts » et il n'oubliait jamais que l'on commence un livre par sa première page, mieux encore, par sa première phrase, l'incipit. Celle qui ouvrait *Madame de* ne pouvait que l'avoir touché par sa limpidité et sa précision toute classique : « L'amour, en traversant les âges, marque d'actualité les événements qu'il touche. »

Grasset lui écrivit aussitôt pour lui proposer un tirage limité dans les « Cahiers verts », la prestigieuse collection qu'il avait lancée en 1920 avec *Maria Chapdelaine*, de Louis Hémon, et à laquelle il essayait de redonner un élan.

Le contrat qu'elle avait signé avec Gallimard lui permettait cette infidélité, et André se proposait de rendre visite à Louis-Daniel Hirsch, directeur commercial de la maison, pour l'informer. « Je lui déverserai aussi ma bile quant à leur façon de te traiter. Je lui dirai, *in fine*, que c'est par amitié pour Gaston que tu n'as pas donné *tous* les droits à Grasset. Il faut te faire respecter et payer les gens avec leur propre monnaie. »

Sa démarche ne fut pas vaine. Les éditions Gallimard dans leur bulletin de mai annonçait, enfin, la parution de *Julietta* dont la publication dans la revue *La Table Ronde* remontait à plus d'un an.

« *Louise est mon nom de guerre lasse.* »

L'été 1951 fut l'été de Louise. Plus exactement ce fut l'été de *Madame de*. « Avez-vous lu *Madame de ?* », le mot courait Paris, les stations à la mode et l'on s'arrachait le petit livre sous sa couverture de parchemin des « Cahiers verts », son papier filigrané, sa typographie soignée, ses grandes marges blanches. Grasset s'amusait de son « coup ». Louise était radieuse. Les critiques, jugeant le livre « trop mince » pour s'y attarder, en parlèrent peu mais en parlèrent bien et s'accordèrent à lui trouver les qualités d'un « chef-d'œuvre du genre », l'expression qui revint le plus souvent sous leur plume. On évoqua *La Princesse de Clèves* de Madame de Lafayette, que Louise n'avait jamais lue.

Marcel Achard dans l'hebdomadaire *Opéra*, alors très en vogue, fut le plus enthousiaste : « C'est un chef-d'œuvre. Vous pensez bien que je n'irais pas vous dire une chose pareille et me ruiner à jamais dans votre esprit si j'avais le moindre doute. Ce conte est aussi indiscutable qu'une nouvelle de Mérimée (en moins glacé), qu'*Adolphe* (en moins puissant) ou que *La Princesse de Clèves*. Il est d'une rigueur classique et d'une grâce méchante, très XVIIIe siècle. »

Mais ce furent les lettres de Paul Léautaud, *Le Grincheux de Fontenay,* et de Julien Green qui lui firent le plus plaisir. « Au bout de quarante ans d'occupation, lui écrivait Léautaud, je change de propriétaire. Deux femmes maintenant, un peu deux folles, et plus que mûres et qui, je crois même, font l'amour ensemble. Mon habitation est une ruine. Après deux ans, on me propose quelques petits travaux, on n'en fait rien. Elles sont parties en voyage, je retrouve au moins ma tranquillité. J'en profite pour m'acquitter avec vous du grand plaisir et de la grande surprise que vous m'avez faits en m'envoyant votre *Madame de,* si parfaitement édité par Grasset... C'est vrai que j'ai été bien surpris en recevant votre livre. Qu'est-ce qui vous a pris ? Savez-vous que je n'ai pas oublié notre dîner avec les époux Gallimard, ce n'est pas d'hier... Maurice Sachs était là, à vos pieds, visiblement en adoration de vous... *Madame de* m'a vivement intéressé, en dépit de ma perte de tout goût pour les ouvrages d'imagination. Je ne reviens pas de la trouvaille de votre sujet, en réalité simple comme bonjour, et pourtant si plein de nuances... J'exprime souvent cette sorte d'axiome : si bref qu'on écrit, on écrit encore trop long. C'est vous dire si vous m'avez plu par votre netteté et votre simplicité... P-S : Vous êtes bien jolie sur le profil qu'a publié *Combat.* »

Pour Julien Green, *Madame de* fut un des émerveillements de l'année. Depuis très longtemps il n'avait lu un livre écrit d'une main plus sûre et plus légère. Il lui avoua qu'il l'enviait beaucoup.

De quoi s'agissait-il ? Madame de, pour payer ses dettes, vend, sans le dire à son mari, des boucles d'oreilles de diamant. Son premier mensonge provoque des mensonges en chaîne. Elle doit mentir à son époux, à son amant, elle perd et l'un et l'autre, elle perd aussi la vie et elle ne retrouve ses boucles d'oreilles que sur son lit de mort. Dans les éditions Grasset et Gallimard confondues, *Madame de* frôla les deux cent cinquante mille exemplaires. C'était, depuis la Libération, le plus gros succès dans la catégorie des romans de femmes, juste derrière *Les Mandarins* de Simone de Beauvoir.

Le sujet de *Julietta* est aussi simple si le livre est plus épais. Une jeune fille, Julietta, descend d'un train pour rendre à un jeune homme l'étui à cigarettes qu'il a oublié dans le compartiment. Le train s'en va avant qu'elle n'ait le temps de remonter. Le bel inconnu lui offre l'hospitalité dans sa maison de campagne. Elle en profite pour s'y cacher, pour échapper au mari que lui a promis sa mère ; elle s'incruste créant ainsi pour son hôte une situation intolérable, équivoque et bouffonne. Elle l'exaspère, le charme et finit par faire son bonheur.

Julietta déchaîna la ferveur des critiques qui ne se mobilisèrent jamais autant pour un livre de Louise, et qui d'ailleurs ne se mobiliseront plus avec la même allégresse pour aucun autre. Pas un seul ne manqua à l'appel. André Billy de l'académie Goncourt, dans *Le Figaro ;* André Rousseaux dans *France-Illustration ;* Robert Kemp dans *Le Soir* de Bruxelles ; Bernard de Fallois dans *Opéra ;* Max-Pol Fouchet dans *Carrefour ;* Jean Blanzat dans *Le Figaro Littéraire ;* Gérard d'Houville — qui était une femme — dans *La Revue des Deux Mondes ;* Louis Martin-Chauffier dans *Paris-Presse-L'Intransigeant ;* Jean Duché dans *Elle ;* Pierre Loewel dans *L'Aurore ;* Claude Roy dans *Libération ;* Marie Gevers de l'Académie royale de Belgique dans *Les Nouvelles Littéraires ;* Marcel Arland dans *La Gazette de Lausanne... Les Lettres Françaises* elles-mêmes se laissèrent griser : « On sort de là avec l'impression d'avoir rêvé des aquarelles de Bérard. »

Enfin, Émile Henriot, de l'Académie française, qui tenait dans *Le Monde* la chronique la plus recherchée — nullement la plus redoutée, Henriot préférant l'éloquent silence à la méchanceté — de la gent littéraire parce que la plus lue dans les milieux universitaires et intellectuels, versa une pluie d'éloges. « Dans son intelligent et piquant mélange, bien dosé, de malicieuse poésie et d'exquis humour féminin, si cette gratuite et aérienne Julietta nous arrivait de Londres, traduit d'Olivia, de Rosamond Lehmann, ou de Virginia Woolf, on crierait tout de suite au chef-d'œuvre. »

Émile Henriot avait soixante-cinq ans, mais il avait appartenu, dès les années vingt, avec Henri de Régnier, Jean-Louis Vaudoyer, Edmond Jaloux, « au Paris des longues moustaches » qu'évoqua Paul Morand, si bien qu'on ne pouvait l'imaginer qu'en vieillard. C'était un joyeux luron qui n'avait pas rendu les armes et, dès qu'il connut Louise, il vint rejoindre la noria des amoureux, l'inondant de billets doux très dix-neuviémistes. « Je vous aime avec un cœur d'enfant, ni le beau ni le mauvais temps ne pourront éteindre ma flamme... » C'était touchant.

Avec *Madame de* et *Julietta,* Louise affinait l'image qu'elle voulait renvoyer d'elle-même, celle d'une femme résolue à ne pas céder à la grisaille de son époque, redoutant par-dessus tout les plaintes, l'ennui et les discours philosophiques. Elle avait définitivement pris le parti dans ses livres de jouer avec la vie, alors que dans la vie elle aimait jouer de sa langueur et de ses tourments. Au regard du public, si une catastrophe lui semblait inévitable, elle se retranchait avec courage dans le sourire. C'était chez elle une forme d'élégance. Elle allait à rebours des écrivains « engagés » qui, dans les années cinquante, couraient derrière Sartre et Camus. Louise s'amusait de ses propres récits, mais cette moquerie n'était pas sécheresse. Quand la préciosité et la désinvolture ne viennent que de l'esprit, elles sont insupportables. Chez Louise, elles habillaient d'une tendresse gentiment cynique sa sensibilité trop vive et ouvraient les portes de la poésie. « Je suis une conteuse d'histoires. C'est tout. »

⁂

Elle avait de plus en plus les faveurs du groupe de *La Table Ronde* qui revendiquait ce détachement et c'est ainsi qu'elle rencontra Roger Nimier au pied du lit de Georges Poupet, lequel se mourait.

Nimier avait vingt-six ans. Dans quelques mois elle aurait cinquante ans, mais elle en paraissait trente et n'avait peut-être jamais été aussi belle. « J'accepte tout ce qu'on me donne, sauf mon âge », confiait-elle dans l'album *Vingt ans d'élégance à Paris* qu'elle signait avec Cocteau, Mac Orlan, Jouvet, Germaine Beaumont, André Fraigneau, Audiberti. Le luxueux mensuel *Plaisirs de France* dans un numéro spécial, « Ode à la coquetterie », venait de lui consacrer une douzaine de pages sur le thème de la chevelure. Photographiée par Eugène Rubin, sa beauté éclatait, inconvenante presque. Sa chevelure épaisse et châtain, tirée en arrière, laissait voir les oreilles petites et admirablement dessinées. Toute l'expression de son visage se concentrait sur des yeux d'un vert de feuillage, cernés d'ombre, et dans les lèvres maussades, passionnées, lasses, ardentes. Le buste droit, le cou long et fort, elle avait ce maintien parfait et sans raideur, jouant de ses mains comme des ailes d'un oiseau.

Pour ses soirées, Lanvin l'habillait. Dans la journée elle avait son style : jupe plissée, large ruban dans les cheveux haut sur la nuque, autour du cou une collerette blanche nouée d'un cordonnet noir, enfin une longue écharpe de drap uni ou écossais, jetée en négligé sur les épaules. Les couleurs bleues dominaient. Elle s'était inventé une mode à elle, avec toujours les mêmes bijoux, la même coiffure. « On change un cheveu, on voit trois rides. »

« En vous quittant, lui écrivait Marcel Jouhandeau, on éprouve ce que peu d'êtres vous laissent, cette sorte de dépaysement étrange qui vous accompagne une journée entière après nos plus beaux songes. Vous n'êtes pas tout à fait un être réel. » Ce que lui disait, d'une autre façon, Alain Cuny : « ... Vous m'êtes chère, moins par tout ce que vous me donnez par volonté coutumière que par cette lumière immuable qui vous anime et que je prétends voir quelquefois. »

Avec son air boudeur, son allure trapue et carrée de marin breton, Nimier s'imposait alors comme le chef de file de sa génération. Il avait déjà quatre romans derrière lui, *Les Épées*, *Perfide*, *Le Grand d'Espagne*, *Le Hussard bleu*, et s'apprêtait à publier son cinquième livre, *Les Enfants tristes*, un livre symbole qui allait être, comme le dira Antoine Blondin, au « diapason » des jeunes hommes de l'après-guerre. « Critique de *La Table Ronde* et rédacteur en chef d'*Opéra*, écrit Marc Dambre, son biographe, il est en communication avec des gloires et des individualités réparties sur un demi-siècle : des écrivains nés dans les années 1880, à un cadet comme Jean-Baptiste Rossi, né dans les années 1930... Bonaparte nonchalant, il fait ployer les échines. François Mauriac admire : " Quelle race ! Quel ton ! Ah ! En voilà un qui survole Kafka, le surréalisme et tous les cons de cette génération connière ! Il est dans la *vraie* tradition. " Il ne suit pas la mode, il la fait. Il s'inscrit dans la tradition parce qu'il n'est pas traditionaliste. Son attitude, esthétique et morale, se fonde sur l'attente et sur la recherche. Il porte un regard froid sur les idéologies triomphantes et même sur les causes perdues — alors qu'il lui est arrivé de distribuer des tracts d'Action française à la sortie des églises. Du bon sens à la folie, il joue sur une même musique. " Il y a quelque chose d'érotique dans la précipitation ", écrit-il quelque part. Il surprend, disparaît. Il attache par une mise en scène infatigable, par ses énigmes... Le garçon un peu bousculé par sa propre réussite, se sachant dans la ligne de mire des femmes les plus huppées, sollicité par Jouvet pour une pièce et par René Clair pour un film, surclassant après s'être senti déclassé, ce garçon peut tout à coup s'effacer, méprisant toutes ces facilités, renaissant au contact de la simplicité et des marques d'amitié... En lui se superposent l'indéfectible enfant et un monsieur prématuré, l'homme qui casse les jouets et le fils offrant, sans compter, des cadeaux somptueux et parfois bizarres[11]. »

Dans le numéro du mois d'août 1951 de *La Table Ronde*, Nimier avait fait la critique de *Julietta*, avec cette désinvolture qui lui était coutumière. « Le roman de Louise de Vilmorin se joue en trois sets comme une partie de tennis. Ainsi qu'il convient dans un match féminin, l'auteur gagne le premier et le troisième, perd le second. C'est un peu ce qui se passe également en classe avec le second trimestre où on se laisse aller, sachant bien qu'on l'emportera juste avant les vacances. » Au même moment, le 1er août, il adressait à Louise une lettre de six pages, vibrante déclaration d'amour, rieuse, tendre, superficielle et grave. De ce jour jusqu'à son accident mortel sur l'autoroute de l'Ouest, peu avant minuit le 28 septembre 1962, il ne cessera plus de lui écrire. Quelque cent quatre-vingts lettres — la dernière datée du 12 septembre 1962 — qui se terminait par « chapeaux, bas, peignes, bagues et valises de baisers » ou bien « casquettes, lunettes, chemises et souliers de baisers »...

Louise aimait les êtres à pointes et à facettes, les êtres qui répondaient quand elle attaquait, les êtres vifs, ardents. Roger Nimier, jeune homme insupportable, était de cette espèce. Elle lui écrivit peu — une vingtaine de lettres — elle l'appelait « Monsieur le Margrave » ou « mon illustrissime et adoré Gégé », et il semble qu'elle ait voulu placer sa relation avec lui sur le terrain d'une tendre et fidèle amitié, plus que sur celui de cet amour fou que lui offrait son amant. « Il est possible que j'aime tout le monde, lui écrira-t-elle en janvier 1954, comment faire autrement quand on a si peu d'esprit critique ? Mais j'ai quelques préférés, dont vous êtes, et de ceux-là je suis le chien fidèle. »

Nimier qui aimait par-dessus tout Stendhal avait fait de l'amour et de l'amitié ses principales sources d'inspiration. Que trouva-t-il chez Louise qui le fascina, lui le leader de cette école de l'insolence à laquelle Bernard Frank devait dans un article des *Temps Modernes* donner son nom de guerre, « les hussards », en réunissant sous le même drapeau Roger Nimier, Antoine Blondin et Jacques Laurent ? Il trouva sans doute une insolence qui répondait à la sienne, l'insolence d'une femme du monde libre de tous les conformismes, adorant la provocation et affichant l'image d'une aventurière plus enviée que les anges.

Son goût de plaire obligeait Louise à ne rien négliger, quel que fût son interlocuteur. Il n'y avait pas pour elle de grand jeu et de petit jeu : c'était toujours le grand jeu. Persifleuse, railleuse, vache, fuyante, câline ou drôle, tranchante comme le diamant qui coupe le verre, elle avait ce génie si rare de l'improvisation et ce goût redoutable pour la repartie ou la « mise en boîte ». Ceux qui l'ont vu écrire au fil de la plume, sur des bouts de papier, des nappes de restaurant, des menus, connaissent la surprise, ou la jalousie que provoquait le foisonnement de ses trouvailles. C'était son côté « Jean Cocteau », son côté « feu d'artifice » pour user d'une métaphore mille fois rabâchée. Ce talent n'est-il pas l'un des plus merveilleux puisqu'il vous enchante ou vous fait rire par surprise, sans préparation ?

Un jour chez Maxim's, parodiant le « Et moi aussi je suis peintre » de Guillaume Apollinaire à Pierre Roy, elle dit devant des responsables de Publicis qui l'exaspéraient : « Et moi aussi je sais écrire des vers publicitaires », et elle composa d'un trait :

Porté par tous les temps des verres Despolis,
Vous verrez quitte ou double et vous serez ravis.
Vous verrez trouble aussi mais le trouble est charmant.
Les verres Despolis sont les plus élégants.

Conserves Pourry assurent le bonheur,
C'est frais, c'est délicat, ça soulève le cœur,
Et vous Mademoiselle, et vous beau militaire,
Ayez le teint Pourry si vous désirez plaire.

Louison Bobet, son voisin de table qui lui avait fourni la feuille pour écrire, un papier à en-tête de l'hôtel Meurice, avait gardé le « poème » et le lui envoya le lendemain avec ce mot : « Tu leur as cloué le bec à tous. Ils étaient babas. Moi aussi. Mille fois chapeau. Ton Louison. » Le texte original comporte cinq ratures.

Au cours d'un déjeuner qu'elle jugeait trop frugal, elle fit passer à Jean-Louis de Faucigny-Lucinge un bristol : « Mon nu est moins menu que ce menu. »

Chez Jean de Beaumont, dans son relais de chasse près de Strasbourg, elle avait écrit sur le livre d'or qui se trouvait dans les... toilettes, certes vastes et belles : « Chasseur sachant chasser, ici sachez pousser. » Valéry Giscard d'Estaing alors jeune et fringant ministre des Finances du général de Gaulle se souvenait trente ans plus tard de l'anecdote.

Un autre soir, avant de quitter Jean Chalon avec qui elle venait de dîner au Restaurant de la Reine, elle prit le prospectus de la maison et, utilisant quelques-unes des formules qui s'y trouvaient, elle griffonna : « Mon cœur ne te sera jamais *fermé le lundi,* ni le mardi, le mercredi, le jeudi, le samedi, le dimanche. Je n'habite pas au *8, rue de la Chancellerie à Versailles dans un cadre d'époque* et je ne suis pas *le restaurant* où dînent *des gastronomes,* je ne suis que ta Louise très émue de te revoir. Je n'ai *ni parking, ni place d'armes,* mais tu as ta place dans mes larmes. Je t'aime, te remercie et t'embrasse. »

Comme les êtres vraiment doués, elle avait la modestie et la prodigalité de ses dons. Des morceaux de bravoure comme cela, il y en eut des centaines qui ont fini à la corbeille.

Roger Nimier, farceur, joueur, dandy avec juste ce qu'il fallait de mélancolie dans le regard, fut emporté par ce charme, comme l'avait été Duff Cooper et le sera bientôt Orson Welles.

Louise avait rencontré Orson Welles à la fin de décembre 1949, probablement par l'entremise de Jean Cocteau qui avait connu le « Géant au regard enfantin », le « Fou sage » au festival de Venise en 1948, lors de la présentation de *Macbeth*.

Elle fit le récit de cette rencontre à Diana Cooper dans une lettre du 2 janvier 1950. Orson Welles, précisait-elle, n'habitait pas Hollywood mais Las Vegas et elle lui avait conté son existence de jeune mariée dans le Nevada. Elle lui parla aussi de sa poupée Lili dont sa mère l'avait brutalement privée et relia ce cruel souvenir à l'inoubliable et ultime image de *Citizen Kane :* cette boule de cristal qui roule entre les doigts d'un Kane agonisant, qui tombe sur le sol et répercute à l'infini le dernier mot du magnat déchu, « Rosebud », le nom du traîneau qu'on lui avait arraché quand il était enfant. « Je lui ai dit que j'avais vu son film à Londres et je lui ai donc parlé de toi, de Duff, de Churchill, du salon vert de l'ambassade. Lui ? Présence très éloquente, sans paroles inutiles. La propre image du génie. Et sûrement plein de tendresse. Je croyais qu'il partait pour Rome ou Casablanca et j'ai reçu hier un télégramme de Dublin : “ *All my heart is love. Orson**. ” Ah, s'il savait qui je suis… Je voudrais te voir, être avec toi, te montrer que je t'adore. »

S'il n'avait pas encore atteint sa corpulence de croisière — cent cinquante kilos — Orson Welles avait cette silhouette massive faite pour les rôles shakespeariens, les ogres, les despotes, les rois fous. On l'avait déjà figé dans sa légende. C'était l'enfant prodige. D'ailleurs, il en avait tous les symptômes, même l'asthme. À trois ans, sa mère lui apprenait à lire dans *Le Songe d'une nuit d'été* de Shakes-

* « Tout mon cœur n'est qu'amour. Orson. »

peare. À cinq ans, recruté par le Chicago Opera, il faisait un malheur dans le rôle de Trouble, le fils naturel de Madame Butterfly. Il avait dix ans quand mourut sa mère. Son père l'emmena à travers le monde : l'Europe, les Antilles, l'Asie. À son retour, Dada Bernstein, l'ancien amant de sa mère, prit son éducation en main et l'inscrivit à la Todd School de Woodstock où il remporta un triomphe au théâtre.

Lorsqu'il quitta l'école, Orson Welles savait tout. Réciter des pages entières de Montaigne ou réaliser des tours de magie, jouer un rôle du répertoire ou dessiner des décors de théâtre. Il choisit la scène et devint, à vingt ans, une star du théâtre Cornell avant de créer sa propre troupe et d'inventer un *Jules César* dont le héros était incarné par une réplique de Mussolini. Mais son succès le plus éclatant, ce fut sa nuit du 30 octobre 1938 quand il adapta pour la radio *La Guerre des mondes* de H. G. Wells. Une date dans l'histoire des médias : racontée par Orson Welles, l'arrivée des martiens dans le New Jersey provoqua des suicides, des embouteillages, des accouchements prématurés et la ruée de centaines de gens dans les églises. Cette fois c'était la gloire et il entra dans le cinéma pour le révolutionner dès sa première création, *Citizen Kane*, qui fut saluée par toute la critique comme un chef-d'œuvre.

« Il y a des êtres trop grands pour leur siècle, écrira Alexandre Astruc après la mort d'Orson Welles. Leur époque feint de les adopter, asphyxiée par leur génie, les traite pour un temps comme des seigneurs, déroule pour eux le tapis rouge, fait pleuvoir sur eux une pluie d'or. Mais au fond elle les rejette car leur carrure même, leur débordante activité, cette façon bien à eux de tutoyer les nuages, la dérange dans sa torpeur mesquine. »

Citizen Kane avait commis un péché majeur au pays du dollar : le premier succès de curiosité passé, les salles restèrent désertes. Pour les marchands d'Hollywood la cause était entendue, Welles n'était pas une denrée vendable, on s'était trompé sur son compte.

Quand il découvrit Louise, Orson Welles était dans cette situation précaire, obligé de se débrouiller tout seul avec son génie et ses *money worries* *. Aux prises avec ses commanditaires, il lui restait son métier d'acteur pour financer ses propres films. « Pour être metteur en scène, je dois débourser de ma poche ce que je gagne comme acteur. En d'autres termes, je suis contraint de me servir de mon propre travail pour financer mon travail... Autant dire que je suis cinglé ! Il est difficile d'imaginer une carrière cinématographique aussi encombrée de catastrophes que la mienne ! »

C'était vrai, mais les infortunes n'entamèrent jamais ce monstre d'amitié, de délicatesse, de démesure, qui collectionnait les maîtresses et se maria trois fois. Rita Hayworth fut sa plus célèbre compagne. Il l'épousa en 1943 quand elle était, depuis *Gilda*, l'incarnation de la beauté et de la sensualité. Ils divorcèrent en 1947.

Il aimait un certain type de femmes, pas forcément jeunes, un peu intellectuelles, comme Suzanne Flon, Agnès Moorehead, Jeanne Moreau, la tragédienne grecque Catina Paxinou avec qui il tourna *Dossier secret*, Marlène Dietrich qu'il surnommait sa « Vierge noire ».

Au début de septembre 1951, au moment de la Biennale, il retrouva Louise à Venise, au « Bal du siècle », comme le baptisèrent les chroniqueurs. Le caprice de Charles de Beistégui, « le roi des mines d'or du Mexique », propriétaire et restaurateur du palazzo Labia, avait fait resurgir la Venise du XVIIIe siècle et son carnaval, ce rite singulier qui, pendant six mois, transformait la cité des Doges en ville de joie, de musique, de mystère et de folie. Tout un peuple, alors, sous l'abri inviolable de la *maschera* ** n'avait plus qu'un souci, le plaisir. Le Tout-Paris, le Tout-Londres, le Tout-Rome s'offraient, pour quelques heures, l'illusion de ces splendeurs

* Soucis d'argent.

** Masque.

anciennes dans le plus beau et le plus étrange décor du monde, à l'angle du Grand Canal et du Cannareggio.

Louise, habillée par Lanvin, arriva en gondole accompagnée par John Julius Cooper, le fils de Diana et de Duff. La Bégum ouvrit le « Bal du siècle » au bras d'un verrier vénitien, sous le lumineux plafond allégorique de Tiepolo, où la Poésie se laisse emporter au vol d'un pégase vers une pyramide perdue dans les nuées. Mille deux cents personnes, masquées aux couleurs de la nuit et du jour dansèrent jusqu'au soleil levant dans un luxe d'étoffes, d'atours et de joyaux.

Après ses premières et brèves rencontres avec Louise, Orson Welles voulut la revoir à chacun de ses séjours parisiens, et il lui envoyait télégramme sur télégramme des quatre coins du monde : « *My darling, I am waiting for you...* » « *My darling Louise I will be in Paris to morrow. Please, let me see you...* » « *Coming Paris soon stay where you belong all my love.* » « *At eleven sharp, I am sticking my head in at your door* »*... Une cinquantaine de messages pendant tout ce temps où il essayait de tourner *Othello* qui sera finalement présenté et acclamé à Cannes en 1952, sous pavillon marocain, après de multiples péripéties : manque d'argent, difficultés avec les acteurs, cachets à honorer... Toutes ces tribulations qu'il racontera en 1977 dans *Filming Othello* lui laissaient peu de temps et s'il vint à Verrières dès l'automne 1951, ce ne fut, avec Louise, qu'une suite de rendez-vous manqués, jusqu'au 21 juin 1953 où il la « rattrapa enfin » — « *when can I catch you my darling Louise* ? » ** — pour tomber follement amoureux et non pas

* « Ma chérie, je vous attends. » « Ma Louise chérie je serai à Paris demain. S'il vous plaît, acceptez que je vous voie... » « J'arrive à Paris bientôt pour rester là où tout mon amour vous appartient. » « À onze heures tapant, je cognerai la tête contre votre porte. »

** « Quand puis-je vous attraper, ma Louise chérie ? »

pour vivre une « petite romance » comme l'écriront ses biographes.

Louise partait pour Sélestat chez Paul-Louis Weiller où elle entamait un nouveau roman, *Les Belles Amours.* Ils firent ensemble le voyage en voiture. Le lendemain, Orson Welles, contraint par ses obligations professionnelles, revenait à Paris et lui écrivait le soir même, en signant d'un gros cœur dessiné au crayon rouge : « *My darling Louise, the trip back was long and lonely... I lunched in Nancy but as you can see from the enclosed it was not nearly as tempting as the night before... How are you... ! How is your work... !!! What are your thoughts !!!! All of mine are with you... Your darling O**. »

André aussi lui écrivit. « .. Pamela**. m'a dit que finalement Orson t'avait retrouvée. J'en suis content dans la mesure où cela t'a fait plaisir. Je ne veux pas épiloguer sur ta faiblesse envers lui car je sais qu'en réalité elle n'est guère en cause. Ce qui paraît, chez toi, être de la faiblesse c'est l'inépuisable bonté de ton cœur qui t'oblige à donner sans cesse et parfois sans discernement. Aujourd'hui, c'est Orson qui profite de ta générosité mais, hommes, femmes, et familles, tout le monde a toujours profité de tes dons et le plus souvent sans dire merci. »

Touchante et naïve considération d'un frère qui admire trop sa sœur ? Orson Welles avait trente-huit ans, Louise cinquante et un ans. Pour lui qui aimait les femmes, c'était

* « Ma Louise chérie, le voyage de retour fut long et solitaire... J'ai déjeuné à Nancy mais comme vous vous en doutez, ce ne fut pas aussi excitant que la nuit précédente... Comment allez-vous... ! Et votre travail... ! ! ! Quelles sont vos pensées ! ! ! ! Toutes les miennes sont avec vous... Votre aimé O. »

** Il s'agit de Pamela Churchill, alors mariée à Randolph, le fils de Winston Churchill. Elle épousera, plus tard, Averell Harriman, homme politique américain, et deviendra, en mars 1993, ambassadrice des États-Unis à Paris.

une femme, une vraie. Il résolut de faire un avec elle. Comme lui, elle méprisait le « sentimentalisme bourgeois » et se tenait à hauteur de noblesse. Comme lui, elle manquait toujours d'argent et ne s'embarrassait guère pour en demander à ceux qui en avaient beaucoup, sinon un peu trop. Elle étrennait une nouvelle devise : « Au secours », et elle éprouvait un bonheur certain à être secourue autant qu'à secourir.

Elle venait d'ailleurs de donner aux lectrices de *Vogue* la recette pour faire face aux continuels soucis d'argent en leur proposant des modèles de lettres qu'elle avait elle-même envoyées à différentes personnes, lesquelles, chaque fois, avaient répondu favorablement à son appel. Ses lettres présentées comme un jeu né de son imagination n'avaient rien d'imaginaire et se trouvent dans sa correspondance, les sommes seulement étant parfois différentes. Le ton général, la bonne humeur, la malice donnent une idée si juste de ses fantaisies dans la vie quotidienne qu'on ne peut résister au plaisir d'en citer quelques-unes.

À son frère André : « André stop. Suis ennuyée stop. Suis très ennuyée stop. Envoie d'urgence cinquante mille francs. Stop. Rembourserai lundi. Stop. T'expliquerai. Stop. Danger mortel. Stop. *Argent me ruine.* Stop. Compte sur toi stop. Compte sur toi stop. Ouf Louise. » Réponse : « Tu exagères. Tant pis quand même. »

À René Clair : « René, l'immédiat est le plus triste, le plus exigeant, le plus cruel des maîtres. Je me suis mise dans un mauvais cas dont tu peux seul me tirer. *Je suis ennuyée. Je suis très ennuyée.* J'ai mis au mont-de-piété une broche que ma belle-sœur Édith m'a confiée. J'avais une note urgente à payer, j'avais de l'argent à recevoir, je me suis dit que tout irait bien, mais Édith me réclame sa broche et je n'ai même pas de quoi payer l'intérêt des cinquante mille francs que j'ai reçus de ce bijou (50 pour cent de sa valeur) qui sera vendu demain. Ne pense pas à moi. Pense à elle, à sa confiance en moi ; souvenir ! Bijou de famille ! C'est affreux. René, *l'argent me ruine* ! On ne sait, dans la vie, ni où l'on est, ni où l'on va, mais je sais que tu me comprends et c'est là l'essentiel. Tu vois que je pense toujours à toi très affectueusement. » Réponse : « Tu me l'as déjà fait. Trouve autre chose ! Ci-joint tes cinquante mille francs. »

À Élisabeth de Breteuil : « Élisabeth, je t'appelle au secours. Je pars demain pour Londres (éditeur, importantissime, etc.) et j'ai fait prendre un billet d'aller et de retour par le concierge de l'hôtel. Tu sais que je suis à Paris depuis trois jours. J'ai ce billet et ma note à payer, or Roger, qui devait m'apporter de l'argent ce soir, est retenu à Toulouse. Donne cinquante mille francs au porteur de cette lettre. Roger te les rendra lundi. Téléphone-lui. *Je suis ennuyée. Je suis très ennuyée, l'argent me ruine.* Au fond, pour Roger, qu'il te donne cinquante mille francs ou qu'il me les donne à moi, c'est la même chose. Pas de problème, tu le connais. Je t'adore. » Réponse : « Ci-joint soixante mille francs en cas de ? Bon voyage et surtout reviens vite. »

Ce chapitre « Louise et l'argent » n'alla pas, on s'en doute, sans susciter, surtout à partir de ces années cinquante, les sarcasmes et la réprobation sournoise de ses « bonnes amies ». Elle ne courait pas après l'argent avec l'avidité des médiocres, elle s'en amusait plutôt et si elle savait en jouir, le dépenser, le distribuer, elle pouvait avec le même panache s'en passer. De fortune, elle n'en eut jamais qu'en rêve, ce qui la rendait prodigue. « Quand on te demande, tu donnes, et tu donnes avec le sourire », dira-t-elle à Jean Chalon.

Roger Nimier, Orson Welles. Sa vie se recalait autour de ses deux nouvelles amours. Quelques nouveaux confidents aussi, qui prenaient la place qu'avait occupée Bébé Bérard et qu'occupait de moins en moins Jean Cocteau. François Valéry, le fils de Paul, diplomate à l'allure raffinée d'un dilettante. Le peintre André Beaurepaire qu'elle avait connu par Bérard et qui descendait de la famille des frères Navarre, pionniers de l'aviation de chasse, héros de la guerre de 14-18. Elle l'avait baptisé, un soir de champagne, « Klashou » sans que l'on sache ni pourquoi ni comment. Jean-François Lefebvre-Pontalis, qu'elle appelait « *my good mistress* » ou « mon orphelin », brillant esthète de la race des grands bourgeois. Il appartenait à un milieu d'affaires qui abritait des historiens, des érudits et des spécialistes en tous genres. Ils étaient, tous les trois, des hommes de compagnie exemplaire. Sans confident, Louise doutait de ses amours.

Et il y avait, bien sûr, André, Jean Hugo, Sacha de Manziarly, Marie-Blanche de Polignac, Élisabeth de Breteuil, Diana Cooper, Madeleine Joire. Elle connut Madeleine Joire par son frère Olivier au lendemain de la guerre. « Mad » fut probablement la seule de ses amies intimes qui rayonnait par sa grande beauté, sa joie de vivre, son humour, et qui aurait pu lui faire de l'ombre.

Louise l'accepta alors que pour elle toutes les femmes étaient des rivales, tandis que le sentiment le plus fréquent qu'elle-même inspirait à celles qui l'approchaient était la jalousie. Misogyne, elle était depuis l'enfance, misogyne elle était restée, et hors ces quatre amies on ne lui connaît guère d'indulgence pour les femmes. Très révélatrice, cette lettre que lui adressait la belle comédienne Nicole Julien : « Depuis que j'ai fait votre connaissance, je me suis en quelque sorte attachée à vous, à la femme, au personnage poétique et véritable que vous êtes maintenant à mes yeux. Nous nous sommes rencontrées une première fois à Versailles, chez Paul-Louis Weiller. Mais alors que mon mari me présentait à vous et que j'ouvrais la bouche pour vous dire mon admiration, j'ai vu votre regard glisser avec indifférence, s'accrocher, un peu plus loin, à Jean Marais... Que vous avez rejoint aussitôt nous laissant royalement tomber, moi et ma bouche ouverte. Bon, c'était somme toute normal et ce souvenir ne m'est revenu que parce que vous avez agi de la même façon — non, un peu plus crûment encore — le soir de la générale des *Ambassadeurs.* À la fin, en coulisse, mon mari me présente à nouveau à vous, je vous tends la main... Et vous, au lieu de la prendre et après m'avoir regardée une seconde avec la même royale indifférence, vous me tournez le dos, vous vous précipitez sur Ingrid * que vous embrassez, à qui vous demandez son avis etc. Je vous excuse bien volontiers... Tout bonnement vous ne m'avez pas vue. Vous êtes ainsi et voilà... »

Elle était ainsi et autre chose. L'âme d'une grande séductrice — et elle fut passionnément, viscéralement une séductrice — ne se résume pas. L'enchevêtrement fiévreux de ses sensations ne lui permettait pas toujours de maîtriser aussi froidement les situations que le laisse supposer Nicole Julien. Voir un homme flamber ? Le rendre fou ? User de toutes les provocations, de toutes les ruses, de toutes les armes pour y parvenir ? Était-ce là son « seul truc » comme diront beaucoup de ses ennemis, quand Verrières devint une étape obligatoire de toute ascension parisienne ?

Si Louise joua, sans scrupule, avec les hommes, si elle élimina sans manière nombre de femmes, elle perdit plus souvent qu'elle ne gagna et depuis le temps que nous la suivons, ses peines, ses angoisses, sa nostalgie l'ont habitée tout autant que ses plaisirs, ses joies et ses rires. Elle avait toujours le cœur ballotté entre la confiance et les sentiments. « Quand je suis bonne je suis bête, et quand je réfléchis je me trompe ; mon laisser-aller, d'autre part, blesse mon entourage. »

Le père Marie-Alain Couturier « le confesseur des écrivains », comme on disait de l'abbé Mugnier qu'il fut « le confesseur des duchesses », n'était-il pas près de la vérité quand il lui écrivait : « Je ne sais pas quelle idée vous vous faites de votre bonheur, ni de quels regrets vous composez

* Ingrid Bergman.

cette idée, mais je ne vous ai jamais vue et je ne vous ai jamais quittée sans me dire que pour des êtres comme vous, comblés de tous les dons, le bonheur était sans doute la chose la plus difficile du monde, et qu'en tout cas il y entrerait tant de sacrifices qu'on ose à peine vous le souhaiter. »

⁂

Verrières — son « salon bleu », ses dîners, ses dimanches — allait désormais s'embellir d'une aura qui ne l'abandonnera plus jusqu'à la mort de Louise. Tous ceux qui comptaient voulaient, au moins une fois, y être allés. Le salon bleu, une pièce en « lanterne » éclairée par quatre fenêtres, tirait son nom du tissu bleu à fleurs blanches dans lequel étaient taillés les rideaux et qui habillait, sans exception, fauteuils, banquettes, canapés, bergères. Louise avait organisé son salon avec ce goût pour la symétrie qui la caractérisait. Devant chaque fenêtre, une banquette. Devant chaque panneau entre les fenêtres, un canapé, deux grosses bergères et une paire de fauteuils Louis XVI à médaillon. Au milieu, des tables de bois noir en faux bambou incrustées de porcelaine japonaise bleue et blanche. Sur chaque table, entre les petits tableaux de Bébé Bérard, Jean Hugo, Jacques Zwobada, entre sa collection de malachites, ses oiseaux d'argent, des bougeoirs étaient presque toujours allumés. Au mur, des portraits de famille et un portrait équestre de Louis XIV. Un grand tapis de Smyrne, dans les tons beige et rose, achevait de donner à l'ensemble cette chaleur et ce charme indicible qui font de certains lieux des lieux « habités ».

Avec un mélange de gouaille et de poésie, de fantaisie et de tradition, Louise accueillait ses invités d'un « comment qu' tu vas », dit de sa voix grave à laquelle elle donnait une petite inflexion canaille. L'ambiance ne fut jamais celle d'un

« salon » comme l'entendaient Madame Geoffrin ou Madame du Deffand, plus près de nous Madame Strauss, Madame Mulhfeld, Marie-Louise Bousquet ou Marie-Laure de Noailles, quand elles recevaient la fine fleur de la culture française.

À Verrières, on n'était jamais englué dans les mondanités. On y débitait beaucoup de gaudrioles. On n'y parlait jamais politique. L'esprit, la drôlerie, le champagne et les vins coulaient à flots. Louise aimait dîner aux chandelles avec des candélabres en argent sur la nappe. Parfois elle lisait un de ses poèmes. « C'était une grande féeriste, se souvient André Beaurepaire. Elle me fascinait. Comédienne d'elle-même elle jouait de sa voix qui était la plus belle voix du monde, de ses mains, de son regard mouillé. Ah ! ce regard ! Et cette manière de raconter des histoires de braguettes avec une élégance, un envol ! Elle les transcendait. C'est la seule femme que je connaisse, avec Arletty, laquelle fut aussi ma tendre amie, qui avait ce génie de transformer la gauloiserie en perles de rigolades à vous faire pisser de rire. »

André, fine gueule, cuisinier inspiré, veillait à tout avec sa femme Andrée ainsi que son autre frère Roger et sa femme Édith. Georges Van Parys s'asseyait au piano et entamait la série de ses chansons, la « Valse des belles de nuit », les « Roses de Chenonceaux », la « Complainte de la butte »... Le dimanche quand il faisait beau, c'était la traditionnelle partie de boules dans le parc.

« À Verrières, j'étais heureux, témoignera Jules Roy, le “ Barbare ”... On m'aimait comme j'étais. Je les aimais comme ils étaient... Le dimanche Louise devenait l'héroïne : ses frères, par le panache et l'esprit, ressemblaient à des mousquetaires. À Verrières, c'était la bombance de l'âme et du cœur, sans tape-à-l'œil, on s'y chamaillait sans se haïr, Louise recevait les danseurs en vogue, les peintres, les écrivains, l'or de passages (seulement de passage) des magnats du cinéma, les metteurs en scène illustres, rarement des hommes politiques et seulement le dessus du panier. Tout étincelait et, en réalité, tout pour Louise sombrait dans la désillusion, la fortune fût-elle tombée du ciel, qu'elle eût peut-être fracassé ce fragile édifice. Les fêtes atteignaient d'elles-mêmes leur zénith avec le hasard [12]. »

Autour de la « bande » des années trente s'étaient agrégées les figures des années cinquante, René Clair et sa femme Bronia, Georges Clouzot, Louis Pauwels, Alexandre Astruc, Jean Anouilh, Roger Peyrefitte, les trois Marcel, Aymé, Achard et Jouhandeau, l'ancien préfet de Paris André Dubois et Carmen Tessier, Pierre Lazareff, Gérald van der Kemp, le futur restaurateur de la galerie des Glaces du château de Versailles, la danseuse Yvette Chauviré, Louis Jouvet, les peintres et sculpteurs Bernard Buffet et Jacques Zwobada, André Bernheim et la belle Hélène Rochas, Pamela Churchill, d'une beauté délicate et raffinée, Elie de Rothschild, Ali Khan et Rita Hayworth, le producteur Georges Lourau et Marianne, et puis Pierre Bergé, Alain Cuny, François Michel, Max Ophüls, Paul Meurisse, Léo Ferré, Zizi Jeanmaire, Roland Petit... Dans son sillage, Roger Nimier entraînait ses amis de *La Table Ronde*. Kléber Haedens venait avec Jean-Claude Fasquelle. Orson Welles amenait les figures internationales du théâtre et du cinéma. Dont un jour Gary Cooper numéro un au hit-parade des westerns, qui inspira à Louise ce commentaire : « Il y avait Gary Cooper qui était rasant au-delà de toutes limites, tristement rasant et par bêtise. »

Jusqu'au sulfureux Jean Genet qui fut le convive d'un soir. Louise lui avait réservé un tête-à-tête avec Marcel Jouhandeau. La rencontre tourna à l'aigre-doux. « Ton trèfle m'a fait du bien, lui écrit Jouhandeau. Je le préfère au Genet. Dire que tu as voulu l'inviter avec moi. Il m'a couvert d'ordures. Il paraît que je fais de la littérature (quand j'écris). C'est son grief. Et toi, que fais-tu, et lui, quand vous maniez la plume ? Je dis souvent à Élise qu'elle se met la sienne dans le cul. En effet, aussitôt elle fait la roue. Mais ça me fait suer. Je t'embrasse. »

Il y avait aussi une jeune Américaine d'origine française, amie de Jessie, qui venait souvent, pour tout le week-end, se distraire de ses études : Jacqueline Bouvier, la future Jacqueline Kennedy. Qui donc, décidément, n'alla pas à Verrières ? Louise n'aimait vraiment que cette maison qui vivait à cause d'elle et au rythme qui était le sien. Elle y était aussi heureuse qu'il lui était possible de l'être. Au fond d'elle-même, elle savait que Verrières était maintenant son cadre idéal et si à chaque contrariété qui la tracassait elle quittait sa maison, elle en partait pour goûter la joie d'y revenir lorsque sa nostalgie lui devenait trop pesante.

Ce fut aussi à cette époque qu'elle se lança dans le journalisme. Elle avait, à l'occasion, donné des articles à des revues, plus rarement à des hebdomadaires ou des quotidiens, mais cette fois elle prenait une chronique régulière au magazine *Marie-Claire.* Le vrai motif de sa décision, disait-elle, venait de sa lassitude à se débattre dans les ennuis d'argent. Une décision qui ne se révéla guère heureuse. Elle voulut inaugurer une formule qui ne fut pas toujours à la hauteur de ses ambitions. Elle imagina d'amener ses lecteurs en « promenade » — c'était le titre de sa rubrique — à travers les grandes capitales européennes, de Londres à Moscou, de Rome à Madrid, à travers Paris et les provinces. Elle inventa aussi un ménage, les Popaul dont le mari était vaguement amoureux d'elle et la femme très au premier degré. Elle y mettait beaucoup de fantaisie et c'est ainsi qu'elle en vint à faire parler le *Lion de Belfort,* à le descendre de son piédestal et à se balader avec lui dans Paris. le rédacteur en chef de *Marie-Claire* ne la suivit pas dans sa « promenade » qui fut la dernière. Ce refus lui causa une grande déception bien que le journal *Arts* publiât son texte peu après. Elle pensait, non sans raison, avoir écrit son meilleur article. Son expérience de journaliste avait duré une trentaine de semaines. Le charme était rompu, elle perdit le goût de ce genre de travail.

Son passage à *Marie-Claire* coïncida avec l'adaptation à l'écran de *Julietta* et de *Madame de.* Elle ne s'en mêla guère. Max Ophüls qui tourna *Madame de* — Louise l'avait sollicité en caressant son orgueil — voulait réaliser son chef-d'œuvre. L'affiche était prometteuse : Danielle Darrieux, Charles Boyer, Vittorio de Sica. Depuis le fameux *Mayerling* dont la création en 1935 fit sensation, Darrieux et Boyer n'avaient plus tourné ensemble. Ophüls installa ses comédiens dans un Paris viennisant, avec valses, falbalas, strass, orgies de lustres et de candélabres. La critique fut sévère et chercha en vain à retrouver le charme du récit. « À toi je peux le dire, mais ne le répète pas, je me suis emmerdée », écrivit Louise à Diana Cooper.

Julietta que mit en scène Marc Allégret, avec Jean Marais, Jeanne Moreau et Dany Robin, fut mieux reçu, sans provoquer l'enthousiasme.

Le nom de Louise accompagnait tous ces événements et elle avait désormais franchi la barrière qui sépare la notoriété de la célébrité. C'était une grande dame qui se fabriquait des bijoux avec plus d'art que son joaillier. Si les grincheux continuaient de privilégier la femme du monde aux dépens de l'écrivain, les plus féroces et coriaces parmi les critiques ne la dédaignaient plus et lui adressaient quelques coups de chapeau, comme René Fallet dans *Le Canard Enchaîné,* ou Robert Poulet dans *Rivarol.*

Au milieu de ce mouvement perpétuel qui marquait son existence, une cruelle épreuve l'attendait : Duff Cooper mourut brutalement le 1er janvier 1954 à trois heures de l'après-midi au large des côtes d'Espagne. Diana et lui avaient embarqué le 30, après dîner, sur le *Columbia.* En montant à bord, il ne se sentait pas très bien et mit son malaise sur le compte des excès de saison, ayant pendant les fêtes de Noël bien mangé et bien bu. Le lendemain matin, réveillé par de nouvelles douleurs au ventre, il fut pris de spasmes et vomit un torrent de sang.

« Diana, avec qui j'ai déjeuné dimanche, raconta Louise à André, m'a dit que Duff avait assez vite perdu conscience. Les propos qu'il tenait n'avaient plus de sens... Désespérée, désemparée, elle s'était réfugiée dans la salle de bains. Elle ne pouvait plus supporter la vue de Duff qui était vert et réduit à rien. Au bout d'un moment, dont elle ne peut évaluer la durée, le docteur vint la trouver et lui dit :

— Courage, Madame, courage, venez, c'est la fin.

— Non, répond-elle, je n'irai pas.

— Courage, Madame, il le faut.

— Non, je ne peux pas assister à cela.

Elle n'a pas bougé et Duff est mort. Elle ne l'a jamais revu. Le bateau est entré à Vigo. Duff a été mis en bière aussitôt. Diana n'a assisté à rien et elle a débarqué avec ses valises et le cercueil... Tu peux imaginer dans quel état je suis, pour elle, pour ce qu'elle perd, et pour ce que je perds. Duff et une amie heureuse... »

À l'enterrement, Louise suivait le cercueil, donnant le bras à Diana. Elles étaient toutes les deux recouvertes du même voile de crêpe noir.

Pendant les rares voyages qu'elle fit pour *Marie-Claire* à Londres, à Moscou — où elle ne resta que trois jours — et sur les bords de Loire dans la maison de Marcel Achard, Louise n'avait pas abandonné son roman *Les Belles Amours*, commencé à Sélestat au lendemain de sa première nuit avec Orson Welles.

La mort de Duff Cooper brisa son élan. Elle lisait à Jean-François Lefebvre-Pontalis de sombres pages qu'elle entassait dans une chemise, sous le titre « Désespérons ». Des pages perdues. Ses nostalgies et son pessimisme la recouvraient. Elle n'avait alors plus envie de voir les lendemains ni personne. Elle ne répondait plus aux appels d'Orson Welles qui lui télégraphiait de Barcelone, de New York ou de son hôtel parisien. « *In town for two days. Please, let me see you...* » « *Let me leave my bed to visit yours* » *... Et la voilà, de nouveau, qui courait pleine de pensées éperdues, le cœur malheureux, d'une maison à l'autre, de Verrières à Sélestat, de Genève à Londres, de Fourques à Deauville. Surtout Deauville où elle se noyait dans les plaisirs faciles que lui offrait sa dernière fantaisie, le prince Ali Khan, le fils de l'Agha Khan.

« Laisse-moi seule à me plaindre, confiait-elle à son frère, car personne de raisonnable n'en pourra faire autant. Je ne suis pas du tout digne de sympathie. Je souffre l'impossibilité. Je ne veux plus rien voir. Ton bonheur, ta femme, tes enfants adorés illustrent devant moi ce que je n'ai pu faire. Je vous aime, je souhaite votre bonheur, mais je ne veux plus vous voir. Je ne suis pas envieuse, je suis désolée. La lassitude est mon lot, je l'accepte. Je pars et j'espère ne jamais revenir, sauf quand je serai assez riche pour finir de restaurer la maison. J'en ai assez d'être un problème. J'en ai assez de ma santé, des notes à payer, j'en ai assez de tout. Je m'en vais sans laisser d'adresse et j'espère revenir le plus tard possible. »

Elle ne trouvait pas la vie pleine ; elle éprouvait des manques ; elle attendait chaque jour ce que la veille lui avait peut-être promis. Le souvenir de Duff Cooper l'encombrait. « Je pense à lui tout le temps, écrivait-elle à Diana. Comme il se disputait avec moi ! Que de querelles mais que de rires aussi. Souvent maintenant, en essayant de travailler, je me dis : " À quoi bon, puisque Duff ne me dira pas ce qu'il en pense ! "... Je suis si triste. Je voudrais te voir, être avec toi. » Tendresse et chagrin allaient ensemble. Ce fut d'ailleurs durant les mois qui suivront la disparition de Duff Cooper qu'elle esquissa plusieurs des poèmes qui seront publiés en

* « En ville pour deux jours. Je vous en prie laissez-moi vous voir »... « Laissez-moi abandonner mon lit pour le vôtre »...

1970 — après sa mort — sous le titre *Solitude, ô mon éléphant.*

Le sens de ce qui passe et qui ne reviendra pas, elle l'avait profondément dans ces moments où il lui semblait voir « l'ombre de l'abandon », où elle se sentait absente pendant qu'on la regardait :

Aujourd'hui dans ma vie encore un jour de mai
Encore un inconstant que les aubes font naître
Et que la nuit emporte en disant : « Plus jamais
Tu ne verras ce jour que tu voulais connaître. »

Elle revint à Verrières aux beaux jours de l'été. Marthe, sa femme de chambre, l'attendait, sereine. Les quelques mois de séparation leur avaient fait du bien à l'une comme à l'autre. Louise était une maniaque du rangement et ne supportait aucun désordre dans ses placards. Si bien qu'elle entretint toute sa vie des relations orageuses avec les deux femmes de chambre qui, après la guerre, se succédèrent à son service. Marthe, d'abord, puis Iolé furent tout à la fois ses souffre-douleur et ses confidentes, les querelles s'entremêlant aux scènes d'attendrissement.

L'été 1954 ramena aussi à Verrières Orson Welles qui s'installa dans l'appartement « le bateau » — des voiliers du XIXe siècle décoraient les murs — pour composer *Monsieur Arkadin.* Ce fut un été studieux. Ne passaient que les intimes, Roger Nimier et sa femme Nadine, André Beaurepaire, dit Klashou, Jean-François Lefebvre-Pontalis, François Michel, René Clair et Bronia, le séduisant Francis Fabre, patron des Chargeurs Réunis, qu'elle appelait Tom. Louise se pressait de terminer *Les Belles Amours* qu'elle publiait en feuilleton dans l'éphémère mensuel *Fémina*, et qu'elle voulait dédier à Orson Welles. Gaston Gallimard depuis des mois la talonnait. Elle s'en plaignait avec toujours ce talent en trompe-l'œil où les déclarations d'amour, de regret, de désespoir se recouvrent de malice et tiennent lieu de stratégie. « J'ai cru longtemps que tu m'aimais bien, écrivait-elle, à son " Gaston chéri ", toi qui m'as connue alors que personne ne me connaissait. Les bontés que tu as eues pour moi, ta générosité, m'ont encouragée à le croire, or je comprends aujourd'hui que je me trompais. Tu ne m'aimes pas le moins du monde, j'en suis au désespoir... Je voudrais connaître le prix que tu as demandé pour *Les Belles Amours* et je voudrais savoir pourquoi je dois continuer de livrer trente pages par mois à une revue avec laquelle je n'ai aucun engagement et qui ne me plaît pas ! Tu trouves ça naturel, moi pas... Je terminerai mes livres quand cela me plaira. Un point, c'est tout. Et si tu veux annuler le contrat qui me lie à ta maison, je n'en serai pas fâchée. Je n'ai plus envie de travailler avec vous. La peine et les humiliations que vous me faites subir m'ont lassée. J'en ai marre. C'est clair. Je veux savoir où j'en suis exactement. Si je ne t'aimais pas, je serais moins déconcertée, mais je t'aime et t'aimerai toujours de tout mon cœur ; c'est pourquoi tu me mets en colère. Je suis furieuse. Sache que je me fiche de *Fémina* et qu'après cette livraison, que tu m'obliges à faire, je ne leur donnerai plus une ligne, à moins qu'ils ne paient convenablement. Je t'embrasse. »

Écrire sous la contrainte du « fric », pour « gagner sa croûte », comme elle adorait le dire d'une voix forte et virile, l'épuisait. Elle n'écrivait jamais, c'est vrai, avec le sentiment d'avoir la moindre mission à remplir sur la terre. Elle ne prenait pas plus son œuvre qu'elle-même au sérieux.

Comme Madame du Deffand à qui Voltaire suggérait, pour combattre une dépression, de jeter ses pensées sur le papier et de faire appel à ses ressources intellectuelles, elle aurait volontiers répondu : « Vous ne pouvez jamais connaître le malheur et, comme je vous l'ai déjà dit, quand on a beaucoup d'esprit et de talent, on doit trouver en soi de grandes ressources. Il faut être Voltaire, ou végéter. Quel plaisir pourrais-je trouver à mettre mes pensées par écrit ? Elles ne servent qu'à me tourmenter et cela satisferait peu ma vanité. »

Au fond, l'art épistolaire et la poésie sont les seuls genres littéraires auxquels Louise se soit adonnée avec plaisir. La correspondance n'affiche pas, de manière explicite, de prétention, elle n'exige pas un effort véritable d'abstraction ou de repli sur soi. « Les lettres sont les chambres, les promenades, les conversations de l'absence », écrira-t-elle dans *Histoire d'aimer.* Cette caractéristique de la lettre d'être une communication improvisée convenait tout à fait à Louise dont l'intelligence, formée à l'école du monde, réagissait aux incitations des autres et avait toujours besoin d'un interlocuteur pour se manifester. Quant à la poésie — « Moi, je m'amuse beaucoup en écrivant des poèmes, c'est ma seule excuse. Car moi, si je ne ris pas, je me cherche et je ne me trouve pas » — elle lui permettait de s'accrocher à des figures de rhétorique, plutôt que de se mesurer avec la vie, ce qui l'aurait exposée à être déçue.

L'été 1954 fut bien morose. Heureusement, le charme et la tendresse d'Orson Welles éclairaient ses journées. À Diana Cooper, et à elle seulement, elle contait, avec une grande sobriété, sa liaison. La conversation et l'humour de Welles la fascinaient autant que sa fragilité sentimentale l'émouvait. L'aimait-elle ? Sans doute, car chez elle, aimer c'était déjà ne plus être amoureux. C'est à lui qu'elle dira, pour la première fois, ce mot si souvent répété : « Je t'aime pour la vie, ce soir. »

Les dîners se prolongeaient loin dans la nuit. Orson Welles buvait du *black velvet,* mélange de Guiness et de champagne, parlait des heures et des heures, puis brusquement se levait et montait, en chaloupant, vers sa chambre. Louise abandonnait ses invités et glissait dans l'oreille de Klashou : « Je vais remplir mon devoir conjugal. »

Les Belles Amours parut à l'automne. Un roman fait

d'ironie, de poésie et de mystère. Monsieur Zaraguirre était venu d'Amérique du Sud assister au mariage du fils de son vieil ami Monsieur Duville. La veille des noces, foudroyé par l'amour, il enlève la jeune fiancée, l'épouse et l'emmène dans son pays. Ils reviennent en France cinq ans plus tard. Madame Zaraguirre ne tarde pas à revoir Louis Duville, son ex-fiancé et à devenir sa maîtresse. Elle se console des remords que lui vaut son infidélité en pensant que sa faute sera compensée par la réconciliation des deux familles. Mais l'aventure tourne au désastre et elle n'aura plus d'autre choix que de rejoindre son mari, en espérant son pardon.

« Il ne la repoussa pas mais ne l'enlaça pas, et la laissa pleurer. Après un moment, il essaya de lui relever le visage.

— Non, non.

— Eh bien, pleurez, pleurez sur mon épaule si c'est pour cela que vous êtes revenue. »

Cette réplique termine le livre. Un livre qui était comme aucun autre — à l'exception de *Migraine*, qu'elle écrira en 1959 — au diapason des sentiments qui la traversaient alors. Dans ses relations avec Orson Welles comme avec Roger Nimier, l'amitié entrait plus que l'amour. Certes, l'amitié est faite de moments qui ne sont pas négligeables, mais il y a les intervalles et Louise s'y abîmait. Dans *Les Belles Amours*, comme si elle avait voulu exorciser sa mélancolie, les élans les plus impétueux, les plus violemment émotifs et explosifs de la passion, sont toujours dominés par la lucidité et atténués par une maîtrise de soi et une modération volontaire. De la distinction mondaine, pas de méli-mélo, pas de sensualité débridée ou de descriptions audacieusement précises. Et ce n'est pas un hasard si les principaux épisodes de son roman se déroulent dans un pavillon appelé « l'Herbier » à cause des albums botaniques qu'on y conserve. Cet Herbier, isolé, sombre, modeste, n'était-il pas un lieu idéal pour le cheminement sournois des peines de cœur et l'ourdissage des intrigues, un lieu où ses héros promenaient leurs amours si fragiles, si menacées, écho des incertitudes qui la tourmentaient ?

Louise voulut exprimer, à travers le portrait de Madame Zaraguirre, sa misogynie. « Madame Zaraguirre était assez intelligente mais n'avait pas d'esprit. Son mari s'en félicitait. » Les critiques, élogieux et séduits, rapprochèrent le caractère de Monsieur Zaraguirre — qui avait eu de nombreuses aventures féminines et dont le prestige était immense — de celui d'Orson Welles. « La porte du salon s'ouvrit à deux battants et il apparut, imposant, désinvolte et le front caressé par le souffle des aventures. Ceux qui ne le connaissaient pas ressentaient l'ampleur de sa présence. » Ils trouvèrent aussi, chez l'ex-fiancé Louis Duville, jeune mondain noceur, bourreau des cœurs — mais qui savait toujours faire passer, quand il le fallait, le devoir avant l'amour —, beaucoup de ressemblances avec Roger Nimier.

Parmi les multiples témoignages d'admiration, d'affection et d'amitié amoureuse ou tendre que reçut Louise, il y avait celui de Maurice Druon. Le futur secrétaire perpétuel de l'Académie française n'était pas encore un intime de Verrières quand il lui adressa le questionnaire que la librairie avait glissé dans les pages du livre. Ce procédé, dans les années cinquante, était très à la mode chez les éditeurs, qui feignaient ainsi de solliciter les impressions des lecteurs.

Ce livre vous a-t-il plu ?

Infiniment, répondait Druon. Merveilleux style, jeu de chat et de souris avec le lecteur, et des notations sur l'amour à faire un livre de maximes.

Désirez-vous que vos appréciations soient transmises à l'auteur ?

Sans tarder, en l'embrassant.

Avez-vous l'intention de lire ses prochains ouvrages ?

Tous, et qu'ils soient nombreux.

Qui vous a recommandé ce livre ?

L'amitié me l'a envoyé.

Les relations entre Louise et Maurice Druon se resserrèrent. Rien là qui vaille, en soi, qu'on s'y arrête ? À cela près que Louise allait rompre violemment avec Druon au mois de novembre 1956, pour des raisons... politiques ! On ne lui connaît aucune autre querelle de cette nature. Les discussions politiques l'ennuyaient à mourir et elle s'en dégageait par une pirouette, un jeu de mots, ou le silence. L'auteur des *Rois maudits,* le best-seller de l'année 1955, fut victime de la seule cause qui lui tînt jamais à cœur et qui pouvait déchaîner sa fureur si on s'avisait de la contrarier : la cause hongroise.

Après l'intervention des chars russes à Budapest, le 4 novembre 1956, et l'installation par Moscou du président Kadar, de violentes manifestations anticommunistes eurent lieu dans toute la France. À Paris, le siège du PCF fut incendié et dévasté ; députés et sénateurs adoptèrent à l'unanimité, excepté les élus communistes, une motion rendant hommage au peuple de Hongrie ; François Mauriac démissionna du Comité France-URSS. Quant à Louise, elle créa un « Comité des réfugiés », lança une souscription en faveur des Hongrois et publia dans *Paris-Presse* un violent article dont le titre ne souffrait aucune ambiguïté : « Le Temps des assassins ».

Au même moment, les responsables du CNE (Comité national des écrivains), un organisme proche du PCF, s'adressaient au président Kadar pour lui demander « de réserver l'avenir et de garantir, quelles qu'aient pu être, dans ces événements, leur attitude et leur conception du devoir patriotique, la vie, la liberté physique et les intérêts moraux des écrivains et intellectuels hongrois porteurs d'une part de la culture humaine ».

Sous couvert de bons sentiments, et au nom de la culture, le CNE reconnaissait de façon explicite la légitimité du régime imposé par le Kremlin. Le 8 novembre, *les Lettres françaises,* l'hebdomadaire de Louis Aragon, publièrent à la première page, dans un encadré, le message du CNE et le nom de ses quatorze signataires. Maurice Druon y figurait, en compagnie, notamment, de Jean-Paul Sartre, Elsa Triolet et Vercors.

Invité à Verrières le 11 novembre, Druon arriva, comme à l'habitude, souriant et plein de verve. Louise l'accueillit d'une volée de bois vert : « Comment oses-tu, après ce que tu viens de signer sur la Hongrie, te présenter chez moi. Fous le camp ! »

À quelque temps de là, on fit semblant d'oublier l'incident et Maurice Druon revint à Verrières. Ce qui lui donna l'occasion de prendre une petite revanche. Roger de Vilmorin, le frère de Louise, venait en effet de préfacer un gros livre sur *Rousseau, paysagiste*. Confortablement installé dans « l'indiscret », un curieux et triple fauteuil Napoléon III dans lequel chacun se tourne le dos, Druon prit le temps de lire la préface et, refermant l'ouvrage, délivra son jugement : « Enfin quelqu'un dans la famille qui sait écrire. » Louise quitta la pièce. Cette fois les fils ne se renouèrent plus.

« *J'aime le merveilleux, l'impossible possible, l'argent, ce qui brille, ce qui diffère et éloigne une maison d'une autre ; j'aime tout ce qui fait de moi une femme malheureuse.* »

Poursuivi par ses *money worries,* Orson Welles quitta Verrières à la fin de septembre, après avoir déjeuné au pied du lit de Louise qui souffrait d'une bronchite. Il lui offrit un bouquet de lilas blancs, avec ce mot : « *I have always felt as close to you as I now really am**. » Il continuera de lui écrire, de lui envoyer des dessins et des gouaches. Il ne passera plus jamais à Paris sans la joindre au téléphone ou sans chercher à la voir. Elle restera « *my darling own Louise***. »

Les Belles Amours n'eurent qu'un modeste succès commercial. Il flottait sur Verrières comme une tristesse d'automne. « Oublions le passé, le présent et l'avenir », aimait répéter Louise quand elle était abattue. À un journaliste du *Figaro* elle déclarait : « Je n'ai pas beaucoup le temps de penser à la mort, mais je voudrais que sur mon tombeau il y ait gravé en guise d'épitaphe : " Au secours ! " »

Et elle s'envola pour Londres, retrouver Diana Cooper.

* « Je me suis toujours senti aussi près de vous que je le suis maintenant. »

** « Ma Louise adorée et à moi. »

« Voilà mon problème, écrit-elle à André. Je ne suis pas ingrate, je suis comme un arbre sorbier qui serait conscient de ne pas avoir assez de fruits pour nourrir tous les oiseaux du monde. Cette image ne peut angoisser qu'un poète et le vulgaire a bien raison d'envier la place que j'occupe en mon temps. Mais la fatigue m'a lassée. J'en ai assez au point de ne plus croire à l'importance de ce que je crée. Orson, Roger Nimier, saurai-je jamais ce qu'ils sont pour moi ?... Je prends la décision de m'en aller... Je veux avant tout retrouver un équilibre que je sens de jour en jour plus instable. »

À Londres elle avait repris sérieusement ses pinceaux, après les avoir abandonnés pendant plus de vingt ans. Elle recommença à dessiner, puis à peindre, non sans manifester une réelle maîtrise. La peinture devint ainsi son principal délassement. Elle l'abordait comme elle abordait la poésie, avec persévérance et application. Mais alors qu'elle passait un, deux ou trois ans à écrire un livre, elle terminait un tableau en quelques jours, ce qui lui procurait une grande joie. Elle voulut un moment renoncer à tout jamais à la littérature et, sans l'insistance de son frère à lui démontrer la bêtise de sa décision, elle aurait peut-être arrêté d'écrire.

Elle se rendait soudain compte de la précarité des relations sur lesquelles reposait sa vie quotidienne, tandis que son âme inquiète, qui avait besoin de liberté et de mouvement, se sentait enfermée dans un rôle d'écrivain. La peinture lui redonnait des ailes. « Je suis de nouveau la gamine au ballon rouge, disait-elle à Jean Cocteau et Jean Hugo. Quand je peins, je m'envole. » Elle pouvait, en dessinant, avoir une spontanéité, une audace qu'elle se refusait en écrivant. Elle avait enfermé sa prose dans les contraintes d'un style qu'elle n'osait plus changer, même si elle y était parfois mal à l'aise. La critique, on l'a dit souvent, attendait de Louise ce ton nuancé, fin, précis qui renvoyait au classicisme intimiste de Madame de La Fayette, de Maine de Birán ou de Joubert, et qui s'inscrivait dans une des traditions les plus longues de notre littérature. « Loin de nous défier, au contraire, l'art de Louise de Vilmorin, écrivait Madeleine Chapsal, est fait de notre complexité. Comme elle ne touche pas au langage, elle ne touche pas au goût du jour. »

Londres, ses pinceaux, son chevalet l'avaient remise sur ses pattes. Elle avait le don d'abandonnner Paris avant que Paris ne l'abandonne et quand elle retrouva Verrières après son escapade anglaise, le plaisir l'emportait sur l'ennui. Elle revenait avec un nouveau papier à lettres, orné de son emblème, un trèfle à quatre feuilles qu'elle avait elle-même dessiné et dont la queue formait la lettre L.

Max Ophüls l'attendait. En guise d'amusement elle lui avait écrit de Londres la brève histoire d'un bel officier autrichien Peter von El, assailli par trois femmes. Catherine la brune est d'apparence sévère ; son amie Maryse est blonde, insouciante et légère ; Clotilde, la fille de Catherine, a l'ardeur étourdie de ses dix-huit ans. Tout ce petit monde de désœuvrés est en villégiature sur une plage normande. Peter von El s'y repose, séparé d'une fiancée qu'il adore. Or, le bruit court que ladite fiancée est morte et que sa famille lui aurait caché ce malheur. Quel plaisir ce serait de consoler le bel officier ! Un nouvel amour et, hop ! on change d'univers, de passé, de souvenirs, de remords. Les trois femmes déploient toute leur séduction, se jouant des tours de mégères avec des mots de marquises, mais une promenade nocturne change le marivaudage en mauvaise dispute.

Max Ophüls voulut aussitôt en tirer un film et lui commanda un scénario. Louise avait suivi de loin les adaptations du *Lit à colonnes,* de *Madame de* et de *Julietta.* Mal aguerrie aux techniques du cinéma elle rédigea, pour bien expliquer le caractère de ses personnages, ce qui devint *Histoire d'aimer,* un livre hybride comme auraient dit ses ancêtres botanistes. Conçu comme scénario, il n'allait pas plus loin que l'intention de départ qui était seulement d'animer, par un dialogue très vif, une aventure romanesque.

Marie-Claire, en février 1955, en publia une version réduite sous le titre : « Peter et le fantôme ». Louise reçut un abondant courrier. Les lectrices étaient enthousiastes. Le récit, concis mais sans sécheresse, donnait des choses et des gens une vision très actuelle, en accord avec la sensibilité du grand public. Gallimard envisagea de l'éditer au printemps. Louise préférait qu'il paraisse au moment où sortirait le film de Max Ophüls, lequel n'avait pas encore fini *Lola Montès*. *Histoire d'aimer* ne sera pas tourné. Quand Max Ophüls se mit sérieusement à la rédaction du scénario, il fut emporté, le 27 mars 1957, par une crise cardiaque. Il avait cinquante-quatre ans.

Les lectrices de *Marie-Claire* avaient fouetté l'orgueil de Louise. Elle s'était reprise et l'année 1955 s'annonçait sous une bonne étoile. Son nom était cité pour le prix de Monaco, remis par le prince Rainier III sous la forme d'un chèque d'un million de francs, équivalent de cent vingt mille de nos francs. Un beau cadeau. Elle était en compétition avec Blaise Cendrars et Marcel Brion. Créé en 1950, le prix de Monaco avait couronné Julien Green, Henri Troyat, Jean Giono et Jules Roy.

Le 27 avril, Paul Géraldy la réveilla pour lui annoncer la nouvelle : le jury couronnait pour la première fois une femme, et c'était elle. Louise sauta dans le Mistral. Sur le quai de la gare de Lyon, les journalistes se bousculaient. À l'époque, le prix de Monaco était un événement littéraire et mondain qui valait au lauréat une « couverture de presse » exceptionnelle. Rayonnante sous les flashes, elle distribua les quelques mots de circonstance qui ne signifient rien mais qui font crépiter les téléscripteurs : « Je suis ravie, même je suis folle de joie. » Les reportages se multiplièrent dans *Paris-Presse*, *France-Soir*, *Le Figaro*, *Combat*, *Paris-Match* et Cecil Beaton réalisa pour *Vogue* une double page de photos.

Le musée Grévin, ce panthéon transitoire pour les vivants, l'accueillait. Pendant plusieurs semaines elle posa pour le sculpteur Alexandre Barbiéri. La Louise de cire, en compagnie de René Clair, Georges Duhamel et Michèle Morgan, assistait à une représentation du ballet *Giselle* *, à la place qu'avait occupée Edwige Feuillère.

Le 12 mai, enfin, son ami Gaston Palewski, ministre délégué auprès d'Edgar Faure, alors président du Conseil, l'élevait au rang de chevalier dans l'ordre de la Légion d'honneur et, après avoir prononcé les paroles d'usage, lui murmurait : « Les couronnes sur ton front, les rubans sur ton sein, un peu de rouge ne messied pas parmi la verdeur des lauriers. Bravo, ma chère Loulou. » De partout, les compliments déferlèrent comme une chaude pluie d'orage. Qui n'aurait voulu lui donner l'accolade, elle qui avait inspiré d'avance le slogan : « Beauté qui ornait la plus riche parure ! »

Depuis toujours, Louise, quand elle se sentait envahie par une espèce de léthargie détestable, avait choisi la voie de l'évasion. Et voilà que pour une fois les événements la poussaient en avant, ajoutant à sa célébrité la note officielle qui lui manquait. Dans son for intérieur elle fut très sensible à cette forme de reconnaissance. Si elle se garda de le montrer, elle l'avoua à Diana Cooper : « Le musée Grévin, le prix de Monaco, la légion d'Honneur, des hochets me dit-on. À toi qui sais combien j'ai du mal à croire à l'importance de ce que je crée, je peux dire que ces hochets m'ont redonné la confiance que j'avais perdue et le courage que je n'avais plus. »

Le milieu des années cinquante allait ainsi marquer un tournant dans l'existence de Louise. Elle publiera coup sur coup *Histoire d'aimer*, *La Lettre dans un taxi*, *Migraine*, *Le Violon*, elle écrira le dialogue du film de Louis Malle, *Les Amants*, elle adaptera *Kiss me Kate* de Cole Porter, elle commencera *L'Heure maliciôse* qui ne paraîtra que bien plus

* Ballet en deux actes, musique d'Adolphe Adam (1803-1856).

tard, en 1967. Quatre ans d'une intense activité qui ne sera troublée par aucune fuite mélancolique tandis que le « club de Verrières », comme l'appelait Alexandre Astruc, régnait de plus en plus sur toute une société parisienne.

Quatre ans qui ne se renouvelleront pas. De 1960 à sa mort, elle n'écrira plus, sinon pour améliorer, corriger des textes ou des poèmes anciens, et Verrières vivra peu ou prou sous l'ombre tutélaire et encombrante d'André Malraux.

En 1955, Louise avait cinquante-trois ans et brillait encore de toute sa beauté. Quand elle était au plein de sa forme, conquérir, séduire, devenait « une nécessité de nature » comme chez les élégantes du XVIIIe siècle, de la duchesse du Maine à Madame de Boufflers. Cette fois, elle conjugua, de la manière la plus naturelle, travail et conquête. Elle voulut plaire pour ce qu'elle écrivait et pour ce qu'elle était, et elle aurait pu tracer d'elle-même ce portrait de Julie de Lespinasse par Pierre Marie de Ségur : « L'indifférence de quiconque l'approchait lui causait, presque à son insu, un malaise indéfinissable, une sorte de souffrance physique ; elle n'avait de repos qu'après avoir senti la glace fondre au rayonnement de son charme[13]. »

Elle décida donc de rayonner avec une assurance qui lui était peu coutumière, portée par les honneurs qui venaient de lui échoir. Elle n'était plus seulement une femme du monde, elle devenait une personnalité qui participait à des conférences et dont on sollicitait, sur les ondes et dans la presse, l'opinion.

Elle avait ses lubies. Elle mena campagne pour défendre le style « nouille » des bouches de métro en faux bronze verdâtre — on lui doit le sauvetage de la station Porte-Dauphine. Elle se mobilisa, avec André Beaurepaire, pour que l'on donne au Train Bleu, le restaurant de la gare de Lyon, le statut de monument historique, et si dans ses romans elle décrit fort peu, sinon pas du tout, les lieux où se situe l'action, le Train Bleu fait exception et occupe trois pages de *La Lettre dans un taxi.* Dont ce morceau choisi : « Il n'y a pas à Paris de plus beau restaurant que celui de la gare de Lyon : imaginez une vaste pièce rectangulaire et richement décorée, dont le plafond, en anse de panier, semble prendre naissance à deux mètres du sol. Tandis que des mascarons de physionomie placide protègent l'envolée de certaines nervures, des sirènes, caryatides de fantaisie, ne soutiennent dans cette architecture que le rêve du voyageur. Craignant, sans doute, de manquer le train en se laissant prendre à leur charme, il s'ingénie à suivre des yeux les moulures massives et d'un modèle pompeux qui encadrent des scènes régionales du midi de la France, peintes à l'huile par les artistes officiels des années 1900. »

Elle s'engouffra aussi dans le débat sur la libération de la femme qui prenait son envol. « Les femmes s'ébrouent, lançait Françoise Giroud, et cela ne fait que commencer. » Haro sur la femme objet, sur la femme asservie, soumise et dépendante de l'homme !

En dépit de son souci d'éviter ce qui pouvait peser, inquiéter, menacer, en dépit de sa coquetterie, de sa faim de rire, de goguenarder à la façon des collégiens, Louise n'était-elle pas au sens fort une femme scandaleusement libre et libérée ? Un « Jule » au féminin ? Mais elle était aussi la femme des nostalgies qui préférait confondre liberté et libertinage plus que liberté et libération. Elle a toujours défendu la cause des femmes inspiratrices de l'homme et, chacune dans son foyer, promotrices des plus belles richesses de la civilisation. « Connaîtriez-vous une femme qui ne demande pas à être protégée ? aimait-elle répéter. C'est très bien la liberté, mais cela ne me tient pas chaud... Je ne peux pas croire que la femme se pose en rivale de l'homme. Elle n'y gagnerait rien. Au contraire, elle tente là une expérience extrêmement dangereuse. Est-ce que de tous temps les rôles respectifs de l'homme et de la femme n'ont pas été très différents, le premier étant appelé à créer, la deuxième à conserver* ? » Elle affirmait aussi, péremptoire : « En musique, sur une scène, je n'aime que les hommes et, croyez-moi, la meilleure pianiste du monde n'ira jamais à la cheville d'un grand pianiste — et d'autant moins qu'elle essaiera d'imiter le jeu viril. Le charme ? Vertu masculine... »

Elle défendait la femme qu'elle ne fut jamais. Exprimait-elle par là un regret ? Ou, plus simplement, un idéal qui lui fut inaccessible mais qui avait guidé des générations de Vilmorin ? C'était une *dame*, et si elle ne se donnait pas en modèle de vertu ou de réussite familiale, au moins se voulait-elle, en paroles, la gardienne d'une certaine tradition. Elle fut contre le mouvement féministe, comme elle fut pour la messe en latin. Ses opinions, en toutes choses, relevaient de son instinct, nullement d'un parti pris, encore moins d'une longue cogitation. « Je suis comme ça. Ne m'en demandez pas plus. Je n'ai pas beaucoup d'idées... Quand je parle, je ne pense pas. Et quand je pense, je vous avoue que je ne comprends pas... Seuls m'intéressent les sentiments. » Et elle ajoutait : « Ne l'oubliez surtout pas, je ne suis pas une intellectuelle. »

Ce n'était pas une boutade. Elle joua cependant le jeu qu'on lui demandait de jouer. Jusque-là sa célébrité lui valait d'être montrée et racontée dans les magazines à grand tirage, d'être nommée dans les rubriques mondaines et les « potins ». Voilà qu'elle franchissait une nouvelle étape : elle était prise dans le mouvement balbutiant du système médiatique — la formule n'existait pas encore — qui envahirait bientôt notre vie sociale et il lui fallait, dorénavant, répondre à des entretiens sur tout et n'importe quoi.

Hier, elle était connue. Aujourd'hui, elle est reconnue et à la mode. Il lui fallait être à la hauteur de sa réputation. On l'entendait sur les radios, on la lisait dans les journaux. Elle était au « top » du hit-parade comme nous dirions mainte-

* Débat à Radio-Luxembourg.

nant, et elle sut se tirer d'affaire. Le rythme de sa vie s'en trouva brusquement changé et elle resta, entre 1955 et les débuts de 1959, très sagement à Verrières, à l'exception de quelques escapades à Londres ou à « la Reine-Jeanne », près du fort de Brégançon, chez Paul-Louis Weiller, et surtout à New York, où elle fut invitée par le Ladies Home Compagnon, pour parler de la politesse.

Sa fille, Jessie, qu'elle n'avait pas revue depuis dix-sept ans, vint, du Texas, l'attendre à la gare maritime du port de Manhattan. « Tiens, te voilà ! Et me voilà... » Ce furent les premiers mots de Louise qui semblait mettre dans sa voix l'accent d'une certaine complicité, une complicité bien récente, comme si elle voulait amorcer une période différente et nouvelle de ses relations avec sa progéniture. L'éloignement avait accumulé en elle un malaise vague, une sourde culpabilité, une mauvaise conscience. Jessie, Alexandra et Helena avaient épousé des Américains et leur mère n'avait assisté à aucun de leur mariage. Louise ne connaissait pas non plus ses petits-enfants — ils seront douze qui naîtront entre 1952 et 1960 — et elle mit à profit son voyage pour donner un air de fête aux retrouvailles familiales.

Baccarat et Porthault lui firent, sur la Ve Avenue, les Champs-Élysées new-yorkais, un accueil de reine et elle alla de réceptions en dîners, conviant tout son monde à l'accompagner.

Elle revint, en 1957, à Dallas, avec Gérald van der Kemp, Pierre Bergé, Daninos, Bernard Buffet, et elle voulut, de nouveau, que ses filles viennent partager les réjouissances que l'on donnait en son honneur. Si parfois elles détestaient leur mère, qui pouvait être cruelle, Jessie, Alexandra comme Helena étaient, dans ces moments-là, fascinées, prises par son charme. « Nous l'aimions, oui, nous l'aimions malgré tout. »

Louise, durant ces années, rayonnait, s'amusait et n'avait plus le temps de s'apitoyer. Sa correspondance s'effilocha.

Jean Hugo qui, imperturbable, poursuivait avec elle son dialogue épistolaire le lui reprochait : « Que deviens-tu, ma Louise ? Es-tu morte ? Aie la bonté de me dire ce qu'il en est. » Diana Cooper aussi se plaignait. « Mon amour, lui répondait Louise, je t'adore. Tu me dis que tu m'aimes " malgré tout ". Malgré tout c'est trop lourd et c'est un fardeau que je porte malgré moi... Quand tu m'as connue, il y a douze ans, je sortais à peine d'une vie heureuse. Je n'ai pas changé. Cette vie, cette personne que j'étais alors, je te l'ai donnée à toi et à Duff. C'était ma vie... Alors je t'en prie, ne doute pas de moi. Personne ne t'aime plus que je t'aime. C'est seulement les terribles nécessités du présent et l'esclavage dans lequel je suis peu à peu tombée qui m'ont empêchée de te témoigner mon amour. Je suis et je serai toujours à toi aussi longtemps que je vivrai... »

C'était un esclavage accepté et souhaité. François Valéry, qu'elle voyait beaucoup, se souvient de cet entrain qui ne la quittait plus, elle qui tombait si facilement dans une de ces « déprimes » nourries du sentiment d'un échec total où elle se complaisait.

Quatre ans d'une existence harmonieuse. Le miracle ne tenait pas uniquement à l'image gratifiante que lui renvoyaient les journaux, ni aux travaux qu'elle menait avec allégresse, ni à l'ambiance qui régnait à Verrières. Elle vivait un amour clandestin et passionné. L'élu qui portait un nom parmi les plus célèbres n'entra jamais dans le cercle de famille. Il ne connut pas le salon bleu, les dîners aux chandelles, les parties de boules. Seul André était dans la confidence. Il garda le secret.

Ce ne fut pas une liaison ou une aventure. Ce fut une révélation. Chez Louise, si prompte à délivrer ses impressions, à pimenter sa conversation d'anecdotes salaces, restait un mystère : la place de la sensualité, des ardeurs sexuelles, de l'érotisme. « Je vais au lit, disait-elle, pour ne pas perdre un homme qui veut obtenir ce à quoi, moi-même, je n'attache pas une énorme importance. » Elle donnait peu à lire sur « la chose ». Pudicité ? Jamais la démesure ne l'emportait. XY — nommons-le ainsi — l'emmena loin, sur des terres qui lui étaient, jusque-là, inconnues.

Elle n'en était que plus belle et plus désirable. Emportée par les feux du désir, voulant peut-être aussi se distraire, a-t-elle écrit un petit livre érotico-pornographique qui circula sous le manteau à ce moment-là ? Sous la signature de Loulou Morin parut, en effet, *Madame de V... a des idées noires,* aux éditions À la mauvaise graine, Genève. Le texte pouvait, sans rougir, rivaliser avec *Histoire d'O* qui, coïncidence, était paru six mois plus tôt et avait provoqué quelque bruit dans les milieux littéraires.

Orné de dix idées roses de PN et d'une idée noire de Madame de V. en frontispice, l'opuscule de Loulou Morin est aussi drôle qu'alerte. Habile pastiche d'un vengeur masqué, d'un amant éconduit ou d'un farceur de talent ? En tout cas on y retrouve le style, le rythme qui font la marque de Louise, et si les mots, ici, sonnent cru alors qu'ils n'ont jamais cette tonalité dans ses romans, chacun sait que la meilleure littérature libertine est classique, voire précieuse dans sa forme. Dès les premières lignes le ton « très Louise » est donné et sera maintenu, à merveille, tout au long du livre.

« Lorsque Maroussia de V... eut perdu son mari à la guerre, elle crut convenable de servir comme infirmière bénévole à l'hôpital militaire de B... C'est alors que les tentations commencèrent. Jusque-là, Maroussia n'avait guère été gâtée par l'amour. Monsieur de V..., son époux, de vingt ans plus âgé qu'elle, avait, après une jeunesse orageuse, cherché dans l'hymen une retraite quelque peu égoïste. Cette fatigue intermittente s'était à la longue muée en un repos définitif et si Maroussia n'avait eu le goût de se branler, tout en s'enfonçant un doigt dans le cul, elle eût été une femme fort à plaindre. »

Histoire d'O était né d'une fantaisie. Jean Paulhan grand

prêtre de la maison Gallimard proposa un jour à Dominique Aury, sa plus proche collaboratrice, que rien apparemment ne prédestinait à cette vocation, d'écrire un roman érotique. Ancienne journaliste, traductrice de plusieurs auteurs anglais, elle avait publié une anthologie de la poésie religieuse française, et fut la première femme qui entra au comité de lecture de la NRF, ce cénacle des lettres françaises. Sous le pseudonyme de Pauline Réage, Dominique Aury releva le défi que lui lançait Jean Paulhan et *Histoire d'O* fut édité en 1954. « L'air équivoque, séduisante, énigmatique, la voix fêlée de façon troublante », ainsi la voyait alors Claude Mauriac[14]. On chercha l'auteur. Paris bruissait de noms divers. Celui de Louise fut cité. S'est-elle piquée au jeu ? Si elle n'est pas l'auteur de *Madame de V... a des idées noires,* il n'y a rien dans ce récit qui ne soit à la portée de son humour, de son esprit et de sa plume, y compris les allusions un peu trop appuyées à *Histoire d'O* et à la maison de commerce du quai de la Mégisserie. Comme celle-ci, où un inconnu emmène Maroussia « bouleversée d'un vertigineux désir », dans une petite cabane entourée de fleurs. « Les graines Vilmorin sont les meilleures, remarqua l'inconnu. Ces fleurs proviennent d'un sachet de graines que ma tante Pauline de Réage offrit jadis au gouverneur et qu'un coup de vent dispersa. » Louise avait trop le goût de la provocation pour ne pas savourer ce genre de clin d'œil.

Son amour passion dura près de trois ans. Aurait-il pu se prolonger si elle n'avait songé au mariage ? Très vite après qu'elle eut envisagé cette hypothèse, les amants s'éloignèrent. De cet amour allait naître la plus authentique de ses œuvres, *Migraine,* qu'elle commença à Sidges sur la côte catalane, où elle s'en alla chercher l'oubli.

Je renonce à qui je préfère,
Et je pars avec mon secret.
À nous deux on est milliardaire,
Milliardaire de mes regrets !

Migraine portait le deuil de son impossible amour, de sa gaieté. « *Migraine* est le meilleur livre de Louise, dira André. Je suis conscient d'émettre là un avis tout personnel, mais je retrouve dans *Migraine* le reflet le plus exact et le plus vivant de la personnalité de ma sœur. Pour qui connaissait bien Louise la ressemblance est bouleversante. »

La trame du récit est simple. Migraine est la vedette d'une pièce intitulée *Migraine.* Trois hommes la poursuivent de leur amour. Elle doit choisir entre un jeune garçon ébloui qui a abandonné sa fiancée pour elle, un veuf qui veut l'épouser et l'éloigner de sa vie d'artiste, enfin Sandro, le « *tombeur* », dont elle devient éperdument amoureuse.

Mais le roman, dans sa construction, ressemble à un alibi. L'histoire est racontée, sous la forme d'une longue lettre à son amant, par une femme qui n'a joué aucun rôle dans l'action mais qui y a été intimement mêlée pour en avoir connu les acteurs. Cette femme — dont on ne connaît pas le nom, pas plus que celui de son amant — entrecoupe son témoignage de réflexions sur elle-même, sur ses sentiments, sur les personnages et leur comportement. Cette femme, c'est Louise, et beaucoup des réflexions qui émaillent sa lettre se conjuguent avec l'état de son cœur meurtri. « C'est très grave d'aimer... » « Le pire malheur c'est l'oubli... » « Les amants au matin sont livides d'avoir dit tous les mots qui font peur..., il ne faut pas oublier que la réalité vous reprend tout. La réalité c'est la salle des pas perdus et des objets perdus. » ... « La passion est une maladie toute remplie d'images troubles... » « Mon amour est en sanglots. »

Migraine elle-même n'a rien en commun avec les précédentes héroïnes de Louise, tout empêtrées dans des situations sentimentales confuses. Migraine est une « vraie femme », amoureuse et taquine, sensuelle et sensible, pratique et rêveuse. Elle aime la vie, elle profite des joies que lui offrent sa beauté, son tempérament et le charme qu'elle exerce sur les hommes. Elle vit comme venait de vivre Louise le temps de quelques saisons.

Pour la première fois, cette distance « XVIIIe siècle » qu'elle mettait entre elle et ses personnages avait disparu. Elle s'impliquait. Jusqu'à redonner du corps à la jalousie, ce sentiment qu'elle ignorait délibérément dans tous ses autres livres et qui sert ici de ressort aux attitudes les plus violentes, les plus ordinaires mais aussi les plus vraies. Dans *Migraine*, la jalousie tue, non pas comme au théâtre, comme dans la vie.

La critique fut déroutée. Elle ne retrouvait ni dans la forme, ni dans le fond, la manière habituelle de Louise.

Il fallait que ces mois de mars et d'avril 1959 qu'elle passa à Sidges soient vraiment alourdis par son âme chagrine pour qu'elle transgresse à ce point les règles de son jeu. « Après plus d'un mois de mauvais temps sur cette côte catalane aux environs de Barcelone, je rentre en France découragée, écrivait-elle à Diana Cooper. Toutes sortes de souvenirs ont occupé mon esprit et mon cœur pendant ces semaines de solitude. Je me suis déshabillée comme jamais dans des pages que j'appelle *Migraine* — aïe, aïe, aïe ! — et je ne sais plus si je dois poursuivre... Tu me manques trop. Je t'aimerai toujours. Où es-tu ? » On comprend qu'André qui connaissait la clé de l'énigme ait vu dans *Migraine* l'autoportrait idéalisé, le double transparent de sa sœur.

***

Avant d'arriver à cet épilogue, un bonheur indécent et joyeux tenait Louise par la main. Gallimard publia *Histoire d'aimer* en janvier 1956. « Louise de Vilmorin est maintenant l'un de nos meilleurs écrivains », trancha André Maurois dans *Carrefour.*

Un séjour à Londres chez Diana Cooper lui inspira *La*

Lettre dans un taxi. Invitée pour un week-end dans le Surrey, chez des amis anglais, elle écrivit à Orson Welles pour lui raconter sa visite en l'agrémentant d'observations et de commérages sur ses hôtes.

De retour à Londres elle réalisa qu'elle avait oublié la lettre dans un taxi.

De cette mésaventure elle tira un livre mené dans un ton preste, rempli de notations piquantes, de traits de moraliste. Une émotion tendre voile certaines invraisemblances. Cécilie, qui se distrait en donnant des chroniques aux journaux, oublie dans un taxi une lettre compromettante écrite à son frère, célèbre auteur d'opérette. Elle rapporte des propos fâcheux de son mari Gustave sur le président de sa banque, Monsieur Doublard-Despaumes. Si ce dernier lit le billet, la carrière de son mari est brisée. Dans sa solidarité conjugale, elle se tourmente follement. Elle craint un chantage de la part de l'inconnu qui trouvera la lettre. Celui-ci se présente bientôt : Paul Landryeux, un galant homme. Il connaît le nom de Cécilie, il admire ses articles et, curieux d'elle, il saisit le prétexte de l'enveloppe à rapporter pour se présenter. Mais l'angoisse a rendu Cécilie maladroite. Elle croit avoir affaire à un maître chanteur. Elle lui offre de l'argent. Bien sûr, Paul se froisse : la jeune femme mérite une leçon et il profite des craintes de Cécilie pour obtenir des rendez-vous auxquels il prend goût. Peu à peu, la méfiance fond entre eux et l'amour paraît. Ils décident de fuir ensemble.

Une amie charitable raconte au mari l'histoire de la lettre perdue. Indulgent et compréhensif, Gustave excuse sa femme. Il la remercie de s'être donné tant de mal pour lui éviter les conséquences d'un fâcheux oubli. Cécilie se sent prisonnière de cette confiance et l'avoue à Paul : « Je suis malade de la confiance que Gustave a en moi. » Elle se résigne à continuer une double vie, mais Paul refuse de n'avoir que ces miettes de bonheur : « Je préfère rester seul plutôt que de partager la femme que j'aime. » La morale a le dernier mot.

Louise excellait dans ces intrigues compliquées que sa verve rendait acceptables. Les mensonges s'accumulent, embrouillent la situation et tout le roman s'enchaîne comme dans *Le Lit à colonnes*, *Julietta*, *Madame de* ou *Histoire d'aimer*, sur les difficultés de rester dans la tromperie.

La lettre dans un taxi fut unanimement saluée. Robert Poulet qui n'aimait pas Louise, c'est peu de le dire, s'inclina dans *Rivarol* : « Quel charme, quelle vivacité, quelle aisance de plume ! Je me suis bien amusé, j'ai appris deux ou trois faits, reconnu deux ou trois personnes. » Antoine Blondin que Roger Nimier avait entraîné à Verrières se proposa de l'adapter pour la télévision. François Chatel ferait la mise en scène. Interprété par Micheline Presle, Jean Leuvrais et Jean Rochefort, le film fut tourné mais seulement en... 1962.

Si, en effet, les promesses d'un beau succès commercial semblaient réunies, *La Lettre dans un taxi* vint, à sa parution, buter sur l'Histoire : il était en librairie à la fin d'avril 1958. La quatrième République vacillait. Le 13 mai le général Massu constituait à Alger un Comité de salut public. Le 15, le général de Gaulle déclarait qu'il se tenait « prêt à assumer les pouvoirs de la République ». Le 27, il passait à l'action : « J'ai entamé hier le processus régulier nécessaire à l'établissement d'un gouvernement républicain capable d'assurer l'unité et l'indépendance du pays. » Le 28, le gouvernement de Pierre Pfimlin démissionnait. Le 29, René Coty, président de la République, demandait aux députés d'accorder leur confiance à de Gaulle. Le 1er juin le Général était investi par trois cent neuf voix contre deux cent vingt-quatre et il formait le dernier gouvernement de la quatrième République.

La Lettre dans un taxi se perdit à tout jamais avec beaucoup d'autres titres ayant eu la bonne chance de paraître au milieu de cette effervescence qui secouait, déchirait et passionnait la France.

Louise n'en fut pas affectée. Elle traversa les événements de mai 1958 avec ce détachement qui fut le sien dans tous les moments historiques qu'elle eut à connaître. Son histoire ne s'est jamais confondue avec l'autre Histoire, celle qui figure dans les manuels scolaires.

Le « club de Verrières » s'était ouvert à de nouvelles têtes, Elsa Martinelli, Raymond Rouleau, Edmonde Charles-Roux, Jeanne Moreau... François Truffaut, qui avait connu Louise en correspondant avec elle quand il effectuait son service militaire — comme plus tard Jean-François Josselin —, faisait de très brèves apparitions. « J'aimais profondément Louise de Vilmorin, écrira-t-il à André en décembre 1970. Elle m'intimidait tellement lorsque je me trouvais en face d'elle que j'ai presque évité les rencontres par la suite. J'aimais la voir sans être vu... » Victoire de Montesquiou, qui avait passé l'été de ses dix-huit ans à Verrières et qui gardait un « souvenir émerveillé » de son séjour, y entraîna Jean-François Deniau, Jean d'Ormesson, Valéry Giscard d'Estaing. S'invitait très souvent Albert Willemetz, richissime septuagénaire tourné vers la gaudriole rythmée plus que vers la poésie et qui se préparait à monter *Kiss me Kate* traduit et adapté par Louise. Charlie Chaplin arrivait sans prévenir, parodiait les uns, imitait les autres, quand il n'interprétait pas les chansons de ses films. Françoise Sagan, portée au pinacle depuis *Bonjour tristesse,* débarquait entourée de sa petite bande. Elle se tenait à l'écart, ignorait Louise, réclamait les cartes et s'installait pour un poker. Louise ne jouait pas aux cartes ; elle faisait parfois des « patiences » quand elle sentait que ses pensées risquaient de l'entraîner à dire trop de bêtises.

Louis Malle connut Verrières par Alain Cuny. Il avait vingt-cinq ans et venait de mettre en scène *Ascenseur pour l'échafaud*. Il avait eu, par hasard, entre les mains, un ouvrage introuvable de Dominique Vivant, baron Denon, *Point de lendemain* — le seul roman qu'il ait écrit —, une histoire d'amour parue en 1798. Le baron Denon, grand voyageur, celui-là même qui dirigea l'expédition en Égypte de Bonaparte et aida Champollion dans ses recherches. Balzac avait déjà démarqué *Point de lendemain* dans *Psychologie du mariage*. À son tour Louis Malle voulait le moderniser et en tirer un scénario. Il parla de son projet dont il avait le titre : *Les Amants*. Très séduite par l'idée, Louise demanda d'écrire le dialogue.

Elle y consacra son été, toujours aussi loin des bruits d'une actualité politique omniprésente, toujours habitée par sa passion cachée. Chaque après-midi, au volant de sa Jaguar, Louis Malle fonçait vers Verrières et n'en repartait qu'aux premiers feux de l'aurore. « À force de parler d'amour, nous sommes devenus très amis », disait Louise.

Ce fut au même moment qu'elle entreprit d'écrire *Le Violon*, une œuvre étrange qui met en scène des gens ordinaires que le violon transfigure. Dès que sa voix s'élève, c'est l'enchantement et la métamorphose des deux amants. Sitôt qu'elle se tait, ils reviennent à eux-mêmes, c'est-à-dire au néant. Ce n'est plus la musique mais l'instrument qui les grise. L'éternité de leur amour dure ce que dure cette griserie. En vain chercheraient-ils à fredonner la mélodie ou à se trouver d'autres raisons de s'aimer : leur amour et leur désir sont suspendus à la vibration des cordes.

Violon hippocampe et sirène
Berceau des cœurs, cœur et berceau
L'âme de Marie-Madeleine
Souper d'une reine
Sanglot.

Louise prenait surtout plaisir à décrire cet instrument « fait du bois des forêts comme les navires des grandes aventures ».

« Rien n'est plus beau qu'un homme et le violon dont il

joue : ils forment le couple le plus étroitement uni au monde, confiait-elle à Bernard Gavoty. L'attitude de l'homme est superbe. Debout, la tête inclinée sur l'épaule, il berce son violon. Son bras droit est grand ouvert et, tandis que de sa main droite il guide son archet, sa main gauche se meut et se meurt en tremblant sur les cordes. On comprend qu'une femme soit jalouse d'un violon... »

*
**

L'automne 1958 s'avançait. Satisfait du dialogue, Louis Malle tournait *Les Amants* avec Alain Cuny, Jeanne Moreau, José Luis de Villalonga et Jean-Marc Bory. Verrières s'était mis en veilleuse. Le moral de Louise s'effritait : son bel et ardent amour mourait doucement, elle en avait l'intuition. « Encore un dimanche qui va traîner sans m'entraîner. » C'en était fini des « soirs bleus », et, bientôt reprise par sa manie de quitter Verrières pour apaiser ses désarrois sentimentaux, c'est alors qu'elle s'enferma dans un hôtel à Sitges.

En rentrant de la Catalogne des pages de *Migraine* dans sa valise et le cœur douloureux, elle avait pris la résolution de terminer très vite son roman. Elle avait, en effet, en tête un autre projet qui lui importait davantage et dans lequel elle voyait un antidote à sa tristesse : faire de *Migraine* un opéra-comique. Albert Willemetz lui recommanda Pierre Petit pour la musique. Elle prenait très au sérieux son rôle de librettiste, fermement convaincue que le poète peut inspirer le musicien. N'était-elle pas fondée à le croire à en juger par le nombre de ses poèmes qui avaient été mis en musique par Poulenc, Auric, Honegger, Sauguet, Milhaud, Van Parys, Claude Arrieu, Léo Ferré ? « On est injuste à l'endroit des poètes, déclarait-elle sur une radio. On dit : *Pelléas* et on ne pense qu'à Debussy. Ne doit-il pas beaucoup à Maeterlinck ? J'adore la pièce, son ingénuité vraie. Que nous dit-elle ? Rien. Elle nous rappelle que tout fuit, que tout échappe, que tout finit. »

Pour Louise, qui n'allait guère au concert sauf pour écouter Samson François — « quelque chose en lui me touche. C'est peut-être qu'en jouant il ne prend rien : au contraire, il donne » —, la musique était l'évidence supérieure, l'éternelle regrettée, l'art le plus près du souvenir et son idée d'opéra n'était pas un caprice.

Pierre Petit vint s'installer à Verrières où il composa toute une série de mélodies. C'était enlevé, émouvant et drôle. Comme il se doit, *Migraine* se terminait dans les déchirements et la mort de l'héroïne. Tout se déroula à merveille jusqu'au jour où il fallut songer à la distribution des rôles. Encouragée par Pierre Petit, Jeanne Moreau voulut interpréter Migraine. Louise lui préférait Colette Renard. Premier accrochage. Il y en eut un second plus sérieux. Louise tenait sa comédie pour un opéra et voulait qu'elle soit jouée à l'Opéra-Comique, salle Favart, avec chœurs et orchestre. Pour Pierre Petit, en revanche, il s'agissait d'une comédie musicale et l'Opéra-Comique ne lui semblait à aucun point de vue un cadre heureux pour *Migraine*.

« Je préfère que le temps se charge — peut-être — de dénouer l'impasse où nous nous trouvons, écrivit-il à Louise. Je ne tiens, en effet, nullement à endosser la responsabilité d'une audition officielle pour une œuvre écrite pour le boulevard devant un auditoire qui s'attend sans doute à une nouvelle *Carmen*. Il ne faut tout de même pas confondre les genres et je risque trop en la circonstance de me prêter à un jeu aussi dangereux... J'espère que vous saurez faire la part du cœur et celle de la raison. Je vous embrasse. »

La musique de *Migraine* resta en plan au milieu du troisième acte. Louise refusa de s'avouer vaincue. *Migraine* fut trituré, le dernier acte profondément remanié pour aboutir à une fin heureuse. Georges Vitaly projeta de monter la pièce. En vain. Depuis, les différentes versions de *Migraine* — dont une s'appelle *Si tu voulais* — dorment dans un placard de Verrières et à la Fondation Doucet.

Et alors, y en avait des soirs bleus pleins d'aveux
Qui traversaient le ciel sur l'aile des mensonges
Y avait dans les ruisseaux une eau qu'était étrange
Avec des yeux d'argent qui filaient au milieu.
Y en avait des soirs bleus.

Ainsi chantait Migraine, fille de cambrioleurs qui couraient la campagne espagnole.

Contrariée dans son travail, solitaire dans son cœur, elle se préparait, une fois encore, à prendre le large. « Dès que le moindre incident heurte mon artifice, je m'effondre, confiait-elle à André qui s'inquiétait de son instabilité. Les ailes qui me maintenaient au ciel du sublime tant aimé se brisent et je retombe sur terre où tout m'est difficile car je n'y comprends rien... J'aime le merveilleux, l'impossible possible, l'argent, ce qui brille, ce qui diffère et éloigne une maison d'une autre ; j'aime tout ce qui fait de moi une femme malheureuse. »

Ce présent, tout nimbé qu'il fût, ne lui suffisait plus. Elle ne pouvait se résoudre à prendre le temps comme il venait et les gens comme ils étaient. Quand le sol sous ses pieds semblait se dérober, c'était l'ennui, toujours l'ennui qui l'habitait comme un refrain ordinaire.

Pourtant *Le Violon* était paru en juillet 1960 et lui avait valu des éloges. « C'est un excellent exemple de la manière de Louise de Vilmorin que l'on pourrait baptiser la férocité rose, écrivit François Nourissier dans *France Observateur*. Manière difficile qui exige du tact et de la grâce si l'on veut “ manger ” le morceau et dire des choses cruelles sans que les sots s'en aperçoivent. » Jean-Marie Coldefy l'accueillit dans une émission télévisée. Gabriel Macé, dans *Le Canard Enchaîné,* fut séduit. « Drapée dans son étole buissonnière, Madame de Vilmorin nous a paru moins cabotine que la plupart des snobs qui forment ce Tout-Paris auquel elle appartient... Simple mais pas simplette : Louise de Vilmorin a l'œil rieur et un sourire qui ne fait pas son âge. » Au même moment Jean Cocteau lui écrivait : « C'est ta simplicité qui complique tout. »

Elle prit le train pour Fourques où Jean Hugo l'accueillait quand elle le voulait. Elle retrouvait toujours Fourques avec bonheur. Il lui semblait qu'elle rentrait chez elle. Jean Hugo vivait comme un fantôme qui ne peut plus rien changer aux choses de la vie, mais il était toujours aussi présent dans sa relation à Louise. « Tu occupes depuis 1935 un quart de ma pensée, lui écrivait-il. C'est beaucoup. » L'aimait-il encore un peu ? Aimait-il quelqu'un ? Sa conversation restait un enchantement, une source de savoir qui incitait à se dégager du quotidien. Semblable à l'avare épris d'argent, il n'était plus épris que de sa curiosité. Celle-ci était sa maîtresse. Louise, qui n'avait rien à lui apprendre, mesurait en sa compagnie le temps que sa sentimentalité lui faisait perdre, et c'est peut-être pourquoi il continuait de retenir son affection.

La maison de Fourques avait vieilli, mais elle était douée, comme le sont parfois les vieillards, d'une distinction et d'un charme qui défiaient la décrépitude. Louise avait plaisir à entendre son pas sur les marches de pierre de l'étroit escalier, à tenir la corde qui sert de rampe, à traverser le préau du premier étage, à entrer dans la chambre qui fut la sienne dès les années 1935. De lourdes draperies fixées au plafond tombaient du ciel de lit et formaient une grotte où nichaient les ébats, le sommeil et les rêves. Ce décor était aujourd'hui fané. « Il y avait une mouche morte dans mon verre à dents. Un poil sur le savon. Une odeur de salpêtre dans la salle de bains. La carafe est ébréchée. Les tapis montrent leur corde.

Les objets sont fatigués, pire encore, ils sont épuisés. C'est lamentable et pourtant c'est charmant car la bibliothèque est un vrai paradis ; une grotte d'Ali Baba dans des murs en ruine. Elle est rangée, soignée, ordonnée, vivante, tentante, irrésistible et l'on voudrait vivre à jamais en compagnie de ces livres qui sont des donateurs. »

Le petit déjeuner était servi dès sept heures. Jean Hugo communiait tous les matins. Déjeuner et dîner à douze heures et dix-neuf heures précises. La cuisinière était sourde, muette et aveugle. La nourriture en souffrait. On mangeait du cervelas, des saucisses, du mouton et de la salade que Jean Hugo assaisonnait en parlant de Cocteau, d'Apollinaire, du livre de Cingria sur Pétrarque ou d'Éléonor d'Aquitaine. Il avait moins d'imagination que Louise mais il était plus bizarre, plus indéchiffrable et avait le don de découvrir des choses curieuses, d'en parler avec discernement, sans snobisme et sans dédain du cocasse. Comme Louise, il aimait les plantes, et son jardin était une assez belle jungle horticole où les paons se promenaient à l'ombre des cèdres et des mûriers. Comme Louise, il souffrait de ce qui change, du bruit des machines, du manque de style dans la vie privée, et l'un et l'autre détestaient l'avenir.

La routine du voyage lui devenait plaisante. Comme un laisser-aller, une indifférence séduisante, une indifférence physique à ce que l'on nomme âme ou esprit.

Elle quitta Jean Hugo pour Sacha de Manziarly qui était consul général de France à Genève. Elle y passa des jours heureux tant il y avait entre eux cette relation où l'on peut tout se dire. Puis, elle rejoignit Henry de Liechtenstein à Vaduz. Il la reçut dans son château médiéval qui domine le Rhin et un vaste paysage bordé par des montagnes. C'est un endroit qui rappelle, en moins grandiose, le Haut Koenigsbourg dans les Petites Vosges. Le vin blanc descendait avec une fraîcheur intelligente et lui donnait de l'éloquence. Elle habitait une chambre gothique dont les murs et le plafond voûté étaient recouverts d'antiques boiseries de chêne. Elle accédait à son lit par une haute marche et pouvait s'y enfermer comme dans une petite pièce. C'était une société très *ostereich,* cette vieille aristocratie de l'est de l'Elbe qui recevait le gotha européen sans jamais s'y compromettre. Pali Palffy vint lui rendre visite. « Mon cher Sacha, j'ai été bien heureuse des quelques moments que tu as bien voulu me donner... Ici j'ai vu mon vieux Palffy. Je l'ai trouvé très amaigri, très doux et magnifiquement généreux. Son aspect et son attitude m'ont rappelé l'homme que j'ai épousé en 1937 et j'en ai éprouvé de graves nostalgies. Je me suis sentie tout à coup bien malheureuse à l'idée qu'il était encore vivant et que nous étions séparés... Quant à Georges Potocki, Jean-Louis Mathieu, Rita Kléber, Yul Brynner et Dimitriakis, ils forment à eux cinq une équipe hétéroclite qui m'encadre, m'étouffe, et me fait éprouver une morne impatience. J'ai beau avoir l'habitude d'être victime des sentiments que j'inspire, j'en souffre avec un stoïcisme assez désespéré. Hélas ! Les vieillards sont fous de moi et l'idée de les peiner m'épouvante. Jamais je n'oublierai le temps où j'étais martyrisée par le cher Yves Mirande dont je fus le dernier amour. Il m'invitait sans cesse à déjeuner ou dîner, cela me dérangeait mais je n'en laissais rien paraître pour ne pas le chagriner. Je me disais : “ S'il était jeune, je le laisserais tomber mais il a quatre-vingt-deux ans ! et si je n'accours pas, il pensera avec tristesse : elle me dédaigne parce que je suis vieux... ” Alors j'acceptais ses invitations et je répondais à ses lettres parce qu'il était vieux. Je lui donnais ce qu'il y a de plus doux : l'illusion de pouvoir encore plaire. Je l'aimais bien. Aujourd'hui je suis un peu dans le même cas avec le bon Georges P*. Il me donne des vertiges d'ennui et je

* Il s'agit du comte Georges Potocki, grand séducteur, grand chasseur et dernier ambassadeur de Pologne à Washington avant l'avènement du communisme. Il était l'arrière-petit-fils de Jean Potocki, l'auteur du célèbre *Manuscrit trouvé à Saragosse.*

regrette la place que j'occupe dans son imagination. Je suis devenue pour lui, ô catastrophe, le soleil de sa retraite, l'éternel féminin toujours souriant, l'air qui sent la menthe le soir dans les forêts des Carpates, le chant des oiseaux dans ces mêmes forêts, la nymphe de ses nostalgies et l'étincelle parfumée qui éclaire et enchante ses rêves moribonds. Dieu merci, il est impuissant, grâce à quoi je n'ai pas trop à me plaindre. Dieu merci, sa virilité l'attend au paradis des baiseurs révolus. N'empêche que de loin, je l'aime beaucoup. De loin, de très loin, de si loin que je ne le vois plus. Pauvre Georges et méchante Louise ! Je suis une pleine lune de remords ; mais tu comprendras qu'il me soit pénible de finir en égérie d'un asile de vieillards... »

Elle parlait d'elle-même avec une intelligence et une objectivité féminines. Elle était en verve et se répandait dans ses lettres. On peut la suivre semaine après semaine dans ses pérégrinations qui la conduiront, après Vaduz, au château de Frault près de Chinon, à Blanquefort dans la Gironde, à Sélestat chez Paul-Louis Weiller, enfin en Corse.

Frault, chez Klashou-Beaurepaire, n'était que siestes, gentillesses, et... fumées. Jean-François Lefebvre-Pontalis, Jo P. un richissime industriel, fabricant d'huile, et quelques autres venaient y noyer, dans l'opium, les vertus qu'ils auraient dû, par principe, illustrer. Louise restait tranquillement dans sa chambre ou dans la cuisine tandis que ses hôtes et ses amis fumaient dans les étages. De Jo P. elle trace un émouvant portrait : « ... il me semble que cet opium a détruit en lui ce qu'il avait de plus intéressant et qui est, pour un grand bourgeois, de s'imposer en grand bourgeois et de défendre cette position. Je me suis trouvée face à un homme aimable, absent, touchant, effrayant. Un matin au petit déjeuner, vers huit heures, nous étions seuls dans la cuisine. Il m'a dit : " si j'avais à recommencer ma vie, la seule chose que je ne referais pas, c'est de fumer. L'opium ! Quel martyre ! Quand j'ai commencé j'avais dix-sept ans... C'est une maîtresse que j'avais alors qui m'a entraîné dans ses rêves... Je me suis fait désintoxiquer dix fois ! J'ai toujours succombé de nouveau par besoin d'être consolé, par besoin d'oublier ! "... J'étais atterrée ! Tout me fuyait et j'étais bien triste, je t'assure, dans la solitude de ma réalité. Je me disais que tous ces gens évitaient le mystère dont l'envahissement nous confond et qu'au lieu d'appuyer leurs fronts et leurs paumes à ce solide mystère qui est le mur de notre maison, ils désertaient leur maison pour devenir des clochards, sans un toit pour abriter la conscience. Tout me porte à réfléchir, tout me porte à me condamner : quand je veux être grande je suis réduite à rien ; quand je veux être bonne, je suis prodigue et j'en tire je ne sais quel profit odieusement intime et quand je juge je me fais peur. Mais si j'ai confiance c'est justement parce que j'ai peur. Je considère la peur que j'ai de moi comme le plus grand don que j'ai reçu du ciel. »

À Blanquefort, elle retrouvait les rêveurs de Frault, dans une maison d'une architecture précieuse qui s'élève sur une terrasse au milieu des platanes, des tilleuls, des marronniers, des rhododendrons et des tapis de cyclamens sauvages, blancs et mauves. Tout y était beau, mais elle détesta la vie entre les murs de cette maison. « C'est la fumerie intégrale. Klashou, au lieu de se promener avec moi et de rire, s'est lancé tête folle dans le cabinet chinois de notre hôte... Jean-François L.-P. * est arrivé vendredi et franchement il a été le seul rayon de soleil de ce morne séjour. Bien sûr, il passait lui aussi des heures étendu à côté de son plateau, mais il trouvait quand même toujours le temps pour une bonne causerie, un tour de jardin, une promenade. Hier nous sommes allés sur le bassin d'Arcachon où nous avons fait un excellent goûter avec des huîtres et du vin blanc. Il pleuvait. Tout était tellement gris que les coquillages se détachaient, blancs

* Jean-François Lefebvre-Pontalis.

comme de la craie sur le sable terne de la plage. La traversée des Landes inondées m'a fait grande impression, surtout au retour. Il faisait nuit ; la lune se montrait par moments et se reflétait dans l'eau des marécages qui tout à coup devenaient blancs. Nous sommes rentrés pour retrouver le silence, les portes verrouillées, l'odeur d'opium... L'ennui pesant... »

Ce ne fut qu'à Sélestat qu'elle se remit, un peu, à l'ouvrage. Elle y passa quatre mois en février et mars, puis en mai et juin 1961. Seule, avec une jeune femme qui allumait le poêle du salon le matin, et la gardienne qui lui préparait ses repas. Elle y termina *Kiss me Kate* tout en travaillant sur *L'Heure maliciôse*. Elle avait aussi en train une adaptation des *Femmes savantes* et plusieurs joailliers lui avaient commandé des dessins de bijoux. Médiocre séjour. Elle pouvait tout et en même temps elle ne pouvait rien.

De place en place, de lieu en lieu, nos propres tourments nous deviennent bientôt étrangers et c'est ainsi que travaille l'oubli. C'était ainsi, du moins, que Louise réglait ses comptes. Après Sélestat, cap sur la Corse, à Centuri, chez André. Petit village éparpillé en quantité de hameaux aux vieilles maisons de pierre, Centuri ne se laisse pas facilement conquérir. On est aux confins du cap Corse montagneux sillonné par les mille lacets d'une route unique. Louise qui ne fut jamais une fanatique du soleil et de la mer s'y ennuyait, en dépit des bontés de son frère et de sa belle-sœur. Elle n'aimait pas plus les vacances que les night-clubs, lorsque nulle main ne tenait la sienne. On avait beau lui répéter : « Il faut profiter du beau temps », elle n'en profitait pas. Chez Louise, ce ne fut jamais le ciel bleu qui fit le beau temps, mais les paroles et surtout les regards qui, dans son vague à l'âme, semblaient désormais n'être plus de son âge. Son cœur était-il fatigué ? Il n'avait plus que ses habitudes.

Elle aurait soixante ans dans quelques mois et, d'un coup, tout ce qui l'entourait revêtait un aspect déconcertant. Les vastes espaces de la jeunesse ne lui offraient plus que les horizons du passé et elle les contemplait sans plaisir. Dans ses lettres elle parlait avec tendresse de ses trois filles et ce fut en Corse qu'elle composa certains des aveux maternels de *Solitude, ô mon éléphant :* « C'est après leur naissance qu'on porte les enfants... Et plus ils s'éloignent plus les coups qu'ils vous portent atteignent le cœur d'un javelot de mort. »

En Corse elle retrouvait le dessinateur et sculpteur Jacques Zwobada qui était amoureux des paysages de Centuri comme il s'était passionné de ceux d'Andrea dans le sud de l'Italie, pays de sa femme Antonia Fiermonte qu'il aima d'un amour incomparable. Zwobada avait remporté, en 1929, avec son ami René Letourneur, le concours international organisé par la Légation de l'Équateur pour le centenaire de la mort du *libertador* Simon Bolivar. Le jury était présidé par Maillol. Attiré par l'Amérique latine, il avait également enseigné le dessin et la sculpture à l'École des beaux-arts de Caracas au Venezuela. Il en revint plus pauvre qu'il n'était en partant, n'ayant aucun sens de l'argent et ne sachant pas vendre ses œuvres. Il reprit sa place de professeur de dessin à Paris, poursuivant ses travaux et recherches. L'enseignement resta toujours parmi ses principales préoccupations. Il habitait Fontenay-aux-Roses et venait à Verrières sur son vélomoteur. Il réalisa de nombreux bustes dont celui de Louise. Quand mourut sa femme, en 1956, il décida, accablé de douleur, de lui offrir un tombeau qui franchirait les siècles. Il acheta un terrain à Mentana, près de Rome, et demanda à son ami, l'architecte Paul Herbé, de lui dessiner un monument funéraire où il voulait réunir l'essentiel de ses œuvres. Ce projet ne sera que partiellement réalisé. « Tel qu'il est, écrira Pierre Cabanne en 1992 dans un ouvrage consacré à Zwobada, le tombeau de Mentana demeure l'émouvant témoignage d'un amour exclusif lié à la fois à une œuvre et à un destin. C'est également une réalisation unique dans l'architecture et la sculpture contemporaines. » Louise aimait la compagnie de ce rebelle travaillé par la lumière qui le traversait et qu'un cancer emporta à soixante-cinq ans.

Elle ne se fixa à Verrières qu'à l'automne 1961. Son frère Henry était mort le 23 septembre 1961 après une longue maladie. Il avait voulu, en juillet, partir pour sa maison d'Ibiza aux Baléares, pensant que le soleil l'aiderait à se remettre. Sa santé déclina un peu plus et les lettres qu'il adressait à sa sœur n'étaient bientôt que le miroir de ses nostalgies : il regrettait Verrières et voulait y revenir. Louise vint l'accueillir à Orly et quelques semaines plus tard elle le portait dans sa tombe. « Je suis triste mais je n'ai plus d'angoisse et je perds peu à peu la notion de ce que j'ai enduré, écrivait-elle à Jean-François Josselin — qui n'était alors que le jeune soldat Jean-François Ratinaud. Je vous remercie de vos lettres et surtout de la dernière par laquelle je peux, grâce à vous, suivre mon frère vous guidant au long des méandres de notre vieux jardin. Faites-moi toujours confiance ; ne doutez pas de moi ; je ne suis pas fantasque mais je voudrais être assez fantastique pour ne jamais décevoir. » Sentait-elle que quelque chose s'achevait et qu'une partie de sa vie se détachait d'elle lentement ?

J'ai passé tous les âges,
Lassé tous les pardons,
Brisé tous les courages,
Pleuré les abandons.

Songeant à ses vieilles amours qui lui tenaient tant à cœur, son vieux Palffy, son vieux Gallimard, Sacha de Manziarly, elle n'avait pas le sentiment de leur être nécessaire et elle se comparait souvent au plus absurde des pélicans. « Ne voyaient-ils en moi que l'élément nécessaire à ces duos horizontaux dans des chambres d'hôtel dont je repoussais, comme une offense, les édredons fanés ? À l'écart de ces hommes, André Malraux est peut-être le seul à s'émouvoir de nos anciennes images : ma blouse de satin blanc qui se fermait dans le dos, mes précieux vêtements parfumés, sa cravate dénouée, son veston suspendu au dossier d'une chaise, l'alcôve qui toujours bâille, la pénombre où, dans notre jeunesse, nous cachions des heures volées au temps bourgeois ; le seul à entendre nos souffles conjugués s'élever des abîmes du silence, le seul à écouter les nostalgiques rengaines de la fidélité. Entre nous pas de politesse. Les yeux sont encore pleins de lectures aventureuses. »

André Malraux, au début des années soixante, n'appartenait plus à lui-même mais à la cause dont il s'était fait le chantre : le gaullisme. Après avoir été quelques mois ministre délégué chargé de l'Information, il fut promu dès janvier 1959 ministre d'État chargé des Affaires culturelles, titre qu'il conservera jusqu'au mois d'avril 1969. Depuis qu'il siégeait au Conseil des ministres, à la droite du général de Gaulle — « à ma droite, j'ai et j'aurai toujours André Malraux », écrit le Général dans ses *Mémoires d'espoir* —, il n'avait pas revu Louise. Interpellé par ses anciens amis de gauche sur le drame algérien, sommé par Maurice Nadeau et Graham Greene de s'élever contre les pratiques de la torture en Algérie, « le cercle des Érinyes autour de lui » se resserrait, comme l'écrit Jean Lacouture[15]. Mais il allait son chemin, imperturbable, et quand il ne haranguait pas les foules pour clamer la fidélité du général de Gaulle et de ses compagnons au régime républicain, il consacrait son temps à des voyages dans le monde entier. Dans nos territoires d'outre-mer et dans de nombreuses capitales étrangères, on était loin d'être convaincu des justes et grandes ambitions du général de Gaulle. Malraux s'en alla prêcher la bonne parole aux Antilles, en Guyane, puis en Iran, au Japon, en Inde, avant de sillonner l'Amérique latine, de Rio de Janeiro à Lima, de Buenos Aires à Mexico. Pendant ses brèves escales parisiennes il habitait le pavillon de la Lanterne à Versailles, une belle demeure que le gouvernement avait mise à sa disposition, et il s'occupait de son ministère à la recherche d'une « voie française de la culture », si bien qu'il n'avait de temps pour personne.

« Quand nous sommes-nous revus dans les débuts de la cinquième République ? s'interrogeait-il tout haut devant André de Vilmorin, après la mort de Louise. C'était dans un théâtre, peut-être à la première de *Becket ou l'Honneur de Dieu* de Jean Anouilh. C'est un repère. »

La correspondance qui a été conservée entre Malraux et Louise est très mince. Deux lettres en 1933 ; une lettre en 1947 ; une lettre en 1951. Et on saute à la période qui nous occupe : le 29 mai 1961 Malraux écrivait à Louise, et s'il est clair, à cette date, qu'ils s'étaient revus, il est aussi clair qu'ils n'avaient, ni l'un ni l'autre, envisagé de rapprocher leurs destins.

Louise avait d'autres préoccupations et, au fond d'elle-même, elle gardait le regret de l'entrain naturel et sensuel où l'avait menée sa passion pour XY. Si rien ne l'écœurait plus que les promiscuités sexuelles, avec XY il y avait eu dans sa conscience comme un réajustement des réalités physiques. Son cœur et son corps s'étaient engagés loin, hors des limites de leur état familier. Oui, elle avait aimé, elle avait aimé comme jamais jusqu'alors et elle devait maintenant se soumettre à l'inquiétude, à l'absence. Ni les allées et venues incessantes entre Genève et Sélestat, Fourques et Centuri, ni le retour à Verrières, son « îlot paisible », n'avaient vraiment calmé son désordre intérieur.

Rêvait-elle qu'un regard vînt, une fois encore, lui ouvrir les portes du ciel ? Chercha-t-elle à combler ce rêve ? « Alors je cherche une main vivante, je cherche une bouche, un corps brûlant de crainte... »

L'éditeur et poète Pierre Seghers, invité par Léo Ferré, avait découvert Verrières en 1959. Il prit l'habitude d'y revenir. Il aimait l'amitié, les fêtes, les chansons, comme il aimait la noblesse du refus. Il avait écrit le fameux « Merde à Vauban », mis en musique par Léo Ferré. Mais sa gloire était davantage celle des autres que la sienne. Après avoir créé à Carcassonne pendant l'occupation allemande la revue *Poésie* qui allait réunir les poètes de la Résistance — Aragon, Elsa Triolet, Paul Éluard, Pierre Emmanuel, Henri Michaux, Guillevic, Francis Ponge, Pierre Jean Jouve et tant d'autres — il avait lancé le 10 mai 1944 le numéro un de la collection « Poètes d'aujourd'hui » inaugurant une des plus singulières aventures éditoriales de l'après-guerre. Non seulement la collection « Poètes d'aujourd'hui », qui compte quelque deux cent cinquante volumes, publia tous les grands noms de la poésie mondiale — elle révéla aux Français Pessoa, Ritsos, Neruda, Jabès — mais elle fut aussi, contre toute attente, une belle réussite commerciale. « Tout poète, disait Seghers, est un Magellan qui souhaite ouvrir aux autres comme à lui-même de vastes et d'étranges domaines, un aventurier qui fore en lui pour que jaillissent la beauté, la vérité, la vie, l'innombrable du monde. »

Louise l'appelait « mon grand voyou » et partageait sa passion pour Guillaume Apollinaire qu'elle récitait avec lui, aux soirées de Verrières. Pierre Seghers ne put-il résister à sa voix grave et belle, une de ces voix qui ne font penser qu'à l'amour ? Sans crier gare, comme un chat qui entre par la fenêtre, il se déclara le 19 décembre 1961 : « … Tu es la plus envoûtante, la plus présente, la plus merveilleuse des femmes… Louise, je ne puis pas m'obliger à ne point, à ne pas t'aimer… Qu'est-ce qui m'arrive Louise ? Tu es ma seule réponse. Ne jouons pas. »

Janvier 1962 : « Tu m'as conduit là où je ne sais plus où je suis… »

Louise comme au temps de XY s'aperçut que son cœur n'était plus à sa place habituelle. Elle se réveilla sans bien se reconnaître. Les poèmes, très personnels, qu'elle adressait à Pierre Seghers sont les seuls que nous lui connaissons où elle rompt l'entrave des pudeurs :

... Dans le lit d'une chambre à l'hôtel Amigo
Elle est couchée, ouverte à ce qui l'ensorcelle,
À celui qui s'enfonce, en lui parlant tout haut,
Dans la nuit de sa bouche et son ventre chaud.
... Veux-tu que je t'ouvre mes jambes ?
Veux-tu mon visage ou mon dos ?

Et elle ajoutait : « mon Pierre chéri, je suis blême d'amour... Je ne veux pas de ce clou au cœur. Tu as dans la peau le don de tous les jeux, toi dont les mains sont mon mystère. »

Ce fut un amour impatient. Elle ne se rassasiait jamais du temps qu'elle passait avec Seghers et les heures sans lui n'en finissaient pas de la tracasser. Plus elle le voyait, plus elle se plaignait de ne pas le voir assez. Belle, elle l'était toujours, et la manière dont il lui parlait de sa beauté, de son charme, tenait de la litanie, d'une psalmodie ou d'une cantilène. « Dame à la licorne, tu hanteras la mémoire des hommes... »

Ce fut un amour épuisant qui embrasa sa soixantième année, alors que rien, croyait-elle, ne pouvait plus l'arracher à son petit royaume ombragé de mélancolie. La foudre déconcerte :

Abondance ! Abandon lié à l'indécence
Se donner toute nue et laisser découvrir
La source du plaisir au nid de sa naissance !
Elle a vécu cela. Ce temps est sa prison...

Bien avant qu'il ne se perde avec Louise « dans le lit d'une chambre à l'hôtel Amigo », Pierre Seghers avait remarqué sa poésie, et dès 1959 il lui avait proposé une place dans sa collection « Poètes d'aujourd'hui ». Il était très sensible à la magie rêveuse, au dépaysement, à la griserie des mots, à l'invention qui anime ses poèmes et il ne la considéra jamais comme une femme du monde qui écrit « joliment », pendant ses loisirs. Comme Marcel Jouhandeau, Cocteau, Alexandre Astruc, et un peu plus tard Jean Chalon, il savait qu'elle était un admirable poète.

Louise refusait d'y croire. « Parce qu'elle avait, écrira Jean Chalon, la poésie naturelle comme on a les yeux bleus... Ses thèmes poétiques sont les plus simples donc les plus grands : l'amour et la mort s'y tiennent la main. » L'idée qu'elle puisse figurer un jour dans la prestigieuse série des « Poètes d'aujourd'hui » n'avait donc jamais effleuré son esprit et elle laissa exploser sa joie.

Il fut convenu que Jean Cocteau écrirait un avant-propos, que son frère André donnerait une préface d'une quarantaine de pages et qu'il ferait, en accord avec Seghers, le choix des poèmes. Pour la publication de ces « morceaux choisis » il fallait obtenir l'autorisation de Gaston Gallimard, l'éditeur de Louise. C'est là que les difficultés commencèrent : Gaston ne voulut rien entendre. Depuis la Libération, il haïssait Pierre Seghers qui, membre du CNE (Comité National des Écrivains), avait appelé à de sévères sanctions contre les éditeurs ayant perdu « tout sens de l'honneur national ». Seghers comprit très vite que seules les petites maisons — à l'exception de Bernard Grasset, véritable bouc émissaire — allaient porter le chapeau et il ne se priva pas de le dire, critiquant en particulier l'attitude de Jean-Paul Sartre qui servait, avant toute autre chose, les intérêts de Gallimard au CNE. Mais il y avait pire encore : quand, en 1945, Gaston Gallimard lui proposa, à lui qui était un jeune éditeur fragile, un contrat d'association pour publier la collection « Poètes d'aujourd'hui », il refusa. Un refus qui ressemblait à un crime de lèse-majesté.

Gallimard, en 1962, n'avait rien oublié et il se montra

inflexible. Louise envoya Roger Nimier alors tout-puissant à la NRF plaider sa cause.

— Acceptez donc, cela lui ferait tant plaisir.

— J'aime faire plaisir quand cela me fait plaisir, répondit Gaston Gallimard.

Pierre Seghers changea de stratégie. Gallimard ne pouvait s'opposer à la publication d'un essai sur l'œuvre poétique de Louise, dès lors que les morceaux choisis ne dépasseraient pas le tiers du texte de l'ouvrage. Il fallait trouver l'auteur d'un tel essai. Louise pensa à Jean Cocteau. Coincé par ses promesses et ses obligations — préfaces, articles, dessins, peinture — il ne voulut pas se lancer dans ce travail. Il ne se défilait pas. Il débordait d'activité, il voyageait beaucoup et s'il a tant donné de lui, ce qui, cette fois, était en jeu, touchait à son admiration et à son amitié intime pour Louise. Un tel essai, dans son esprit, ne pouvait souffrir la moindre imperfection et demandait du temps. Ce qu'il n'avait pas.

André de Vilmorin, encouragé par Pierre Seghers et Roger Nimier, finit par accepter l'exercice. « Pour parler franchement, cela ne me plaisait qu'à moitié... Je ne mis qu'une seule condition : que Louise ne devait ni s'en mêler, ni regarder mon travail par-dessus mon épaule. Une éventuelle censure de chaque instant m'aurait paralysé dans l'expression de ma propre pensée, laquelle, bonne ou mauvaise, devait être, quand même, présente dans ce travail. »

Quand André lui remit les épreuves de son essai, elle n'y apporta aucune modification. Les avait-elle lues ? « Non, j'en suis convaincu, dira son frère. Je crois même qu'elle n'a jamais lu le livre. »

« J'ai vocation à devenir légendaire. »

Les mois qui s'écoulaient, fouettés par la perspective de ce livre, étaient riches d'amitié, d'amour et de rires. Louise vivait ce qui l'émouvait, il n'y avait rien à faire à cela et, bien qu'elle en exprimât de plus en plus souvent le désir, elle ne pouvait se résoudre à choisir la solitude pour maîtresse. Ce qu'elle appelait son « cœur sécateur » ne parvint jamais à trancher le poème de sa vie peuplée d'amours plus que de regrets, d'élans plus que de désillusions.

Pierre Seghers donnait un sens à sa réalité et lui faisait fête à chacune de leurs rencontres. Il l'emmenait souvent chez Jamin rue de Longchamp, qui était tenu par un ancien maître d'hôtel du Grand Véfour, ami de Bébé Bérard et de toute la bande, au lendemain de la Libération. Les souvenirs revenaient à la surface. Il la regardait. Il lui disait : « Laisse-moi te regarder. » En sortant de table, il la conduisait dans le célèbre hôtel de la rue Paul-Valéry. Appartement luxueux, rideaux de taffetas jaune, meubles de style Louis XVI ripolinés blanc.

Avec tes mains un peu
partout
T'as le regard passe
partout
Et t'as les mains
impertinentes
T'as les façons d'un
vrai voyou
Et pour la fille que
tu tentes
T'as le regard passe
partout

La sieste l'embellissait. Si elle perdait parfois la tête, elle était son meilleur spectateur, son critique le plus lucide.

Elle voyait souvent Roger Nimier et s'en retournait avec lui vers les jours d'antan. Les promenades à Versailles ; les longues heures à Verrières où il posait sur elle un regard d'adolescent fasciné par les beautés fidèles à son âge mûr ; les nuits de fête et de canulars avec Kléber Haedens, Marcel Aymé, Louison Bobet, Marcel Jouhandeau ; moments incroyablement vivants qui n'en finissaient pas. « À six heures et demie, rendez-vous avec Roger Nimier chez Gallimard, note-t-elle le 31 juillet 1962. Nous attendons Jeanne Moreau qui se décommande. Nous dînons au restaurant de l'hôtel Montalembert... Il n'a pas voulu me quitter ; il est rentré à Verrières avec moi et à cinq heures du matin nous étions encore dans le salon bleu. À six heures nous sommes allés dans la cuisine et nous avons mangé des œufs. À sept heures nous avons lu quelques pages de *Dominique* ; à huit heures Roger est parti effrayé par Luiggi et Iolé. Luiggi venait ouvrir les persiennes et Iolé m'apportait mon petit déjeuner. »

Elle continuait de voyager entre Salzbourg, Munich, Genève, Sélestat, Fourques, autant de lieux où elle avait ses habitudes, mais aussi le pays basque qu'elle avait déserté depuis sa jeunesse.

Dans ces années-là, son premier mari, Henry Leigh-Hunt, revint habiter la France. Il acheta une propriété à Arbonne, dans le Pays basque, puis à Saint-Lambert, dans la vallée de Chevreuse. Henry avait soixante-quinze ans, et au soir de sa vie, il voulut se rapprocher de Louise. N'avait-il jamais cessé, au fond de lui, de l'aimer ? Son cœur, en sa présence, palpitait encore comme celui d'un adolescent amoureux, et il lui arrivait d'être jaloux. Il le fut de Malraux.

Il s'organisa de telle manière qu'il reprit avec Louise un compagnonnage tranquille. Il l'aidera financièrement, l'invitera au restaurant « La Louisiane », à Orly, dont elle s'était toquée, et elle prendra l'habitude de déjeuner chaque semaine à Saint-Lambert, renouant avec une ambiance familiale — ses filles Jessie, Helena, Alexandra et ses petits-enfants y séjournaient régulièrement — dont elle avait perdu le goût et le souvenir depuis les lointaines années de la bande du « GB », à Saint-Jean-de-Luz ou rue de la Chaise. Éprouvait-elle le besoin de réveiller son instinct maternel et filial ? Dans ces moments qu'elle passait en famille, elle était tout à la fois la Louise de légende, drôle, extravagante, capricieuse, et une autre Louise attendrie, comme allégée, ne jouant aucun rôle. « Nous n'oublierons jamais ces jours-là avec maman Louise, haute comme la tour effel [*sic*], des yeux comme des grandes billes, et gentille comme un ange », lui écrivait, à neuf ans, son petit-fils Cabell Bruce après une « virée » à Saumur.

Elle était aussi revenue vers sa sœur Mapie de Toulouse-Lautrec qui s'était taillé une belle et fructueuse réputation dans les recettes de cuisine. « Je t'envie bien un peu, lui confiait-elle. Tu gagnes de l'argent avec tes livres, tu as ta maison, ton mari, tes enfants. Tout ce dont, peut-être, j'ai rêvé. Qui le saura ? Oh ! Je n'aurais pas cru être la dame que je suis ! Les jolies petites mains que j'ai portées en moi, aujourd'hui s'agitent ailleurs... Je redoute qu'elles m'oublient. »

A Arbonne, dans une belle et grande demeure baptisée « Hégoyissia », qui ressemblait à une luxueuse pension de famille anglaise, elle s'installait avec grâce et bonheur dans son rôle de grand-mère. C'est là, en mai 1962, alors qu'elle avait terminé l'adaptation de *Kiss me Kate* — la mise en scène ne suivra pas —, qu'elle commença *l'Autre Femme*, un roman inachevé. Leigh-Hunt lui parlait de Las Vegas, du Brésil, de la guerre 14-18 et de l'admiration qu'avait, alors, pour lui le maréchal Pétain. Sur la côte Basque toute son adolescence et sa jeunesse lui remontaient au travers des visites à Brandilys et Jacqueline de Gironde, à Maïtchou de Bagneux, à Jeanne Passicot, à Carmen Serrano... Tous ses amis si vieux, si loin, se grisaient de cet air qui se dégage d'un passé que l'on ressuscite à haute voix. Ils riaient et elle riait aussi, mais à la façon de quelqu'un qui, ayant fait le tour du monde, aborde aux rivages d'une île dont les habitants ne se sont jamais éloignés. Louise avait dans leurs pensées plus de réalité, plus de vie, qu'ils n'en avaient dans la sienne et ce sentiment la remplissait de confusion. Les retrouvailles, comme les rencontres, souvent déçoivent. « Moi, pauvre innocente de mon renom, j'étais fort émue d'attendrir et ne pensais qu'à ne pas décevoir. J'y parvins moins en parlant qu'en faisant mine de me rappeler tous les souvenirs que ces vieux témoins de nos autrefois évoquaient. »

Alors que son existence coulait, limpide, soudain apaisée, — « maintenant je m'endors comme du lait dans un bol blanc », confiait-elle à Jean Hugo — voilà que la mort viendra la choquer. Quatre êtres, parmi les plus chers, allaient être brutalement emportés. Son frère Olivier mourra en février 1962, ce qui l'affectera profondément. Le jour de l'enterrement, sur le chemin du retour, son amie Élisabeth de Breteuil et son mari, le prince Chavchavadze, seront victimes d'un accident de la route. Six mois plus tard, Roger Nimier se tuera, sur l'autoroute de l'Ouest, au volant d'une Aston

Martin avec son amie, la belle Sunsiaré de Larcöne, qui venait de publier *La Messagère*, un récit poétique. À trente-sept ans, Nimier entrait dans la légende d'une époque qui jamais plus n'en finira d'abolir le temps, d'idolâtrer la vitesse, et il rejoignait les paladins de la mort mythologique, Albert Camus, James Dean, Jean-René Huguenin... « Mes mains sont si froides que je puis à peine écrire », dira Louise à Pierre Lazareff. Elle lui dédia un sonnet dans *Les Lettres Françaises*, qui se terminait par ces deux strophes :

Tu te promèneras, éloquent ou silence
Comme tu le voulais. Ta prunelle en mon œil
Vivra de tes regards dont je porte le deuil.

Sur les chemins secrets, cherchant ta préférence,
Je te donnerai la vie à chaque pas.
Et tu vivras par moi ce que je ne sais pas.

Elle était perdue dans son chagrin. Depuis la disparition de Duff Cooper, la mort ne lui avait pris aucun être à la fois si proche et si cher. Cet instant saigna dans sa mémoire et peut-être eut-elle le sentiment que sa vie semblait toucher à son déclin puisqu'elle confia à Jean Hugo et Diana Cooper — ce qu'elle ne fit jamais auparavant — sa peur soudaine de vieillir. Roger Nimier était le miroir de sa jeunesse ; avec lui, elle ne se voyait pas, elle se revoyait. Leur amitié à laquelle l'amour ne fut pas étranger lui avait permis d'oublier les rides du temps en lui permettant toutes les audaces. « Il savait se rendre si proche qu'avec mes soixante ans il me faisait croire que j'étais de son âge. »

Jours de brume. À lire ses lettres, elle se débattait avec force contre une dépression qui menaçait de s'installer. Il lui semblait que plus rien ne lui restait, amis, amants, tout était lointain et tout à fait inaccessible. « Je regarde l'image de ta maison où nous avons passé, avec notre Roger, des heures qui sont maintenant dans notre histoire, lui écrivait Kléber

Haedens. Toutes les minutes des nuits avec Roger dans ta maison sont incroyablement vivantes, jusqu'à la glace de la voiture lavée au petit matin avec le vin de Chinon. Mais nous savons encore bien d'autres choses qui n'en finiront pas... » Marcel Aymé de son côté lui avoua : « Ma chère Louise, j'ai vu bien des morts dans ma famille autour de moi, mais aucun n'a causé en moi un aussi grand vide. » Et Cocteau lui posta ce bref message : « Nimier est mort. Cela seul importe et nous fait une blessure de plus. Je t'adore. Jean. » Certains instants de ce passé où Nimier régnait venaient ainsi frapper sa mémoire comme un de ces regards où tout est donné.

Cette mort brutale l'égara sur des chemins qu'elle aimait, certes, emprunter, mais sans trop s'y perdre : ceux du champagne et du vin clairet. Louise, depuis toujours, buvait avec une insolence innée, comme ceux qui connaissent le bonheur d'être un peu gris, qui boivent jusqu'à ce début d'ivresse où il convient de retirer son verre.

Durant l'automne 1962, elle eut de moins en moins la volonté de refuser ce verre en trop, comme si le besoin de s'évader, d'être loin d'elle-même la déliait de toute censure. Quand elle s'abandonnait ainsi à Bacchus, elle devenait brusquement, sans transition, sa propre caricature. Sa gentillesse, sa drôlerie, son humour se transformaient en malice, en férocité, et elle cherchait toutes les occasions de tenir à chacun de ses convives des propos déplaisants qui les blessaient et blessaient leur amitié pour elle. Ensuite elle oubliait. « Je suis un pauvre témoin, impuissant à ne rien faire, sinon à pleurer tristement lorsque je suis seul, et à te défendre lorsque tes amis m'en parlent, lui écrivait André. Ce qui t'arrive n'est possible que grâce à une inconscience et à une absence de souvenirs qui te créent un état second au mépris de ta position sentimentale, éthique et esthétique. Connaissant ton énergie, j'ai donc décidé qu'il me fallait te peindre ce cas, te dire que mes sentiments pour toi sont inaltérables et te rappeler, même si c'est inutile, que je t'aiderai de toutes mes forces si tu as besoin de moi. »

La disparition de Nimier fut-elle la seule cause de ses soirées où elle écartait avec dédain, emportée par l'ivresse, les heures inertes et les jours indifférents ? Faut-il y ajouter, triste coïncidence, la fin de sa liaison avec Pierre Seghers ? En tout cas, et jusqu'à son dernier souffle, Louise allait de plus en plus sacrifier au penchant de son héroïne Migraine qui fredonnait :

Quand mon verre est plein je le vide,
Quand mon verre est vide, je me plains.

Ce fut un jeu cruel plus qu'un anéantissement. Elle se connaissait trop pour ne pas voir ce qu'elle voyait. Étrange affaire que cette nostalgie qui l'envahissait. Oubli du bonheur, oubli de soi, ennui profond, lutte inutile. Son cœur déçu, tiédi ou épuisé par l'âge, se laissait guider par la force invisible des regrets et des mélancolies. Elle était cinglante, parfois odieuse. La nostalgie est une grande séductrice qui fait beaucoup souffrir quand on ne peut pas la rejeter.

Elle était heureusement consciente que sa santé, c'est-à-dire sa vie, ne tenait qu'à sa volonté dont la décadence aurait creusé sa perte. Et toujours elle sut réagir, « rassembler les derniers bataillons », comme elle disait, pour ne pas sombrer. Elle déplorait ses incartades, d'autant plus qu'elle avait la tête solide. Elle se réfugia à Salzbourg chez Charles de Beistégui, à Genève à l'hôtel du Chandelier, puis à Munich où habitait Pali Palffy. Elle s'y trouvait en décembre 1962, au moment où parut chez Pierre Seghers l'ouvrage que lui avait consacré son frère. « Ton livre dont j'ai tenu hier le premier exemplaire dans mes mains, cet " essai " d'André de Vilmorin dont j'étais et suis encore le sujet, m'inspire à ton égard une gratitude qui surpasse mes moyens d'expression. Ce n'est pas tout à fait vrai. Car je me sais capable de me surpasser par toi et de tout exprimer si je te mêle à ce que je veux dire. Ma vie m'est passée, mais toi tu es là. Je t'aime, mon cher frère, et c'est d'un cœur ému que je te remercie. »

Sa vie lui était-elle passée ? Elle s'était remise à ses deux romans : *L'Autre femme* et *L'Heure maliciôse.* Elle donnait des articles à plusieurs journaux et dessinait tous les jours avec une parfaite sûreté de main tout en terminant une sélection de ses poèmes qui exigeait une clarté d'esprit. Cet ensemble de travaux prouvait, à tout le moins, qu'elle n'était pas prête à se laisser entraîner sur la pente de l'avilissement et de la destruction.

Inlassablement, farouchement, elle cherchera tout au long des quelques années qui lui restaient à vivre, à se refaire, et la pensée d'être aimée, entourée comme elle l'était par des personnes estimables à plus d'un titre, fut son meilleur soutien, son meilleur réconfort. « Je voudrais être, écrivait-elle à André, miraculeuse dans le monde bourgeois de notre famille. Un exemple, une merveille de bonté et de style, un fondateur. Mais jamais je n'atteindrai mon but. Je suis abattue par les forces de l'ordinaire. Et c'est pourquoi je cherche à me revoir seule comme au temps de mes anciens moments, à l'époque où rien n'était encore construit, où rien n'était décidé. Ce temps je ne le vivrai plus. Il me faut donc construire un temps assez fort pour m'en imposer, me délivrer de mes rêves si proches de la réalité, me résigner à vivre sous les ogives du silence. »

Devant sa page blanche, elle restait souvent tremblante et timide. Le temps battait son tic-tac. Tout de même, elle se secouait, elle se contraignait, elle sortait de l'impasse. Mais Louise, malgré ses efforts, ne trouvera plus en elle à partir de cette année 1963 de véritables et nouvelles possibilités créatrices. Si elle mit en chantier plusieurs récits, elle n'en acheva aucun à l'exception de *L'Heure maliciôse,* tandis que la plupart des poèmes de *Solitude, ô mon éléphant,* œuvre posthume publiée en 1972, furent écrits à cet instant charnière quand elle luttait contre sa mélancolie, ses tourments secrets, peut-être son désespoir. Ne faut-il pas ranger au chapitre des confidences ce quatrain saisissant :

J'ai vécu ce que je crains,
Lune et soleil à ma fenêtre,
En éclairant ma raison d'être,
N'illuminaient que mes chagrins.

Et plus loin il y a ce beau vers aussi simple qu'éloquent : « mon cœur est l'époux de ma peine ». De ces mois-là date aussi ce « plus jamais » que l'on rencontre constamment dans *Solitude, ô mon éléphant*, et qui frappa Malraux, un « plus jamais » modulé comme une plainte déchirante, renvoyant au célèbre *never more :*

Je n'irai plus jamais respirer l'air des cloches,
Au-delà de leur son, m'emportant, m'enlevant
Par-delà Sélestat où, vivant de reproches
J'entends geindre mon cœur dans les accents du vent.

Verrières s'était mis au diapason des changements qui affectaient l'âme de Louise. Si quelques habitués s'invitaient encore pour un dîner, une partie de boules — François Valéry, les Lourau, Georges Van Parys, Bronia et René Clair, Edmonde Charles-Roux — beaucoup des fidèles qui avaient élevé le salon bleu au rang d'un mythe, Jean Cocteau, Orson Welles, Jean Hugo, Georges Auric, Max Ernst, Charlie Chaplin, Alain Cuny, Jeanne Moreau, Marie Bell, le clan Nimier et tant d'autres, passaient de plus en plus rarement et certains finirent par ne plus passer du tout.

Cette évolution n'était pas vraiment liée aux humeurs de Louise mais bien davantage à André Malraux dont le retour sur la scène de Verrières date du printemps 1963. Il n'y était pas revenu depuis 1934 puisqu'il préféra toujours retrouver Louise dans des endroits anonymes et discrets. Maintenant que la guerre d'Algérie était terminée, que de Gaulle avait su imposer sa dernière réforme constitutionnelle — l'élection du Président au suffrage universel — la cinquième République avait trouvé sa vitesse de croisière et Malraux, installé dans ses fonctions de ministre de la Culture, ne vivait plus l'agitation des premières années du gaullisme. Il prit l'habitude, quand son emploi du temps le lui permettait, de se rendre à Verrières en fin d'après-midi et il s'étonnait lui-même du plaisir intense qu'il retirait de ces tête-à-tête. Il emmena dans son sillage des figures nouvelles, hommes politiques, gens de la toute jeune télévision nationale, artistes, écrivains en vogue ou en cours. Qui ? Le premier ministre Georges Pompidou, l'architecte Bernard Zehrfuss, qui allait remporter le concours pour la rénovation des quarante hectares de Bercy, le vieux quartier des pinardiers, les couturiers Marc Bohan, Azzedine Alaïa, Pierre Cardin, le marchand de tableaux Alexandre Iolas, les écrivains et journalistes, Michel Droit, Jean Dutourd, François Nourissier, Jean-François Josselin, Raoul Sangla, Jean Fayard, bientôt Jean Chalon...

À ses confidentes et amies de toujours — Marie-Blanche de Polignac, Diana Cooper, Madeleine Joire — Louise avait ajouté « Bicot » Colcombet, l'épouse d'un riche industriel du textile. Bicot, qui lui servait de chauffeur, se souvient des navettes entre Verrières et La Lanterne. « Tous les matins Louise me demandait d'aller porter une lettre à Malraux. " On joue le jeu ou pas ", me disait-elle. " Je subis son charme et elle devrait m'exaspérer ", m'avouait de son côté André Malraux. »

Ce fut aussi l'époque de la bande à Guy Béart, le BBB — Barbe-Bleue Béart, disait Pierre Seghers. Dans la simplicité du vocabulaire et des thèmes de Louise, dans son sens profond du rythme, Guy Béart trouva des sources d'inspiration. Il composa un tango sur « Plus jamais », ensuite des chansons sur des paroles spécialement écrites pour lui, en particulier, « Dans les journaux ». Louise n'avait plus eu l'occasion de ce genre de travail depuis le temps où sa poésie avait inspiré Francis Poulenc, Henri Sauguet et Georges Auric.

Jean Cocteau mourut le 11 octobre 1963. Louise apprit la nouvelle par Bicot Colcombet. Encore un voile de deuil qui tombait sur ses meilleurs souvenirs. Elle l'avait revu pour la dernière fois le 29 août entre deux avions. Elle arrivait de Tunis et s'envolait le 31 pour Venise d'où elle écrivit à son frère André : « Avant-hier je suis allée dîner et passer la nuit chez Charles de Noailles à Fontainebleau et, en route, j'ai fait une longue visite à Jean Cocteau à Milly. Nous avons parlé de toi et j'ai le sentiment qu'il a complètement oublié qu'un malentendu a existé entre vous. Il était admirable : tout seul, très pâle, très attentif et résigné. Il m'a semblé qu'il était las de tout ce qu'il sait, de tout ce qu'il pense et pensa, et de tout ce qu'il a créé. »

Ce « malentendu » remontait à la parution de l'essai d'André de Vilmorin sur la poésie de sa sœur. Jean Cocteau, qui avait rédigé un court avant-propos, conçut une certaine amertume à la lecture du livre : l'auteur, en effet, n'y fait aucune mention de son influence sur l'œuvre de Louise alors qu'il évoque celle d'Apollinaire, de Paul Valéry et de Louis Aragon. Cette amertume, Louise l'avait aussitôt sentie à des nuances, à un mot, à une inflexion de voix, avant qu'il ne lui écrive en février 1963 : « Tache blanche et terrible dans un livre d'amour... Si je ne suis aux yeux d'André que le vieil oncle qui tapote les joues des enfants... » Il lui adressa quatre lettres sur cette « affaire », des lettres affectueuses qui, sans qu'il le sache alors, ne furent suivies d'aucune autre. Il s'éteignit quelques heures après son amie Édith Piaf. Il avait soixante-quatorze ans, elle avait quarante-sept ans. Pour lui, fétichiste du chiffre 7, n'était-ce pas un signe ?

La nuit on écoute parfois battre son cœur. Louise écoutait

le sien répandre dans son esprit le souvenir de son père, de Bébé Bérard, de Duff Cooper, de ses frères Olivier et Henry, de Roger Nimier, de Jean Cocteau. Dans ces moments-là, elle se sentait loin d'elle-même. Son pessimisme était comme un voile léger entre elle et elle.

Certes, il y avait Malraux qui occupait de plus en plus de place dans sa vie. Mais il n'est pas sûr que cette présence lui fût jamais d'un grand réconfort. Elle commença, au contraire, par engendrer une déception. En janvier 1964, Louise et Malraux envisagèrent sérieusement de se marier. L'idée chemina quelques semaines dans leur tête. Le 10 mars, Louise écrivait à son frère André que « ce projet n'est plus un projet en l'air », et qu'elle en était à réfléchir sur la façon de l'annoncer. « Je suis un peu sur le gril comme saint Laurent ou le cochon de saint Antoine au sujet de la tournure prise par ta conversation avec Malraux, lui répondit, le 23, André. Cela me tourne la tête et je me dis avec mon incorrigible optimisme que ce serait trop beau et trop vrai et trop juste pour arriver ; et puis je pense aussi que Dieu a ses préférés, que tu en es sûrement... »

Début avril, il ne fut plus question de mariage. Que s'était-il passé ? Était-ce de la fatigue ? Leur relation avait connu tant de faux départs depuis 1934 qu'ils imaginaient sans doute difficilement l'un et l'autre qu'elle puisse soudain prendre la forme d'un ménage conventionnel, sous les frondaisons de Verrières. Il y avait longtemps, avouait Louise à Jean Hugo et Diana Cooper, que la sensualité et le désir ne parlaient plus entre eux. Restaient cette amoureuse tendresse, ce culte qu'ils se portaient l'un à l'autre, cette curieuse admiration mutuelle dont, au fond, ils ne cherchèrent jamais à percer les raisons ou le secret. Ils étaient de lointains amants qui n'avaient guère de passé en commun, excepté les clandestines rencontres qui avaient ponctué leur existence, et les voilà comme asservis à l'on ne saura jamais quelle entente profane, quelle fidélité mélancolique. Pourquoi y ajouter le mariage, le quotidien, les lassitudes, la promiscuité ?

Pourtant, de plus en plus, elle s'obligera à vivre selon le code des « gens célèbres », son nom étant désormais accroché à celui d'André Malraux. Accroché d'une manière ambiguë puisqu'elle devenait, pour le grand public, « la compagne de Malraux », sans que personne ait su vraiment ce que recouvrait cette union. Elle-même ne fit rien pour lever cette ambiguïté et elle évoquait volontiers leur « couple » avec une pointe de détachement et d'humour, laissant tomber des formules que l'on ramassait précieusement. « Nous marier ? Aujourd'hui il n'y a plus que les prêtres qui se marient », répondit-elle à un journaliste. La réplique fit mouche et fit rire. Si elle avait appelé Pierre Seghers « mon grand voyou », elle baptisa Malraux « mon grand gisant ». L'auteur des *Antimémoires* rêvait d'une compagne qui ressemblât à un oiseau de paradis et à qui, disait-il, « je pourrais, saoulé de couleurs, demander de replier ses ailes ». Louise ne souhaita jamais replier les siennes.

Elle s'agaçait aussi de ce que l'on venait davantage à Verrières pour lui que pour elle. « À la fin de certains dîners où il n'y en avait eu que pour Malraux, Madame la Comtesse pouvait prendre des colères absolument incroyables, témoignera Iolé, qui fut tout à la fois sa femme de chambre, sa secrétaire, sa dame de compagnie. Ah, combien d'heures suis-je restée au pied de son lit quand elle se croyait abandonnée ! Il y a eu des moments où elle me faisait de la peine. »

Oui, ce fut un bien singulier compagnonnage, où Louise sentit plus d'une fois diminuer sa propre densité. Connut-elle seulement l'opinion de Malraux sur son travail littéraire ? On peut en douter. Quand il préfaça un choix de ses poèmes qui parurent en 1970 chez Gallimard, dans la collection « Poésie », elle était morte. À partir d'une suggestion d'Edmonde Charles-Roux, il rapprocha l'œuvre de Louise de celle de Louise Labé, la Lyonnaise du XVIe siècle, avec ce style emberlificoté, d'une puissance trompeuse et, au fond, distante : « Chez Louise Labé, comme chez son contemporain Ronsard, les notes hautes sont données par un décor sylvestre et mythologique ; chez Louise de Vilmorin, par ses propres paroles (sa conversation ressemblait souvent à son art), et par une féerie, la féerie de *L'Heure maliciôse,* que son indépendance de ballon rouge au gré du vent délivre de son époque, ce qui n'est pas rien. Les poèmes donnent d'abord l'impression d'un permanent, lié à un opéra de perce-neige, de tantes, de tours, de châles, d'officiers de la garde-blanche, de dormeurs vrais ou faux, de pharmaciens à bocaux, d'allées, de chemises de nuit, de voyageurs en noir... Si nous tenons à trouver un frère aîné à ce processus de création, ne le cherchons ni dans notre littérature traditionnelle, ni surtout dans la poésie contemporaine. Son vrai complice, c'est Heine, qu'elle connaissait mal. Le ton de ces chansons, né du passage d'une voix qui parle à une voix qui se tait, vient de la conscience de l'éphémère telle qu'elle parut si souvent dans la poésie depuis l'Antiquité... » Ouf !

Plus que toute autre chose, c'était une lucidité terrible qui liait Louise et Malraux, une lucidité qui s'habillait d'une nuance de défi. À Margot de Gramont — mariée à Philippe de Gunsbourg — Louise écrira en janvier 1965, d'une encre désinvolte : « Ayant réfléchi à la chose, au fond j'aime bien Malraux. Dommage qu'il soit ministre. » Sa vie, en effet, allait, malgré elle, malgré tout, se fondre de plus en plus dans celle des milieux officiels, des milieux associés à tous les pouvoirs et il était bel et bien fini le temps des jeux et des hasards.

La société européenne qu'elle avait connue, au milieu de laquelle elle avait grandi et brillé, cette « internationale des princes », cosmopolite et libertine, se mourait comme disparaissaient sur nos routes les dernières tractions avant et que s'envolaient les premiers satellites. Cette société, aux allures proustiennes, qui avait déjà beaucoup perdu, dès les années cinquante, de ses usages et de ses traits spécifiques, était sur le point de sombrer. Louise fut parmi les derniers témoins de ce que l'on pouvait encore appeler au sens du XVIIIe siècle, le « Monde », et elle entrait à reculons dans l'univers de la télévision et des ordinateurs, un univers où la parole allait être aussi bruyante que fuyante. Elle fut, dans son genre, la gardienne de certaines traditions. Après le concile de Vatican II, elle rallia, *una voce,* une association pour la sauvegarde du latin liturgique et mena campagne sur les ondes. Bien avant le naufrage du pétrolier *Torrey Canyon,* au printemps de 1967, elle milita contre la pollution et fut la marraine de l'opération mondiale « Messages à la mer », première grande manifestation écologique. Toujours, elle refusa l'évolution galopante de la science, de la technique et des mœurs. « Qu'allons-nous faire dans cette galère, écrivait-elle à Jean Hugo. Ce temps n'est plus le nôtre. Hier, j'avais à dîner Dolly Radziwill, Paul de Yougoslavie, Pierre de Montesquiou, les Windsor, Charles de Noailles, les Cabrol, mon bon Pali. Tu peux bien imaginer ce que je pensais au fond de moi : une soirée de fantômes. Marie-Gabrielle de Savoie, fille de la reine Marie-Josée, était là aussi, et elle donna une allure encore un peu plus fantomatique à nos silhouettes de fantômes. Je la connais bien, ayant souvent habité chez sa mère à Merlinge, près de Genève. Je ne sais comment nous avons parlé de Diana Cooper, et au nom de Diana, la princesse Marie-Gabrielle a dit sur le ton de quelqu'un qui fait un effort de mémoire : “ Ah oui... Diana Cooper... La vieille dame blonde qui collectionne les paniers... ” Et voilà tout ce qui reste de la belle et illustre Diana dans la pensée de cette jeunesse-là ! Je t'ennuie avec mon radotage. J'ai entendu dire que dans un salon où chacun parlait de soi, quelqu'un avait demandé à Cingria : “ Et vous, que faites-vous ? ” Et qu'il avait répondu : “ Moi ? Eh bien moi, je fais bien dans le paysage ! ” »

À Verrières, les soirées comme les dimanches n'avaient rien perdu de leur charme, de leur gaieté, et ceux qui approchèrent Louise dans ces années-là, en 1964 et 1965, eurent le sentiment de découvrir la jeune femme éternelle, l'impératrice de la séduction, lumineuse et drôle, infatigable. Son élégance, inchangée, avait gardé la touche hongroise, jupe-tablier, vite nouée, qui masquait sa légère claudication et qu'elle portait avec une cape ou une veste courte à boutons d'argent. Pour le soir, elle aimait les longues djellabas de mousseline et se couvrait de bijoux.

Jean Chalon qui la rencontra pour la première fois en février 1965 fut ébloui. « Louise avait l'aisance des reines qui transportent partout où elles daignent paraître leur façon d'être et de parler, assurées qu'elles sont de provoquer l'admiration de leurs sujets... Parce qu'elle vivait dans la terreur d'être oubliée, elle, l'inoubliable Louise, se bâtissait apparition par apparition une éphémère part d'éternité... Cette machine à plaire offrait sa personne, sa voix, ses improvisations, sa légende à n'importe qui, sans discernement aucun[16]. »

Il l'avait connue à l'un des célèbres déjeuners du Meurice que donnait la septuagénaire, frivole et milliardaire Américaine, Florence Jay-Gould, qui avait déserté son appartement de l'avenue Malakoff pour une suite dans l'hôtel de la rue de Rivoli. Pendant près de quarante ans, de 1946 à sa mort en 1983, le monde des arts et des lettres défila à sa table, des immortels aux jeunes talents, de Paul Morand à Salvador Dali, de Marie-Laure de Noailles à Jean-Louis Curtis, d'Arletty à Jacques Szulevicz, de Jean d'Ormesson à Jacques Brenner, de Marcel Jouhandeau à Dominique Aury... Louise fut parmi les habitués des « déjeuners du Meurice », comme le furent la plupart de ses amis, selon les bonnes règles de l'endogamie parisienne, et c'est ainsi qu'elle eut pour voisin Jean Chalon qui deviendra l'un des derniers confidents de ses dernières années.

Entre les nombreux voyages et les mondanités, son

existence offrait à tous les regards une curieuse illusion de plénitude, une sensation de force, de productivité. Un jour, elle était à Monastir invitée par le président Bourguiba, un autre jour à San Remo, Londres ou Monte-Carlo. Puis on la voyait à Genève descendre de l'avion au bras d'Orson Welles, qu'elle avait rencontré par hasard dans le hall d'Orly. « Et quelle merveille que ce départ ! Orson ! Si j'avais pris l'avion de six heures du soir, je n'aurais pas revu cet ami qui m'aimera toujours comme je l'aime et dont les rapports qu'il a avec moi me font penser au *Soulier de satin.* » Un autre jour encore, elle présentait sur la scène de la Comédie-Française un choix de ses poèmes avant de s'envoler pour Vienne où un ami fêtait ses soixante-dix ans à l'hôtel Sacher. En avril 1965, alors que Malraux se sortait difficilement d'une longue maladie et se préparait à partir pour l'Extrême-Orient, elle fila à Moscou d'où elle devait rapporter un article pour *France-Soir,* article qu'elle n'écrivit jamais. Quelques semaines plus tard, elle était à New York pour préparer une exposition de ses peintures et dessins.

Elle n'avait jamais peint qu'à l'aquarelle et un peu à la gouache, sans avoir pris aucune leçon. À Las Vegas et à Santa Fe, à la fin des années vingt, elle ne réalisait que des paysages, et ce ne fut que beaucoup plus tard qu'elle exécuta des natures mortes, des visages, des mains, avec toujours le souci de la ressemblance, parfois à la limite du trompe-l'œil. Mais maintenant, sous l'influence consciente ou non de Jacques Zwobada, elle s'était mise délibérément au non-figuratif. À la même époque, elle se lança dans le graphisme, dessinant d'étonnantes lettres anthropomorphes, dont plusieurs furent exposées outre-Atlantique.

Les soirées de Verrières relayaient les voyages et ressemblaient à un tourbillon dans lequel célébrités et inconnus du Tout-Paris adoraient venir se perdre, comme si les deux figures mythologiques du lieu, Louise et Malraux, leur permettaient toutes les transgressions. « Ma Louise, écrivait

Camille Dutourd, la femme de Jean Dutourd, je ne sais si Jean t'a téléphoné ou rien. Quoi qu'il en soit je viens te dire moi-même que nous avons passé une soirée exquise. Je me suis royalement amusée et bien tapé la cloche. En plus j'étais ronde comme une bille, ce qui ne m'arrive que quand je me sens très heureuse. Les Droit et nos pommes sommes rentrés en chantant, à preuve ! »

Pourtant, ces journées remuantes et pleines ne parvenaient pas à effacer une sensation de désespoir et de cendre, une sensation synonyme d'impuissance qui prenait, chez Louise, de plus en plus le dessus. Quand elle se retrouvait seule à Verrières, qu'elle se mettait sitôt levée à son bureau, elle restait des heures à la recherche de l'inspiration, et pour aider à passer le temps, elle sifflait quelques verres. Loin de la stimuler, le vin nourrissait son angoisse. Elle se retournait contre elle-même avant de houspiller son entourage, et de son travail il ne restait plus, quand arrivait le soir, que des pages raturées, barrées ou déchirées. L'alcool, comme chez Verlaine qu'elle citait en exemple à son frère André, aurait pu libérer son esprit tourmenté. Il n'en était rien. Et il n'y avait rien non plus d'exceptionnel dans les tiraillements qu'elle vivait — ses obligations sociales et mondaines d'un côté, sa volonté de maintenir son image d'écrivain de l'autre —, mais elle les vivait si intensément qu'elle les portait jusqu'au point de crise.

Outre *L'Heure maliciôse,* elle avait toujours en train des poèmes et plusieurs nouvelles inachevées, comme *Le Pont japonais, Le Lutin sauvage, Six heures trente, Le Testament...* Elle gardait également auprès d'elle l'anthologie de ses poèmes préférés, un choix qui remontait à 1937 et dans lequel figuraient dix-huit auteurs : Christine de Pisan, Louise de Beauchastel, Mellin de Saint-Gelais, Ronsard, Jodelle, Scève, d'Aubigné, Musset, Nerval, Victor Hugo, Baudelaire, Verlaine, Germain Nouveau, Mallarmé, Max

Elskamp, Maeterlinck, Apollinaire — avec cinq poèmes, c'est le favori — et enfin Max Jacob.

Jean Hugo avait retrouvé cette liste en 1956 dans un tiroir de Fourques, et il la lui avait aussitôt envoyée, après avoir recopié lui-même à la plume d'oie les trente-six poèmes qui la composaient. « En les recopiant, j'ai passé chaque jour un instant avec toi », lui écrivait-il alors. Depuis, Louise avait eu dix fois le projet de les illustrer de ses dessins et de les réunir dans un ouvrage à tirage limité. Un projet renvoyé de lendemain en lendemain.

Chacun connaît le mot de Goethe : « Poésie, c'est délivrance », qui s'entend au sens large de toute activité poétique ou créatrice, de toute expression par le langage des sons, des couleurs, des formes ou des mots. Louise essayait de se délivrer en écrivant, en dessinant, en peignant, mais de moins en moins la solitude lui était bonne, de moins en moins elle la berçait pour laisser courir son imagination. Il y avait en elle tant de lassitude ou d'attendrissements puérils, qu'elle ne savait plus rien combattre quand elle était seule.

Jamais pourtant, même au pire des heures stériles, son talent d'épistolière ne se tarira*. C'est dire que sa correspondance, où certains ne voient qu'un divertissement de luxe, répondait à une nécessité intime et devenait une sorte d'intermédiaire sacré entre elle et l'extérieur. Il y a, en effet, autant de façons de tenir un journal intime que de façons d'être. Si Louise n'a pas tenu son « journal intime », comme le fit par exemple l'écrivain suisse, Henri Frédéric Amiel — seize mille neuf cents pages de confidences de ses dix-huit ans à sa mort, survenue à soixante ans —, elle se sera jusqu'au bout réfugiée dans sa correspondance qui représente une perpétuelle autoanalyse, au point de se recouper avec presque tous les textes de *Carnets,* petit livre posthume

* Il faudra un jour envisager la publication de sa correspondance.

publié chez Gallimard en 1971. On ne sait si elle reprenait dans ses lettres des impressions et des expressions qu'elle avait déjà consignées dans des cahiers, ou l'inverse.

Dans ces années où sa création littéraire devenait de plus en plus douloureuse, sa correspondance, par-delà les portraits et les récits d'événements, révélait tout à la fois ses euphories passagères, ses blessures, sa gaillardise ou le profond de son être.

« Maurice Pianzola est arrivé hier soir et je suis allée l'attendre à Orly, écrivait-elle le 17 juin 1965 à Jean Chalon. Il a longtemps été inscrit au Parti communiste et bien qu'il s'en soit fait exclure pour indiscipline il est toujours fort à gauche. Il ne croit ni en Dieu, ni en diable, sa fille n'est pas baptisée, il est libre penseur et malgré cela sa sensibilité est, à son insu, typiquement celle d'un puritain genevois. Il hésite à rire. On sent en lui de la méfiance et la peur d'être abusé. C'est probablement pourquoi il est si attentif. Il a du charme et j'ai beaucoup d'amitié pour lui. Il s'intéresse à des choses qui m'intéressent : avec lui on peut parler de Charles-Albert Cingria et des temps médiévaux. Et puis il est très doux, très fidèle et son esprit n'est empreint d'aucune vulgarité. J'ai dîné seule ici avec lui et François Valéry. Conversation assez brillante : ces messieurs causaient peinture et comparaient les antipodes. J'avais déjeuné chez Josée de Chambrun (voilà quelqu'un que j'aime et que j'admire), fille de Pierre Laval, avec Paul Morand que je connais depuis mon enfance. Je lui suis assez bien attachée. Le temps n'a pas amoindri sa séduction. Il sait encore regarder les femmes qui lui plaisent et ses yeux sont encore pleins de cette éloquence flatteuse qui est un piège auquel elles se laissent prendre avec plaisir. »

Le même jour, elle confiait à Sacha de Manziarly ses états d'âme — un texte qui figure dans *Carnets :* « Je reste sur place devant un miroir et devant ce miroir, je tourne en rond dans ma vie. Un cercle de gens qui se tiennent par la main s'agrandit autour de moi et je vois les visages au loin de plus en plus petits, et je ne puis les reconnaître. Plus personne n'est près de moi et je demeure seule au centre de la ronde. »

Et avant de s'endormir, c'est à son frère André, absent de Paris, qu'elle fait le récit de sa journée, reprenant ses « croquis » de Pianzola et Morand, avant d'ajouter : « ... Désireuse hier de parler à Nicole de Lévis-Mirepoix, j'ai formé son numéro sur le disque de la boîte à fil. Une voix d'homme m'a répondu :

— Allô...

— Allô, pourrais-je parler à Madame la Duchesse ?

— Pas pour le moment... elle prend son bain... son bain de siège au gingembre... la duchesse tient à la fermeté de ses fesses et le gingembre est un astringent.

Éberluée, ahurie, j'ai machinalement demandé :

— Qui est à l'appareil ?

— Eh bien, c'est moi, le petit ami du duc. Vous n'ignorez sans doute pas que le duc est un sacré pédéraste !

J'en ai eu le souffle coupé, et j'ai raccroché le récepteur. Voilà ce qu'on risque à se tromper de numéro... mais je ne l'ai pas regretté, crois-moi ! »

Trois lettres écrites dans la même foulée, trois genres, trois formes de sensibilité et de sincérité. Compensation, consolation ? Ce n'était pas seulement son goût de l'anecdote ou ses capacités à capter et embellir l'inattendu qui l'entraînaient ainsi à sauter du coq à l'âne, c'était aussi et surtout la vicacité de son tempérament que le temps ne parvenait pas à émousser. Ses journées se déroulaient comme elle était, avec les hauts, les bas, les rires, les pleurs, et sa correspondance, plus que tout, fut le reflet de son humeur vagabonde. Pour Louise, la vie ce fut d'attendre un message. Si elle n'avait pas eu d'amis, si personne ne l'avait aimée, elle se serait écrit tous les jours des lettres d'amour pour tromper sa solitude, comme la nature jonglait avec les oiseaux qui faisaient des chassés-croisés dans les arbres de son parc.

Une métaphore ancienne, que nul n'a renouvelée avec

autant de justesse que Paul Valéry, compare à un miroir la conscience du moi. Narcisse, penché sur cette conscience, ne sera jamais distrait par l'amoureuse Écho pétrifiée en rocher. Sauf au moment où il reconnaît sa propre voix, qui est chose de l'âme, dans celle d'Écho. Ce mythe symbolisait-il la Narcisse de Verrières et sa quête exclusive d'une âme sœur ? Elle pouvait écrire, certains jours, jusqu'à six ou sept lettres qui, toutes, avaient leur originalité quand bien même il lui arrivait de se répéter. C'était, sans doute, plus qu'un plaisir, une méthode d'action sur elle-même. Elle y demeura constamment fidèle, ce qui lui permettait de donner une suite à son œuvre interrompue. Quand la collection « Le meilleur livre de la femme », réunion de plusieurs romans en un seul volume, publia en 1965 *Madame de, Histoire d'aimer, Julietta, Le Retour d'Erica* et *Le Violon,* Michel Déon qui préfaça l'ouvrage écrivait : « Avec une ingénuité parfaitement feinte, Louise de Vilmorin a choisi dans la littérature féminine d'aujourd'hui un rôle qu'on ne peut plus lui disputer : elle raconte des histoires à haute voix, le soir au coin du feu... » Dans ses lettres, elle ne faisait pas autre chose.

Au mois de mai 1966, préoccupée par *L'Heure maliciôse,* qu'elle traînait comme un boulet depuis des années, elle se rendit à Salzbourg invitée par Charles de Beistégui, avec la ferme résolution de terminer son roman. C'est l'histoire des relations farfelues entre une gouvernante nommée Maliciôse qui a séduit un père de famille et ses huit enfants. Mais ceux-ci aiment beaucoup leur mère et ils chercheront par tous les moyens à la laisser dans l'ignorance des sentiments que son mari porte à Maliciôse. Ayant adopté le parti de ne pas se préoccuper « des lois du juste et de l'injuste », Louise voulait créer une atmosphère de liberté poétique, mêlant absurdité et fantaisie, une atmosphère qui aurait rappelé *Sainte Unefois* ou des pages de *La Fin des Villavide,* mais en plus fou, en plus féerique. Ce recours à l'imaginaire qui est une sorte d'annulation du monde grâce à la magie de l'art et des mots, est demeuré un trait constant de Louise. Elle entendait, cette fois, pousser encore plus loin son imagination. « J'ouvre les vannes. Mais comment ne pas me perdre dans les sables mouvants de l'anarchie littéraire ? »

À Salzbourg, elle menaçait chaque matin Charles de Beistégui de reprendre le train le soir, tant l'ambiance était désagréable. Morne, capricieux, entêté, « l'abominable Charlie » insultait les domestiques, rechignait, exigeait et n'était jamais satisfait, même lorsqu'il était obéi. Elle ne supporta pas longtemps les incartades de son hôte, et c'est à ce moment-là, accompagnée par Sacha de Manziarly, qu'elle put retourner pour la première fois, depuis la fin de la guerre, à Pudmerice.

Quel ne fut pas son trouble quand elle franchit la grille du parc pour suivre le chemin qui menait à ce château où elle avait vécu plusieurs mois un vrai bonheur ! Elle était reine alors. Elle revenait en étrangère. L'air d'autrefois s'était évanoui avec ses parfums de fleurs et de chevaux. Elle avançait en pleurant. Les grandes glycines qui couraient autour du château étaient mortes, et ce pauvre château, peint en blanc, ressemblait à un « monceau d'ossements desséchés ». Le potager n'existait plus. Le parc était envahi par les mauvaises herbes. Les écuries étaient désertes. Le parterre de pivoines qui s'étendait au nord de la demeure avait été arraché et un glacis de ciment, sur lequel s'alignaient d'affreuses chaises et tables de bistrot, le remplaçait. Toute une foule, morne, était assise là et jouait aux cartes en buvant.

« Rien de moi ni de Pali n'a subsisté, écrivit Louise à Diana Cooper. Un château submergé par les flots de l'océan ne perd pas de sa beauté, mais un château envahi par le peuple devient hideux. L'esprit suit les seigneurs et part en exil avec eux. En errant, j'ai rencontré un vieil homme qui poussait une brouette. Nous nous sommes arrêtés, frappés de stupeur et nous nous sommes regardés en silence. Pour moi il était un spectre, car je le croyais mort. Et pour lui j'étais un spectre, car il me croyait au tombeau. Il enleva son chapeau, et un instant, je contemplai son visage, ses yeux bruns et graves, ses fortes moustaches, son abondante chevelure grise, son front inquiet, sa lèvre muette. Puis soudain je me suis écriée : “ *Janos !* ” Il m'a répondu : “ *Igen Janos ! Nen ragyok* ” (oui, Janos ! c'est moi). C'était mon bon vieux hussard hongrois, mon vieux serviteur personnel, et nous sommes tombés dans les bras l'un de l'autre en sanglotant... Je lui ai promis de revenir et je reviendrai. »

Elle ne reviendra pas. Elle ne reverrait plus ni son château, ni les montagnes bleues, ni les étangs qui miroitaient au soleil entre les pins. Leur heure était passée pour elle, et ils ne seraient plus, à ses yeux, que le reflet de ce qu'ils furent jadis. N'avaient-ils pas été trop mêlés à sa vie pour être beaux deux fois ?

En quittant la Hongrie, elle passa quelques jours à Vienne où tout le monde voulut la fêter. Mais elle était absente et avait peine à comprendre, à voir qui lui parlait. Son regard, attaché encore à tout ce qu'elle avait revu, était loin. La nostalgie la rendait vraie.

À Genève, toutefois, où elle fit également une étape chez Doris et François Chauvet, une aventure très vilmorinesque, qu'elle s'empressa de raconter à Diana Cooper, la sortit de sa torpeur. Louise connaissait peu François Chauvet, neveu et fils adoptif de Jean Lullin, célèbre banquier suisse. Les Lullin appartenaient aux plus vieilles familles genevoises et habitaient Genthod, le village situé face à la France sur la rive du lac Léman, dans une de ces immenses et agréables demeures du XVIIIe siècle. Doris Chauvet était un ancien mannequin de Zurich, d'origine modeste. Grande, jolie, mince, appétissante, les crèmes de beauté n'avaient pas gâché son teint campagnard, mais l'argent avait fait d'elle une femme pathétique, à la fois snob et dépravée.

Louise arriva à Genthod dans la soirée, ouvrit ses valises, se refit une figure pour le dîner auquel prenaient part, hormis les maîtres de maison, Sacha de Manziarly et Pierre Bouffard, maire de Genève. « Je suis prête, j'arrive, je m'avance et François Chauvet vient à ma rencontre sur la terrasse " Ah ! te voilà enfin ! quelle chance ! tu es la bienvenue. " Ce tutoiement venant d'un homme que je connaissais à peine, m'étonna. Sa femme suivit son exemple et je suivis le leur. Je les tutoyais. Pendant le dîner, la maîtresse de maison ne cessa de me regarder. Il est vrai que son mari s'emparait de ma main qu'il mordillait. Pierre Bouffard était gêné. Moi, je ne savais que faire : me laisser mordre en riant ou faire scandale en le giflant. Je me laissais mordre. Après ce bizarre dîner, François Chauvet m'entraîna dans son cabinet particulier, son " enfer " comme il dit. Son enfer est très banal. Je n'y ai vu que trois trompettes de cuivre posées par terre et dont il tire grande fierté. " Trompettes ! Trompettes ! Regarde-les ! " me dit-il, et tout en les regardant je remarquai qu'il buvait du gin au goulot de la bouteille. Il s'assit près de moi et me dit : " Top secret. " Il fit un dessin qui représentait les armes de Genève. Il signa de son nom : François Chauvet à Louise de Vilmorin, puis inscrivit la date, 12 juin 1967. " Non, nous ne sommes pas en 1967 ! " lui dis-je. " Vous avez raison ", me répondit-il et, rectifiant, il écrivit 1966.

« Le lendemain, peu avant l'heure du déjeuner, Doris Chauvet m'avoua que son mari aimait une danseuse marocaine, à moitié négresse, dont il avait fait sa maîtresse. À déjeuner, Élisabeth B. était assise à la gauche de François Chauvet et lorsqu'on lui présenta le plat de fromages, il se pencha vers elle et lui dit : " Cette odeur de fromage, quand je pense à ma négresse, ça me fait bander. " Élisabeth a failli s'évanouir. Nous étions chez les fous... »

L'Heure maliciôse n'était toujours pas terminée. Louise savait qu'il lui fallait un lieu de retraite et elle ne le trouvait pas. À Paris, André Malraux, que de Gaulle avait libéré de la corvée des réceptions, passait ses journées à son ministère, rue de Valois, et travaillait le soir au pavillon de la Lanterne à ses *Antimémoires,* le livre qu'il avait commencé d'écrire durant l'été de 1965. « L'art et la mort, c'est tout ce que j'espère redécouvrir ici. » Ainsi, avait-il formulé son ambition à laquelle il consacra deux années — les *Antimémoires* seront publiés en 1967 — et l'on vit moins souvent à Verrières sa limousine officielle. Louise cherchait une fin à *L'Heure maliciôse* et Malraux cherchait à « métamorphoser tout le passé des morts pour l'apporter aux vivants ». Si leur recherche — c'est peu de le dire ! — n'était pas de la même nature, ils étaient l'un et l'autre aussi seuls et portaient le deuil des allers sans retour.

Malraux avait passé soixante-cinq ans. « Je le vois, enfoncé dans une solitude qui n'est plus peuplé d'hommes mais d'expériences, où il essaie d'abolir le temps et de projeter son passé dans l'avenir, écrivait à cette époque Emmanuel d'Astier de la Vigerie. Il a un visage proustien, sans un fil blanc dans le cheveu noir, l'œil ailleurs que sur vous et ne répondant qu'à lui-même... Il n'est pas gai, il n'est pas triste. Il est un mouvement dans l'amitié, dans l'affection. Il ne pénètre pas dans l'univers de ses ennemis, il ne pénètre pas non plus dans l'univers des femmes... »

Parlant de Malraux dans une lettre du 27 octobre 1966 à Sacha de Manziarly, alors qu'elle revenait de New York à bord du *France,* Louise répondait sans le savoir à d'Astier et vidait son cœur : « Je suis seule, étouffée, je demande grâce. Oh ! je ne croyais pas qu'il m'emmènerait vers ce désert-là... J'avais vu dans ses yeux d'autres promesses. »

Chez elle, ces aveux-là sont rares. Malgré tout, elle avait besoin de lui et il venait quand elle l'appelait.

L'été de 1966, elle ne l'appela pas souvent. Elle s'agaçait de son impuissance à trouver une chute convenable pour

L'Heure maliciôse, et ce n'est, curieusement, elle qui fut si peu mère, que dans l'ambiance familiale d'Arbonne, chez Henry Leigh-Hunt, qu'elle put achever son récit. Elle était comme un arbre qui, sentant le lierre se resserrer sur lui, a de brusques élans de vie : éclatements de fleurs et de fruits. Elle se donnait alors, tout entière, à son travail pour finir épuisée. « Ici, il fait beau ; je passe d'excellents et trop courts moments avec Helena dont les filles sont jolies, bien élevées et ont beaucoup de charme. Je travaille à mon livre, dans une incertitude et un acharnement qui ne font pas mes délices. Je crois, pourtant, que cette fois j'arriverai au bout. »

Lorsque des millions de téléspectateurs la découvriront le 10 novembre 1966 dans l'émission de Guy Béart et de Raoul Sangla, *Bienvenue à Louise de Vilmorin*, elle venait d'achever *L'Heure maliciôse*. C'était la première de *Bienvenue* qui ambitionnait d'apporter une petite révolution dans les variétés : absence de décor, absence de play-back, le tout en direct sans grand orchestre, la préférence étant donnée au naturel, à l'improvisation, à la convivialité. Rien n'était préparé. Comme les téléspectateurs, les participants découvraient l'émission en même temps qu'ils la faisaient. Aujourd'hui, cette technique est des plus banales. À l'époque, elle étonnait et impressionnait beaucoup d'invités.

Ce soir-là, avant que Louise n'entrât sur le plateau, Dario Moreno improvisa « Les mouettes de Mykonos » ; Michel Polnareff qui débutait, chanta en s'accompagnant au piano *Love Me* et *La poupée qui dit non* ; puis ce fut le tour d'Avron et Évrard, du groupe Les Enfants terribles, enfin, des Troubadours... Et Louise arriva dans une de ses jupes très amples, serrée à la taille, qu'elle affectionnait.

D'abord timide devant les jeunes qui l'entouraient — des élèves des cours de théâtre ou des mannequins sélectionnés par Guy Béart —, elle évoqua ses débuts littéraires, parla de son temps et du nôtre, des machines, des autos, du train, des « vrais hommes », ceux « qui aiment les sucreries et qui pleurent », de sa foi qu'elle avait gardée intacte, de « l'inoubliable Jésus tellement à la mode avec ses cheveux longs ». Son charme opérait, elle devait s'en rendre compte. Elle qui avait mesuré si souvent ses talents de conteur, comment aurait-elle pu rater cet examen de passage ? Cette mise en scène qui ne souffrait pas le préfabriqué était pour elle. Et la voilà qui explique sa manière d'écrire, qui s'interroge sur l'inspiration, sur l'amour, la séparation, avant de dire un de ses poèmes, « Plus jamais ». Elle enchaîna avec « Les colchiques » d'Apollinaire, « L'ogre de Moscovie » de Victor Hugo et « L'orange » de Tristan Bernard.

Une étonnante performance si on la replace dans l'époque. Elle essuyait les plâtres, et qu'elle fût une bonne comédienne — « Louise est une actrice d'elle-même », disait Natalie Barney à Jean Chalon — n'enlevait rien à la qualité de sa prestation où son naturel et son humour crevèrent l'écran. Elle se contentait d'être Louise. « Moi, je parle avant de réfléchir. Les gens qui réfléchissent ne me disent jamais rien d'intéressant. » Avec le perpétuel scintillement de son regard curieux et spirituel, avec le jeu de ses mains, avec le frémissement contenu de sa voix, avec des mots choisis pour ce qu'ils ont d'insolite dans l'usage qu'elle en fait, elle fit surgir des êtres de chair. « Mes manuscrits sont trempés des larmes de mon fou rire. »

Elle reçut plus de trois mille lettres qui sont encore à Verrières, rangées dans des boîtes à chaussures. « C'est du grand art », dira Fernand Reynaud, présent dans le studio. « Ma Louise, tu es unique, tu es magique, lui télégraphiera Marcel Jouhandeau. Le ton, l'allure, le port de tête... Cette fête de te voir et de te confronter avec une jeunesse que tu faisais paraître désuète ! » Elle refusa toujours de se voir dans cette émission, comme dans toutes les autres.

L'Heure maliciôse parut en avril 1967. « Je te l'ai dit à Versailles, ton livre me plaît, lui écrivit aussitôt Edmonde Charles-Roux. Il y a des écrivains qui écrivent comme on se gratte, d'autres vous cassent la tête, d'autres vous assomment. Toi, Louise, tu écris comme on chante ou comme on s'amuse et je ne connais que toi pour réussir dans cette manière-là. Je t'envie beaucoup. » La critique lui fit bon accueil et l'enferma un peu plus dans sa légende de charmeuse, d'amuseuse. Une de ces renommées, hélas ! indestructible, comme Paris avait su en forger à ses deux amis Jean Cocteau et Christian Bérard, oubliant que leurs dons dont ils ne cherchaient guère à s'excuser, n'étaient pas l'essentiel de leur mérite.

Sa légende, Louise ne voulut jamais la connaître, pas plus que cette imagination galopante qu'on ne cessait de lui prêter. « L'imagination, répondit-elle à Roger Vrigny qui l'interrogeait sur *L'Heure maliciôse,* on l'a ou on ne l'a pas, comme on a les yeux bleus ou les yeux bruns. Les gens qui vous disent : “ Ah ! vous en avez de la chance d'avoir cette imagination ”, ne se rendent pas du tout compte que l'imagination ne vous propose pas que des choses agréables, elle vous propose quelquefois des spectacles odieux, des souffrances terribles. Alors, on la maudit...

— Oui, mais il faut la nourrir, suggéra Vrigny.

— Du tout, absolument pas. Si vous avez de l'imagination la réalité se tourne rapidement en imaginaire. »

Malraux terminait le premier volume des *Antimémoires* et revenait de nouveau régulièrement à Verrières en fin d'après-midi. Ce fut l'époque où on les photographia sous les arbres ou auprès du bûcher dans lequel Louise allait si souvent s'asseoir pour y respirer cet air de bois et d'automne dont sa nature avait besoin. Elle souhaitait que Verrières conservât ses qualités de vieille maison de campagne, à l'abri des exigences de la vie moderne, et le bûcher, lieu ignoré, représentait le symbole de son petit monde d'hier. Enfant, elle en avait fait son refuge, c'était le but secret de ses promenades quand elle voulait se consoler de ses chagrins.

Elle courait encore à Londres déjeuner avec Diana Cooper

et dîner en tête à tête avec un ancien amoureux, Lord Antim, qui avait pris de l'embonpoint et la regardait de ses yeux brillants, indulgents et tendres. Elle passait l'après-midi à Marne-la-Coquette, chez Maurice Chevalier, où se réunissaient les octogénaires, Pasteur Vallery-Radot et Arthur Rubinstein. Elle croisait Alexandre Iolas dans sa galerie, Roland Petit et Zizi Jeanmaire à l'Opéra, Jean Piat au Théâtre-Français où il jouait *Cyrano*. François Chatel, enfin, tournait pour la télévision *La lettre dans un taxi* avec Micheline Presle, Jean Leuvrais et Jean Rochefort. Colette Renard chantait un de ses textes, « La girouette ». Elle avait écrit un conte pour le canard *Saturnin* qui était alors une star du petit écran. Soixante de ses poèmes inédits, ornés de soixante photographies de Victor Grandpierre, venaient d'être luxueusement édités à deux cent cinquante-cinq exemplaires, sous le titre *L'Écho des fantaisies*. Autour de Louise, donc, Paris continuait de s'agiter. Et alors ? pourrait-on ajouter. « Muscade, je passerai par le tamis de l'éternité, notait-elle dans un de ses cahiers. J'aurai eu mes nuits dans la nuit des temps, dans son affreuse obscurité. J'aurai dans le noir tendu mes bras, offert mes bras aux chevaliers en veston. J'aurai fait comme les autres, ni plus ni moins, mais comme je sais tout cela, j'aurai vécu et je mourrai vivante. »

En juillet 1967, confrontée à des problèmes d'argent, elle s'était tournée vers Claude Gallimard, le fils de Gaston, lequel accepta de lui avancer vingt mille francs à la condition qu'elle lui donne un livre le 15 septembre. Elle devait passer l'été chez le décorateur Jacques Frank à Châtel-Censoir et chez Henri de La Tour d'Auvergne au Cap-Ferrat, mais comme elle n'aurait pu y travailler sans y être distraite, elle décida de rester à Verrières et de se mettre à l'ouvrage. Elle reprit un récit fort avancé et abandonné, l'histoire d'un certain Zines et de son fils Vélo. Décidément, le thème ne devait pas l'inspirer. Elle ne le conduira jamais à son terme. Pas plus, d'ailleurs, que celui de *La Famille Turantin*, un roman qu'elle commença durant ce même été : une femme de quarante ans s'accuse d'un double crime, qu'elle n'a pas commis, pour faire la une des journaux et sortir de son ronron quotidien.

Les *Antimémoires* étaient en librairie à la mi-septembre et comme la maison Gallimard s'y attendait, le livre eut un succès exceptionnel : deux cent mille exemplaires vendus en quelques jours. Louise assista, en silence, au triomphe de son compagnon. Il n'y avait pas un mot, pas une phrase où elle eût pu se reconnaître dans ce gros volume de six cent cinq pages. A-t-elle lu les *Antimémoires* ? Pleurant sur la mort de Marcel Aymé, disparu le 16 octobre 1967, Louise écrivait à Diana Cooper : « Il m'aimait comme je l'aimais, avec une amitié tendre qu'il cachait derrière ses lunettes noires », et elle ajoutait, en parlant du succès d'André Malraux : « Mon Dédé est au zénith. Cela ne me console pas de mon ami perdu. Je m'aperçois simplement que les pensées, les idées ne deviennent importantes que si quelqu'un d'important les exprime. Et mon Dédé est quelqu'un d'important. »

Malraux, de son côté, en se défendant d'être misogyne et d'écarter les femmes pour poursuivre une expérience dont elles ne seraient que le reflet, avouait à d'Astier dans le mensuel *L'Événement :* « C'est vrai, les femmes n'interviennent pas dans mon œuvre. J'ai pourtant eu une vie très classique, j'ai été marié trois fois... Les femmes n'interviennent pas non plus chez Chateaubriand. Le sujet de mes livres ne se prêtait peut-être pas à une présence féminine. Je pense à *L'Espoir.* Mais c'est une mauvaise explication. Je peux répondre que la femme est pour moi un être si différent — je parle de différence, non d'infériorité — que je n'arrive pas à imaginer un personnage féminin » D'Astier évoque Lucile dans *Les Mémoires* de Chateaubriand et Indira Gandhi dans la conduite d'un État moderne avant d'avouer : « J'ai abandonné une voie, une carrière pour une femme. » Malraux hésite : « Je ne crois pas que je l'aurais fait. »

Si Louise n'avait pas attendu de lire cet entretien pour savoir ce qu'elle pouvait attendre et ce qu'elle ne devait pas attendre de son illustre ami, ce genre de confidences avait le don de l'exaspérer ou de la rendre mélancolique. « Je n'existe plus », disait-elle à Iolé.

Dans ces mois qui allaient être ses derniers mois, ce fut surtout auprès de Diana Cooper, de Henry Leigh-Hunt, et de Jean Hugo qu'elle chercha réconfort et amitié. Bien sûr, les apparences étaient sauves et Verrières, parmi les endroits où il comptait d'être vu, n'avait rien perdu de son aura parisienne. Mais Louise, toujours aussi peu raisonnable avec le vin clairet, était de plus en plus obligée de ralentir son rythme de vie.

Au printemps 1968, au moment des événements de mai, tandis que tous les Français retenaient leur souffle, elle ne quitta pas Verrières et assista indifférente aux barricades du quartier Latin. Les invités l'informaient du déroulement de la journée. Malraux, lui aussi fatigué, souvent titubant, passait et distribuait ses commentaires. Quelquefois, un ou deux ministres lui donnaient la réplique. Elle ne parvenait pas à s'intéresser et demandait à Guy Béart de prendre sa guitare ou à Georges Van Parys de se mettre au piano.

Tard, un soir de la fin mai, pendant les fameuses négociations de Grenelle sur les salaires, Georges Pompidou, Premier ministre, vint rejoindre à Verrières son épouse Claude, pour se détendre d'une harassante journée. Quand il entra dans le salon bleu, Louise, qui récitait un poème de Nerval, s'arrêta au milieu d'un vers :

La connais-tu, Daphné, cette ancienne romance,
Au pied du sycomore où... où...

Elle ne se souvenait plus de la suite et s'excusa en riant. Une voix encrassée de fumée, celle de Georges Pompidou, enchaîna :

... où sous les lauriers blancs,
Cette chanson d'amour qui toujours recommence.
Reconnais-tu le temple au péristyle immense
Et les citrons amers où s'imprimaient tes dents...

On était loin des pavés de la rue Gay-Lussac, des slogans « CRS-SS », des bombes lacrymogènes, et des comités révolutionnaires. Cet éloignement des bruits de l'Histoire, qui fut toujours chez Louise un penchant naturel, n'était pas synonyme de renoncement.

Elle eut, à la fin de l'été 1968, qu'elle passa entre Verrières, Arbonne, Fourques et Centuri, comme un sursaut de jouvence. « L'inquiétude d'une femme est liée à son visage, écrivait-elle, car la fin de son visage est la fin d'un temps qu'elle prenait plaisir à vivre. Assise devant mon miroir, je ne voudrais pas me voir, oh ! non, mais je voudrais me revoir. » Elle avait soixante-six ans. Elle prit le *night-ferry* pour Londres où Diana Cooper lui avait arrangé un rendez-vous pour un lifting dans une clinique spécialisée. Il fallait, alors, traverser la Manche pour ce type d'intervention. Le 15 octobre, elle informait son frère André avec sa malice habituelle : « Mon rafraîchissement date de mercredi dernier. Monsieur Beave, l'artiste restaurateur en est plus satisfait que moi : en effet, j'ai sur les joues, à la hauteur des tempes deux boursouflures qui me déplaisent et m'inquiètent beaucoup. Il me rassure. Patience ! »

Quelques jours plus tard mourait Pali Palffy. Il lui avait souvent dit : « Tu es ma seule dernière femme. » N'était-elle pas, en effet, la seule et dernière châtelaine de Pudmerice ? Les trois femmes qui lui avaient succédé dans la vie de Pali n'avaient jamais franchi le seuil du château des Petites Carpates ni gravi les trente-huit marches jusqu'aux appartements privés. Tous ces souvenirs, elle était seule maintenant à les retenir puisqu'il était mort et que personne ne parlerait de lui. « Mon très aimé Soussou, écrivait-elle à Sacha de Manziarly, c'est d'un cœur sincère que je te remercie de la pensée que tu as eue pour moi en apprenant la mort de mon cher vieux Palffy. Nous nous aimions beaucoup et ni les années, ni les séparations n'avaient eu d'effet sur notre mutuel attachement. Il est mort, mon Pipo. Je suis triste. Il était, avec toi, des tout derniers à m'appeler encore Loulou ou Loulette, ces surnoms que j'ai toujours détesté entendre dans d'autres bouches que les vôtres, vous mes très bons et fidèles amis. »

En 1967, quand André Fraigneau lui demanda un texte sur son prénom, une demande qu'il adressa à une vingtaine d'écrivains, Louise, en effet, rappela l'irritation que provoquait chez elle le diminutif Loulou. « J'ai retrouvé, en explorant mes souvenirs, le malaise que j'éprouvais, jeune femme, à être appelée Loulou par la plupart de mes amis et même des gens qui parlaient de moi sans me connaître. Certes, c'est toujours avec émotion que j'entends la voix de mes défunts parents résonner dans les deux syllabes de ce surnom qui, s'il me convenait quand j'étais enfant, me poussa plus tard à une obscure révolte. Obscure, parce que je ne comprenais pas clairement l'ambition de mon instinct. Ce fut lui qui m'éclaira et m'incita à jeter un surnom dont je sentais qu'il m'amoindrissait, me masquait ou me dépeignait sous des traits mensongers... J'ai donc voulu être Louise, et ce n'est pas sans mal que j'y suis arrivée. En atteignant mon but, j'ai pris position et un temps nouveau s'est ouvert à mon destin. »

Son nom, elle avait conscience d'avoir su l'imposer, mais son destin, il était à présent derrière elle. Elle n'avait aucune amertume et continuait de choisir le meilleur contre le pire. Les visiteurs de Verrières s'en revenaient comme par le passé, la besace pleine de ses bons mots, de ses aphorismes. La complicité entre Louise et ses frères — il ne lui restait qu'André et Roger — avait survécu aux années. Quand un convive ennuyait la tablée ou tenait des propos stupides, elle pointait furtivement son couteau sur la table. Le message était reçu : « lame en table ». Lorsque Malraux se perdait dans le labyrinthe de ses méditations et de ses métaphores eschatologiques, elle manifestait volontiers son irritation et elle avait dans son répertoire de frondeuse quelques numéros très au point. On la voyait qui, la main en l'air, semblait tirer doucement sur un fil pendant que discourait, indifférent à son manège, le ministre des Affaires culturelles. « Je l'aide à tirer les fils de la barbe du Bon Dieu », expliquait-elle à ses voisins intrigués.

Elle ne put jamais, avec Malraux, entrer dans un échange où la légèreté, la gratuité et la grâce du propos l'auraient emporté sur le tragique et la gravité, une forme d'échange qu'elle avait si longtemps partagé avec Jean Hugo et Jean Cocteau. C'est-à-dire qu'elle perdait l'usage de ses armes favorites, son sens de la réplique, son talent de conteur, et elle se réfugiait dans l'ironie et l'indifférence. D'ailleurs, quand elle s'avisait de donner une opinion tranchée sur l'œuvre d'un auteur ou d'un artiste — « C'est nul », « C'est emmerdant comme tout » —, Malraux se faisait narquois : « Développez, ma chère, développez... » Et Louise passait à autre chose, rêvant d'un prochain dîner, sans son compagnon, où elle arriverait avec un brin de gouaille et ses jeux de mots.

Alors, quand elle n'était plus sous l'œil du maître, de nouveaux calembours et contrepèteries fusaient : « le coffre à bois, le chien aussi », « le petit mousse, le champagne aussi », « le maître d'école, l'avion aussi », tandis qu'elle ponctuait la conversation de ses expressions favorites, « Ah ! merveille, merveille », « complètement, totalement, radicalement ! » « peine de paradis ! » « oublions le passé, le présent et l'avenir », ou qu'elle apostrophait Georges Van Parys : « ton piano me décoiffe ! » À celui-ci qui racontait avec tristesse la fin d'une liaison, elle lançait : « Encore un petit deuil ! » et à celui-là, elle se plaignait des « longues téléphonades » qui occupaient ses matinées...

Après le départ des invités, elle s'enfonçait dans un fauteuil du salon bleu. « Faisons le procès-verbal de la soirée », disait-elle aux deux ou trois amis qui s'attardaient, comme François Valéry, René Clair ou Claude Bénédick, secrétaire général de la Comédie-Française. Vers minuit, elle montait dans sa chambre, sans jamais oublier de prononcer sa phrase rituelle : « Iolé, il est tard, je suis morte mais pas enterrée... Réveillez-moi à neuf heures. »

Elle n'écrivait plus, ou presque plus, sinon des articles de commande. Elle répondit avec cent autres écrivains, au « Questionnaire de Marcel Proust », qui parut chez Albin Michel, préfacé par Léonce Peillard. Faut-il y voir un jeu ou y entendre un bilan ?

Quel est pour vous le comble de la misère ?
L'envie.

Où aimeriez-vous vivre ?
À Verrières-le-Buisson.

Votre idéal de bonheur terrestre ?
Savoir jouer du piano.

Pour quelles fautes avez-vous le plus d'indulgence ?
Mythomanie.

Quels sont les héros de roman que vous préférez ?
Don Quichotte, Gavroche et tous les Fenouillard.

Quel est votre personnage historique favori ?
Louis XI.

Vos héroïnes favorites dans la vie réelle ?
Lady Diana Cooper, Jacqueline Auriol.

Votre peintre favori ?
Vermeer.

Votre musicien favori ?
Vivaldi.

Votre qualité préférée chez l'homme ?

La patience.

Votre qualité préférée chez la femme ?

L'absence.

Votre vertu préférée ?

La prodigalité.

Votre occupation préférée ?

Faire de la tapisserie.

Qui auriez-vous aimé être ?

Napoléon.

Le principal trait de mon caractère ?

L'esprit de suite.

Ce que j'apprécie le plus chez mes amis ?

La patience.

Mon principal défaut ?

L'autorité.

Mon rêve de bonheur ?

Collection de timbres plus grande que celle du roi d'Angleterre.

Quel serait mon plus grand malheur ?

Perdre mes frères.

Ce que je voudrais être ?

Moi, ça me suffit.

La couleur que je préfère ?

Bleu.

La fleur que j'aime ?

Violette.

L'oiseau que je préfère ?

Colibri.

Mes auteurs favoris en prose ?

Les meilleurs.

Mes poètes préférés ?
Les meilleurs.

Mes héros dans la vie réelle ?
André Malraux, Gaston Gallimard.

Mes héroïnes dans l'Histoire ?
Éléonore d'Aquitaine, Jeanne d'Arc.

Mes noms favoris ?
Louis et les Évangélistes.

Ce que je déteste par-dessus tout ?
L'avarice.

Caractères historiques que je méprise le plus ?
Philippe Égalité.

Le fait militaire que j'admire le plus ?
Austerlitz... à cause du soleil.

La réforme que j'admire le plus ?
Je n'admire aucune réforme.

Le don de la nature que je voudrais avoir ?
Musical.

Comment j'aimerais mourir ?
Dans mon lit, entourée de toute la maisonnée en larmes.

État présent de mon esprit ?
Curieux.

Ma devise ?
Au secours !

Après le départ du général de Gaulle en avril 1969 et l'élection de Georges Pompidou à l'Élysée au mois de juin suivant, André Malraux abandonna la scène politique et quitta l'appartement qu'il occupait au pavillon de la Lanterne à Versailles. Louise insista pour qu'il vienne vivre à Verrières, et c'est ainsi qu'il s'y installa au mois de juillet 1969.

Rien ne pouvait plus atteindre Malraux qui avait pris la dimension d'un mythe. Désormais Verrières allait s'identifier à son nom, bien qu'il ne pensait pas y rester puisqu'il souhaitait habiter au cœur de Paris. Le destin en décida autrement.

Déjà, signe prémonitoire, il dut y passer tout l'été sans pouvoir se rendre à son rendez-vous quotidien qui tenait, presque, de la maniaquerie : son déjeuner chez Lasserre. Il s'était brisé une côte, ce qui l'empêchait de se déplacer.

Ce ne fut qu'au mois d'octobre qu'il acheta un appartement sur le Palais-Royal, songeant peut-être à Colette et Cocteau, et laissant à Louise le soin de l'aménager et de le décorer. Envisageait-il d'y vivre un jour avec elle ? Louise le dira à sa fille Jessie.

L'automne s'écoula sans aucune surprise. Malraux n'était pas de toutes les soirées, ni de tous les « dîners du dimanche » qui se perpétuaient à Verrières depuis bientôt vingt-cinq ans. C'était la première fois qu'il vivait sous le même toit que Louise et cette promiscuité de tous les instants devait l'obliger à une sorte de recadrage qui, sans doute, n'allait pas de soi. Les demandes « d'audience » étaient nombreuses et Louise évitait de s'en mêler. Elle ne fit rien, non plus, pour tous ceux qui voulurent à ce moment-là convaincre Malraux de rejoindre l'Académie française. « Permets-moi de poursuivre notre aparté d'hier, lui écrivait René Clair. AM n'a aucun besoin de l'Académie, mais l'Académie a besoin de lui... L'Académie qui passe en France pour une institution surannée conserve un prestige mondial et un auteur aussi éminent que l'est notre ami amoindrirait ce prestige s'il tenait à en rester éloigné... » Louise n'avait pas d'opinion et s'amusait plutôt de cette agitation. Elle disait a Bicot Colcombet : « Mon Dédé sous la Coupole ? Pourquoi pas ? Je le verrais mieux au Panthéon, mais plus tard. »

Au début de décembre, elle traîna une mauvaise grippe, mais sa convalescence suivit un cours apparemment si favorable qu'elle projeta de partir le 27 décembre à Marrakech pour y passer les fêtes de fin d'année. Le 24, elle dînait avec quelques amis. Claude Bénédick alluma une cigarette à la flamme d'un chandelier. « Ah ! Claude, surtout, ne fais pas ça ! intervint Louise, ça porte malheur ! » Ce n'était qu'une phrase « bâânââle », comme elle disait, jouant de sa voix. Ce fut son dernier dîner.

Le 26, se relevant de sa sieste, elle se sentit brusquement très mal et à dix-neuf heures quinze, elle était emportée par une crise cardiaque sous le regard impuissant de son médecin.

Sa chambre élégante et paisible, avec ses glaces limpides, ses fleurs, ses objets, ses meubles aux lignes franches, cet intérieur qu'elle avait orné et qui lui ressemblait, tout se voila d'une brume désolée. Dans ses yeux sombraient les derniers reflets de fêtes éteintes. L'air était imprégné du parfum qu'elle aimait. Iolé croisa les mains et se mit à pleurer. « C'est la première fois que je suis confronté à une mort douce », murmura Malraux se rappelant sa deuxième épouse, Josette Clotis, écrasée en décembre 1944 par un train et ses deux fils, Pierre-Gauthier et Vincent, tués en janvier 1961 dans un accident de la route.

Elle était morte comme elle l'avait souhaité : entourée de toute la maisonnée en larmes. Le corps, dépouillé de tout ornement, reposait sur un lit à colonnes drapé de surah blanc.

Les Français avaient pu l'apercevoir une dernière fois, le mardi 23 décembre, à l'émission télévisée de Jacques Chabannes, *On en parle.*

Elle fut enterrée, selon ses vœux, dans le parc de sa maison, après une messe célébrée dans l'église Notre-Dame-de-l'Assomption à Verrières, en présence d'une foule d'amis. Aucun ne manqua cet ultime rendez-vous et beaucoup avaient les yeux mouillés de chagrin.

« Cet enterrement n'avait rien de mondain, se souvient Jean Chalon. Personne ne songeait à cacher sa peine, c'était un véritable concert de sanglots dans une église bondée.

Quand j'ai vu le cercueil et que j'ai compris que Louise était là et que je ne la verrais plus jamais, je me suis changé en fontaine, comme l'étaient déjà mes voisins et mes voisines. Et il me semblait entendre Louise me dire avec son accent inimitable : " Tu vois, mon enterrement aura été un enterrement de fontaines vivantes, merveille. " Elle qui connaissait le pouvoir des larmes, et en abusait, pouvait considérer ces pleurs comme l'ultime hommage de ses fidèles, comme l'apothéose des sentiments qu'elle avait su inspirer. »

Le deuil était conduit par ses trois filles, Jessie, Helena, Alexandra, ses frères André et Roger, sa sœur Mapie de Toulouse-Lautrec, son neveu Sosthène, son beau-frère, l'amiral de Toulouse-Lautrec auprès de qui se tenait Malraux. Henry Leigh-Hunt n'avait pu, à son désespoir, revenir assez tôt de Floride. Sur le catafalque, couvert de lys, de roses, de lilas, se détachaient un immense cœur d'œillets blancs et son emblème, un grand trèfle à quatre feuilles. Sur sa tombe, on grava sa devise : « Au secours ! »

Toute la presse lui rendit hommage, toujours avec une tendre et admirative affection. « On va, maintenant qu'elle est morte avec la soudaineté la plus cruelle, découvrir que Louise de Vilmorin était un écrivain véritable, comme d'ailleurs tous ceux qui l'aimaient l'ont su », dira Kléber Haedens.

Marcel Jouhandeau qui fut, grâce à Roger Nimier, intimement lié à Louise, qui la faisait sourire quand il lui disait qu'elle incarnait pour lui « la valse-hésitation », lui dédia dans *Les Nouvelles littéraires* une pavane pour une amie : « Parlait-elle, son élan étonnait et tout de suite elle s'arrêtait, sa voix comme en suspens, avant de repartir, le temps d'une période à la Bossuet. S'avançait-elle dans un chemin, de même : une claudication incertaine donnait à sa foulée tout d'un coup l'allure d'une pavane. Il y eut d'illustres exemples de ce genre de disgrâce qui décuple la grâce, du moment qu'on sait la régler. Louise faisait songer dans ses exploits aux Prières d'Homère. »

Mais de tous les hommages, celui qui serait allé le plus sûrement droit au cœur de Louise, ce fut Malraux qui le lui rendit. Il devait, en janvier 1970, s'installer dans son appartement du Palais-Royal. Il ne s'y rendra jamais. Il choisit de rester à Verrières comme s'il voulait terminer ses jours à l'abri d'une présence maintenant muette. Comme s'il voulait témoigner combien Louise a été pour lui un être cher entre tous. Le surlendemain de l'enterrement, Gerald van der Kemp se rendit à Verrières où il trouva un Malraux effondré. Sur son bureau, trois bouteilles de whisky. Elles étaient vides. Voyant de l'étonnement dans le regard de son visiteur, Malraux lui confia : « Oui, elles sont vides. C'est moi qui les ai bues, et je ne suis pas encore saoul... Je n'arrive pas à noyer ma peine. »

Sa plume d'oie s'était envolée. Anxieuse de ce que son éducation, ou plutôt ses principes, la poussaient à retenir, elle s'était démasquée sans se trahir. Elle avait ébloui ou déçu selon les circonstances, tel l'éclat d'une psyché flottant sur les eaux et renvoyant l'ombre des nuages ou les rayons de midi.

Celles et ceux qui l'admiraient, qui la lisaient, qui la suivaient dans les magazines ont eu raison d'envier la place qu'elle occupa dans son temps. Si elle a pu affirmer : « l'infidélité éclaire ma lanterne, c'est elle qui me pousse à écrire », qui saura jamais dans la balance des plaisirs qu'elle goûta et des tourments qu'elle endura, où s'arrêtait l'aiguille du fléau ? Si elle eut, souvent, sa séduction, son esprit, son intelligence pour alibi et sa détresse intérieure pour vocation, si elle se sentit plus d'une fois déprimée, jamais elle ne démissionna, jamais elle ne se résigna. « Louise de Vilmorin, écrivit Roger Peyrefitte, représente ce qu'un sexe, que l'on n'a plus besoin de qualifier de beau, a produit de plus complet à notre époque : à la fois une dame, une femme de lettres, une femme d'esprit et une éternelle jeune fille. Dame de Verrières comme la duchesse du Maine fut dame de Sceaux, elle aussi eût accueilli Voltaire. Et comme Mme d'Épinay, elle aurait logé Jean-Jacques Rousseau à l'Ermitage. »

Son cœur était encore si jeune qu'elle s'efforçait de l'étouffer, de l'assagir et de trouver de grandes joies dans ces émotions que la nature abandonne à ceux qui ne voyagent plus que par le souvenir. Les années avaient passé, sans l'emporter. Si Louise eut du génie, ce fut celui-là. « Privée de mes filles et de mes petits-enfants, confiait-elle un jour de détresse, privée de mari, dédaignant les amants, n'ayant ni compagne ni compagnon, n'ouvrant plus la bouche que pour critiquer ou me plaindre, il me reste encore l'idée que la bonne enfant que j'étais m'attend, en haillons dans la grande solitude des rêves abandonnés. C'est ma belle poupée. Je veux la retrouver et j'irai la rejoindre. Je veux la reprendre... »

Et, toujours, elle se reprenait. « ... Mais dès demain je reviendrai », ainsi s'achève son recueil posthume, *Solitude ô mon éléphant.*

NOTES

1. Anaïs Nin, *La Maison de l'inceste* et *La Cloche de verre*, Éd. des Femmes, 1987.

2. Ghislain de Diesbach, Préface au *Journal (1879-1939)* de l'abbé Mugnier (Éd. Mercure de France, 1985).

3. Maurice Martin du Gard, *Les Mémorables*, Flammarion, 1957.

4. Curtis Cate, *Saint-Exupéry, biographie*, Grasset, 1982.

5. Abbé Mugnier, *Journal (1879-1939)*.

6. J.-L. de Faucigny-Lucinge, *Un gentilhomme cosmopolite*, Éd. Perrin, 1990.

7. France-Empire, 1976.

8. Jean Cocteau, *Journal (1942-1945)*, Gallimard, 1989.

9. Jean Cocteau, *Journal (1942-1945)*.

10. Jean Cocteau, *Journal (1942-1945)*.

11. Marc Dambre, *Roger Nimier*, Flammarion, 1989.

12. Jules Roy, *Mémoires barbares*, Albin Michel, 1989.

13. Benedetta Graveri, *Madame du Deffand et son monde*, Éd. du Seuil, 1987.

14. Claude Mauriac, *Le Temps immobile*, t. IX, *Mauriac et fils*, Grasset, 1986.

15. Jean Lacouture, *André Malraux*, Éd. du Seuil, 1973.

16. Jean Chalon, *Florence et Louise les magnifiques*, Éd. du Rocher, 1987, et *L'Avenir est à ceux qui s'aiment ou l'Alphabet des sentiments*, Éd. Stock, 1987.

BIBLIOGRAPHIE DE LOUISE DE VILMORIN

L'œuvre de Louise de Vilmorin a été, dans son ensemble, publiée par les Éditions Gallimard.

SAINTE UNEFOIS, 1934.
LA FIN DES VILLAVIDE, 1937.
FIANÇAILLES POUR RIRE, 1939.
LE LIT À COLONNES, 1941 ; *Le même ouvrage*, Coll. Folio (N° 568).
LE SABLE DU SABLIER, 1945.
LE RETOUR D'ERICA, 1948.
JULIETTA, 1951.
MADAME DE, 1951.
L'ALPHABET DES AVEUX, 1954, illustrations de Jean Hugo.
LES BELLES AMOURS, 1954 ; *Le même ouvrage*, Coll. Folio (N° 1602).
HISTOIRE D'AIMER, 1955.
LA LETTRE DANS UN TAXI, 1958 ; *Le même ouvrage*, Coll. Folio (N° 426).
MIGRAINE, 1959.
LE VIOLON, 1960.
L'HEURE MALICIÔSE, 1967.
CARNETS, 1970.
POÈMES, 1970, préface d'André Malraux, Coll. Poésie / Gallimard (N° 61).
LE LUTIN SAUVAGE, 1971.
SOLITUDE, Ô MON ÉLÉPHANT, 1972.
MADAME DE – JULIETTA, 1973, Coll. Folio (N° 294).

Achevé d'imprimer en juin 1993
sur presse CAMERON
dans les ateliers de la S.E.P.C.
à Saint-Amand-Montrond (Cher)
et relié aux Établissements Brun
à Malesherbes

N° d'Impression : 1603.
Dépôt légal : juin 1993.

Imprimé en France